Platon
CHARMIDES
(ΧΑΡΜΙΔΗΣ)
本书依据牛津古典文本（Oxford Classical Texts）中由约翰·伯内特（John Burnet）所编辑和校勘的《柏拉图全集》（*Platonis Opera*）第Ⅲ卷译出

前　言

　　商务印书馆120余年来一直致力于移译世界各国学术名著，除了皇皇的"汉译世界学术名著丛书"之外，更是组织翻译了不少伟大思想家的全集。柏拉图是严格意义上的西方哲学的奠基人，其思想不仅在西方哲学的整个历史中起着继往开来的作用，也远远超出了哲学领域而在文学、教育学、政治学等领域产生着巨大的影响。从19世纪开始，德语世界、英语世界、法语世界等着手系统整理柏拉图的古希腊文原文，并将之译为相应的现代语言，出版了大量的单行本和全集本，至今不衰；鉴于柏拉图著作的经典地位和历史地位，也出版了古希腊文-拉丁文、古希腊文-德文、古希腊文-英文、古希腊文-法文等对照本。

　　商务印书馆既是汉语世界柏拉图著作翻译出版的奠基者，也一直有心系统组织翻译柏拉图的全部作品。近20年来，汉语学界对柏拉图的研究兴趣和热情有增无减，除了商务印书馆之外，国内其他出版社也出版了一系列柏拉图著作的翻译和研究著作；无论是从语文学上，还是从思想理解上，都取得了长足的进步。有鉴于此，我们希望在汲取西方世界和汉语世界既有成就的基础上，从古希腊文完整地翻译出柏拉图的全部著作，并以古希腊文-汉文对照的形式出版。现就与翻译相关的问题做以下说明。

　　1. 翻译所依据的古希腊文本是牛津古典文本（Oxford Classical Texts）中由约翰·伯内特（John Burnet）所编辑和校勘的《柏拉图全集》（*Platonis Opera*）；同时参照法国布德本（Budé）希腊文《柏拉图全集》（*Platon: Œuvres complètes*），以及牛津古典文本中1995年出版的第 I 卷最新校勘本等。

2. 公元前后，亚历山大的忒拉叙洛斯（Θράσυλλος, Thrasyllus）按照古希腊悲剧"四联剧"（τετραλογία, Tetralogia）的演出方式编订柏拉图的全部著作，每卷四部，共九卷，一共 36 部作品（13 封书信整体被视为一部作品）；伯内特编辑的《柏拉图全集》所遵循的就是这种编订方式，但除了 36 部作品之外，外加 7 篇"伪作"。中文翻译严格按照该全集所编订的顺序进行。

3. 希腊文正文前面的 SIGLA 中的内容，乃是编辑校勘者所依据的各种抄本的缩写。希腊文正文下面的校勘文字，原样保留，但不做翻译。译文中〈 〉所标示的，乃是为了意思通顺和完整，由译者加上的补足语。翻译中的注释以古希腊文法和文史方面的知识为主，至于义理方面的，交给读者和研究者本人。

4. 除了"苏格拉底""高尔吉亚"等这些少数约定俗成的译名之外，希腊文专名（人名、地名等）后面的"斯"一般都译出。

译者给自己确定的翻译原则是在坚持"信"的基础上再兼及"达"和"雅"。在翻译时，译者在自己能力所及的范围内，对拉丁文、德文、英文以及中文的重要译本（包括注释、评注等）均认真研读，一一看过，但它们都仅服务于译者对希腊原文的理解。

译者的古希腊文启蒙老师是北京大学哲学系的靳希平教授，谨将此译作献给他，以示感激和敬意。

鉴于译者学养和能力有限，译文中必定有不少疏漏和错讹，敬请读者不吝批评指正。

溥林
2018 年 10 月 22 日于成都

SIGLA

B = cod. Bodleianus, MS. E. D. Clarke 39 = Bekkeri 𝔄
T = cod. Venetus Append. Class. 4, cod. 1 = Bekkeri t
W = cod. Vindobonensis 54, suppl. phil. Gr. 7 = Stallbaumii Vind. 1
C = cod. Crusianus sive Tubingensis = Stallbaumii 𝔗
D = cod. Venetus 185 = Bekkeri Π
G = cod. Venetus Append. Class. 4, cod. 54 = Bekkeri Λ
V = cod. Vindobonensis 109 = Bekkeri Φ

Arm. = Versio Armeniaca
Ars. = Papyrus Arsinoitica a Flinders Petrie reperta
Berol. = Papyrus Berolinensis 9782 (ed. Diels et Schubart 1905)

Recentiores manus librorum B T W litteris b t w significantur

Codicis W lectiones cum T consentientes commemoravi, lectiones cum B consentientes silentio fere praeterii

目　录

卡尔米德斯 …………………………………………… 1
注释 …………………………………………………… 76
术语索引 ……………………………………………… 109
专名索引 ……………………………………………… 167
参考文献 ……………………………………………… 169

卡尔米德斯 [1]

---

1 忒拉叙洛斯（Θράσυλλος, Thrasyllus）给该对话加的副标题是"或论自制"（ἢ περὶ σωφροσύνης）；按照希腊化时期人们对柏拉图对话风格的分类，《卡尔米德斯》属于"尝试性的／试验性的"（πειραστικός）。

ΧΑΡΜΙΔΗΣ

ΣΩΚΡΑΤΗΣ

Ἥκομεν τῇ προτεραίᾳ ἑσπέρας ἐκ Ποτειδαίας ἀπὸ τοῦ a
στρατοπέδου, οἷον δὲ διὰ χρόνου ἀφιγμένος ἀσμένως ᾖα
ἐπὶ τὰς συνήθεις διατριβάς. καὶ δὴ καὶ εἰς τὴν Ταυρέου
παλαίστραν τὴν καταντικρὺ τοῦ τῆς Βασίλης ἱεροῦ εἰσῆλ-
θον, καὶ αὐτόθι κατέλαβον πάνυ πολλούς, τοὺς μὲν καὶ 5
ἀγνῶτας ἐμοί, τοὺς δὲ πλείστους γνωρίμους. καί με ὡς
εἶδον εἰσιόντα ἐξ ἀπροσδοκήτου, εὐθὺς πόρρωθεν ἠσπάζοντο b
ἄλλος ἄλλοθεν· Χαιρεφῶν δέ, ἅτε καὶ μανικὸς ὤν, ἀνα-
πηδήσας ἐκ μέσων ἔθει πρός με, καί μου λαβόμενος τῆς
χειρός, Ὦ Σώκρατες, ἦ δ' ὅς, πῶς ἐσώθης ἐκ τῆς μάχης;
Ὀλίγον δὲ πρὶν ἡμᾶς ἀπιέναι μάχη ἐγεγόνει ἐν τῇ Ποτειδαίᾳ, 5
ἣν ἄρτι ἦσαν οἱ τῇδε πεπυσμένοι.

Καὶ ἐγὼ πρὸς αὐτὸν ἀποκρινόμενος, Οὑτωσί, ἔφην, ὡς
σὺ ὁρᾷς.

Καὶ μὴν ἤγγελταί γε δεῦρο, ἔφη, ἥ τε μάχη πάνυ ἰσχυρὰ
γεγονέναι καὶ ἐν αὐτῇ πολλοὺς τῶν γνωρίμων τεθνάναι. c

Καὶ ἐπιεικῶς, ἦν δ' ἐγώ, ἀληθῆ ἀπήγγελται.

Παρεγένου μέν, ἦ δ' ὅς, τῇ μάχῃ;

Παρεγενόμην.

Δεῦρο δή, ἔφη, καθεζόμενος ἡμῖν διήγησαι· οὐ γάρ τί 5

a 1 ἥκομεν BT: ἦκον μὲν bt   a 2 ἀσμένως B: ἀσμένως T: ἄσμενος Hirschig   a 4 Βασίλης] βασιλης B (sed suprascr. ικ): βασιλικῆς T   b 1 εἶδον t: ἴδον BT   c 5 τι scr. recc.: τοι BTW

卡尔米德斯

苏格拉底

　　我虽然[1]在前一天于黄昏时[2]才从在波底代亚的军营回来[3]，但由于已经外出了很长一段时间[4]，因此我很乐意前往习惯常去的那些地方[5]。当然[6]，我也进入到了陶瑞阿斯的摔跤学校里面[7]，它就在巴西勒神庙的正对面[8]；而我在那里也遇见了很多很多的人，对我来说，尽管其中一些人是不熟悉的，但绝大多数人都很熟识。并且由于出乎意料地[9]看到我进来，他们立即就开始从远处同我打招呼，有的人从这里，有的人从那里[10]；而凯瑞丰[11]，甚至就像是一个疯子似的，他从〈他们〉中间一跃而起，他跑向我，并且紧紧抓住我的一只手[12]，苏格拉底啊，他说道，你是如何从战斗中幸存下来的呢？〈因为〉就在我们离开那里前不久，一场恶战在波底代亚发生了，而在这里的那些人已经刚刚听闻了该战役。

　　而我也回答了他；只不过如此而已，我说道，就是如你所看到的那样。

　　诚然[13]，下面这一消息的确已经传到了这儿，他说道，那就是：战斗表现得非常激烈，并且许多熟识的人已经在战斗中死掉了。

　　相当真实[14]，我说[15]，这消息传回来得。

　　你那时真的在场吗，他说，在打仗时[16]？

　　我那时在场。

　　那就到这儿来！他说，请你坐下来对我们详细叙述一番；因为整个

153a1

153a5

153b1

153b5

153c1

153c5

πω πάντα σαφῶς πεπύσμεθα. Καὶ ἅμα με καθίζει ἄγων
παρὰ Κριτίαν τὸν Καλλαίσχρου.

Παρακαθεζόμενος οὖν ἠσπαζόμην τόν τε Κριτίαν καὶ τοὺς
ἄλλους, καὶ διηγούμην αὐτοῖς τὰ ἀπὸ στρατοπέδου, ὅτι μέ
τις ἀνέροιτο· ἠρώτων δὲ ἄλλος ἄλλο.

Ἐπειδὴ δὲ τῶν τοιούτων ἅδην εἴχομεν, αὖθις ἐγὼ αὐτοὺς
ἀνηρώτων τὰ τῇδε, περὶ φιλοσοφίας ὅπως ἔχοι τὰ νῦν, περί
τε τῶν νέων, εἴ τινες ἐν αὐτοῖς διαφέροντες ἢ σοφίᾳ ἢ κάλλει
ἢ ἀμφοτέροις ἐγγεγονότες εἶεν. καὶ ὁ Κριτίας ἀποβλέψας
πρὸς τὴν θύραν, ἰδών τινας νεανίσκους εἰσιόντας καὶ λοι-
δορουμένους ἀλλήλοις καὶ ἄλλον ὄχλον ὄπισθεν ἑπόμενον,
Περὶ μὲν τῶν καλῶν, ἔφη, ὦ Σώκρατες, αὐτίκα μοι δοκεῖς
εἴσεσθαι· οὗτοι γὰρ τυγχάνουσιν οἱ εἰσιόντες πρόδρομοί τε
καὶ ἐρασταὶ ὄντες τοῦ δοκοῦντος καλλίστου εἶναι τά γε δὴ
νῦν, φαίνεται δέ μοι καὶ αὐτὸς ἐγγὺς ἤδη που εἶναι προσιών.

Ἔστιν δέ, ἦν δ' ἐγώ, τίς τε καὶ τοῦ;

Οἶσθά που σύ γε, ἔφη, ἀλλ' οὔπω ἐν ἡλικίᾳ ἦν πρίν σε
ἀπιέναι, Χαρμίδην τὸν τοῦ Γλαύκωνος τοῦ ἡμετέρου θείου
υἱόν, ἐμὸν δὲ ἀνεψιόν.

Οἶδα μέντοι νὴ Δία, ἦν δ' ἐγώ· οὐ γάρ τι φαῦλος οὐδὲ
τότε ἦν ἔτι παῖς ὤν, νῦν δ' οἶμαί που εὖ μάλα ἂν ἤδη
μειράκιον εἴη.

Αὐτίκα, ἔφη, εἴσῃ καὶ ἡλίκος καὶ οἷος γέγονεν. Καὶ ἅμα
ταῦτ' αὐτοῦ λέγοντος ὁ Χαρμίδης εἰσέρχεται.

Ἐμοὶ μὲν οὖν, ὦ ἑταῖρε, οὐδὲν σταθμητόν· ἀτεχνῶς γὰρ
λευκὴ στάθμη εἰμὶ πρὸς τοὺς καλούς—σχεδὸν γάρ τί μοι
πάντες οἱ ἐν τῇ ἡλικίᾳ καλοὶ φαίνονται—ἀτὰρ οὖν δὴ καὶ
τότε ἐκεῖνος ἐμοὶ θαυμαστὸς ἐφάνη τό τε μέγεθος καὶ τὸ
κάλλος, οἱ δὲ δὴ ἄλλοι πάντες ἐρᾶν ἔμοιγε ἐδόκουν αὐτοῦ—
οὕτως ἐκπεπληγμένοι τε καὶ τεθορυβημένοι ἦσαν, ἡνίκ'

d 1 ἀνέροιτο T: ἂν ἔροιτο B (γρ. καὶ ἀνέροιτο b)   b 7 εἰσέρχεται
T: ἔρχεται B (γρ. εἰσέρχεται b)   b 8 σταθμητόν BT: ἀστάθμη-
τον b

事情，我们对之尚未了解得很清楚。而与此同时[17]，他领着我让我紧挨着卡莱斯科洛斯的儿子克里提阿斯坐下[18]。

于是，当我在旁边坐下后，我问候了克里提阿斯以及其他人，并且我也向他们详细叙述了每个人向我询问的那些来自军营的事情，因为有的人问这件事，有的人则问那件事。 153d1

而当我们已经充分地知道了诸如此类的事情之后[19]，就轮到我来询问他们在这里的那些事情，〈诸如〉现今[20]在热爱智慧方面情况是怎样的[21]，关于年轻人，是否在他们中间已经出现了一些人[22]，他们或者凭借智慧，或者由于俊美，或者在这两方面都出类拔萃[23]。而克里提阿斯 153d5
朝门口望去，因为他看见一些年轻人正走进来，并且互相骂骂咧咧，另 154a1
外一大群人还跟在后面；一方面，关于那些俊美的〈年轻人〉，他说，苏格拉底啊，在我看来你立马就将有所看见，因为正走进来的这些人，他们恰好都是那位至少在目前被视为是最俊美的〈年轻人〉的追随者和爱慕者[24]，另一方面，他本人也对我显得已经就在附近的某个地方，他 154a5
正朝这儿走来。

但他是谁呢，我说道，并且是谁的儿子？

你肯定知道这人，他说道，不过在你离开〈这里前往波底代亚〉之前他尚未成年；他叫卡尔米德斯，我叔叔格劳孔的儿子[25]，也是我的 154b1
堂弟[26]。

宙斯在上，我当然知道，我说；因为那时他就已然不平庸，尽管他还是一个孩子，而现在我认为，他无论如何都已经确确实实[27]是一位年 154b5
青人了[28]。

马上，他说道，你就将知道他已经长多大了，以及长成了什么样子。当他正说这些时，与此同时卡尔米德斯也走了进来。

只不过，朋友啊，一定不能靠我来进行判断[29]；因为对于那些俊美的〈年轻人〉我完完全全[30]就是一根白色的测量线[31]——既然在这个年 154b10
龄的所有人差不多都对我显得是俊美的——。然而，在那时，那人仍然 154c1
对我显得是令人惊讶的，无论是在身材上，还是在俊美方面；而且其他所有人，至少在我看来，都在爱恋他[32]——因为他们已经变得如此地惊

ΧΑΡΜΙΔΗΣ 154 c

εἰσῄει—πολλοὶ δὲ δὴ ἄλλοι ἐρασταὶ καὶ ἐν τοῖς ὄπισθεν εἵποντο. καὶ τὸ μὲν ἡμέτερον τὸ τῶν ἀνδρῶν ἧττον θαυμαστὸν ἦν· ἀλλ' ἐγὼ καὶ τοῖς παισὶ προσέσχον τὸν νοῦν, ὡς οὐδεὶς ἄλλοσ' ἔβλεπεν αὐτῶν, οὐδ' ὅστις σμικρότατος ἦν, ἀλλὰ πάντες ὥσπερ ἄγαλμα ἐθεῶντο αὐτόν. καὶ ὁ Χαιρεφῶν καλέσας με, Τί σοι φαίνεται ὁ νεανίσκος, ἔφη, d ὦ Σώκρατες; οὐκ εὐπρόσωπος;

Ὑπερφυῶς, ἦν δ' ἐγώ.

Οὗτος μέντοι, ἔφη, εἰ ἐθέλοι ἀποδῦναι, δόξει σοι ἀπρόσωπος εἶναι· οὕτως τὸ εἶδος πάγκαλός ἐστιν.

Συνέφασαν οὖν καὶ οἱ ἄλλοι ταὐτὰ ταῦτα τῷ Χαιρεφῶντι· κἀγώ, Ἡράκλεις, ἔφην, ὡς ἄμαχον λέγετε τὸν ἄνδρα, εἰ ἔτι αὐτῷ ἓν δὴ μόνον τυγχάνει προσὸν σμικρόν τι.

Τί; ἔφη ὁ Κριτίας.

Εἰ τὴν ψυχήν, ἦν δ' ἐγώ, τυγχάνει εὖ πεφυκώς. πρέπει e δέ που, ὦ Κριτία, τοιοῦτον αὐτὸν εἶναι τῆς γε ὑμετέρας ὄντα οἰκίας.

Ἀλλ', ἔφη, πάνυ καλὸς καὶ ἀγαθός ἐστιν καὶ ταῦτα.

Τί οὖν, ἔφην, οὐκ ἀπεδύσαμεν αὐτοῦ αὐτὸ τοῦτο καὶ ἐθεασάμεθα πρότερον τοῦ εἴδους; πάντως γάρ που τηλικοῦτος ὢν ἤδη ἐθέλει διαλέγεσθαι.

Καὶ πάνυ γε, ἔφη ὁ Κριτίας, ἐπεί τοι καὶ ἔστιν φιλόσοφός τε καί, ὡς δοκεῖ ἄλλοις τε καὶ ἑαυτῷ, πάνυ ποιητικός. 155

Τοῦτο μέν, ἦν δ' ἐγώ, ὦ φίλε Κριτία, πόρρωθεν ὑμῖν τὸ καλὸν ὑπάρχει ἀπὸ τῆς Σόλωνος συγγενείας. ἀλλὰ τί οὐκ ἐπέδειξάς μοι τὸν νεανίαν καλέσας δεῦρο; οὐδὲ γὰρ ἄν που εἰ ἔτι ἐτύγχανε νεώτερος ὤν, αἰσχρὸν ἂν ἦν αὐτῷ διαλέγεσθαι ἡμῖν ἐναντίον γε σοῦ, ἐπιτρόπου τε ἅμα καὶ ἀνεψιοῦ ὄντος.

c 7 ἄλλοσ' ἔβλεπεν scr. Coisl. : ἀλλοσέβλεπεν T : ἄλλος ἔβλεπεν B (sed ω supra o b) W   d 4 ἐθέλοι B W : ἐθέλει T   d 7 λέγετε scr. recc. : λέγεται B T W   d 8 δὴ Θ : δὲ B : om. T W   e 8 φιλόσοφός τε B W (sed γ supra τ W) : φιλόσοφος γε T   a 4 ἄν που] δήπου ci. Naber   a 5 εἰ ἔτι ἐτύγχανε Goldbacher (εἰ ἐτύγχανεν ἔτι Cobet) : ἔτι τυγχάνει B W : εἰ ἐτύγχανε T : γρ. εἴ γ' ἐτύγχανεν in marg. W

慌失措和骚动不安，当他走进来时——，而在那些跟在他后面的人中也还有着许多其他的爱慕者。诚然，我们这些男人的感受[33]倒是没有那么令人大惊小怪的；但是，我也留意到那些男孩们[34]，〈看到〉他们中无人看向其他地方，远不只是那年纪最小的，而是所有人都像凝视一尊神像那样凝视着他。然后凯瑞丰叫了我的名字，这年轻人对你显得怎么样啊，他说道，苏格拉底？脸蛋岂不好看[35]？

非常地〈好看〉，我说道。

然而这个人，他说，如果他愿意脱光衣服，那么，你就会注意不到他的脸蛋了[36]；他的外形是如此地完美无瑕。

于是，其他人在这方面也一致同意凯瑞丰；而我，赫拉克勒斯啊！我说道，你们会把这男子说得何等地无可匹敌，假如在他身上恰好再仅仅加上那么一小点东西的话。

什么东西？克里提阿斯说。

如果在灵魂方面，我说道，他也恰恰生来就长得好的话[37]。而那肯定是合适的，克里提阿斯啊，即他就是这样一个人，既然他无论如何都是属于你家的[38]。

不过，他说，在这方面他也的确是非常美的和善的[39]。

那么，我说道，为何我们不就脱光他的这个东西呢[40]，并且在观看他的外形之前观看它？因为无论如何他都肯定已经是如此这般的年纪了，他会愿意进行交谈的。

完全如此，克里提阿斯说，既然他也的确[41]是一个热爱智慧的人，并且在其他一些人以及在他自己看来，他还是一个非常精通诗艺的人[42]。

真的，我说，亲爱的克里提阿斯啊，这一优点[43]从很久以前就由于〈你们〉同梭伦的亲戚关系而属于你们〈家族〉[44]。但你为何不把这青年叫到这儿来，对我展示一下他呢？因为，就算他碰巧〈比现在〉还要更年轻些，下面这点也是肯定的，那就是：在你在场的情况下同我们进行交谈，这对他来说无论如何都不会是不体面的，因为你既是他的监护人，并且同时也是他的堂兄。

ΠΛΑΤΩΝΟΣ

Ἀλλὰ καλῶς, ἔφη, λέγεις, καὶ καλοῦμεν αὐτόν. Καὶ ἅμα πρὸς τὸν ἀκόλουθον, Παῖ, ἔφη, κάλει Χαρμίδην, εἰπὼν ὅτι βούλομαι αὐτὸν ἰατρῷ συστῆσαι περὶ τῆς ἀσθενείας ἧς πρῴην πρός με ἔλεγεν ὅτι ἀσθενοῖ. Πρὸς οὖν ἐμὲ ὁ Κριτίας, Ἐναγχός τοι ἔφη βαρύνεσθαί τι τὴν κεφαλὴν ἕωθεν ἀνιστάμενος· ἀλλὰ τί σε κωλύει προσποιήσασθαι πρὸς αὐτὸν ἐπίστασθαί τι κεφαλῆς φάρμακον;

Οὐδέν, ἦν δ' ἐγώ· μόνον ἐλθέτω.

Ἀλλ' ἥξει, ἔφη.

Ὃ οὖν καὶ ἐγένετο. ἧκε γάρ, καὶ ἐποίησε γέλωτα πολύν· ἕκαστος γὰρ ἡμῶν τῶν καθημένων συγχωρῶν τὸν πλησίον ἐώθει σπουδῇ, ἵνα παρ' αὑτῷ καθέζοιτο, ἕως τῶν ἐπ' ἐσχάτῳ καθημένων τὸν μὲν ἀνεστήσαμεν, τὸν δὲ πλάγιον κατεβάλομεν. ὁ δ' ἐλθὼν μεταξὺ ἐμοῦ τε καὶ τοῦ Κριτίου ἐκαθέζετο. ἐνταῦθα μέντοι, ὦ φίλε, ἐγὼ ἤδη ἠπόρουν, καί μου ἡ πρόσθεν θρασύτης ἐξεκέκοπτο, ἣν εἶχον ἐγὼ ὡς πάνυ ῥᾳδίως αὐτῷ διαλεξόμενος· ἐπειδὴ δέ, φράσαντος τοῦ Κριτίου ὅτι ἐγὼ εἴην ὁ τὸ φάρμακον ἐπιστάμενος, ἐνέβλεψέν τέ μοι τοῖς ὀφθαλμοῖς ἀμήχανόν τι οἷον καὶ ἀνήγετο ὡς ἐρωτήσων, καὶ οἱ ἐν τῇ παλαίστρᾳ ἅπαντες περιέρρεον ἡμᾶς κύκλῳ κομιδῇ, τότε δή, ὦ γεννάδα, εἶδόν τε τὰ ἐντὸς τοῦ ἱματίου καὶ ἐφλεγόμην καὶ οὐκέτ' ἐν ἐμαυτοῦ ἦν καὶ ἐνόμισα σοφώτατον εἶναι τὸν Κυδίαν τὰ ἐρωτικά, ὃς εἶπεν ἐπὶ καλοῦ λέγων παιδός, ἄλλῳ ὑποτιθέμενος, εὐλαβεῖσθαι μὴ κατέναντα λέοντος νεβρὸν ἐλθόντα μοῖραν αἱρεῖσθαι κρεῶν· αὐτὸς γάρ μοι ἐδόκουν ὑπὸ τοῦ τοιούτου θρέμματος ἑαλωκέναι. ὅμως δὲ αὐτοῦ ἐρωτήσαντος εἰ ἐπισταίμην τὸ τῆς κεφαλῆς φάρμακον, μόγις πως ἀπεκρινάμην ὅτι ἐπισταίμην.

---

a 8 καλοῦμεν B T W : καλῶμεν scr. Ambr. 56   b 9 ὁ B W : ὅπερ T
ἧκε T : ἥκει B W (sed ε supra ει W)   c 2 ἐώθει W. Dindorf : ὤθει
B T   καθίζοιτο in marg. T   c 4 κατεβάλομεν T : κατελάβομεν B
c 8 τέ μοι T (sed ε supra οι) : δέ με B   d 3 εἶδον W : ἴδον B T
d 4 ἐν T : ἐπ' B W   d 6 κατέναντα T : κατ' ἐναντία B W
d 7 μοῖραν T : μοίραν W : ἀθανατώσῃ θεία μοῖρα B   αἱρεῖσθαι]
αἰτεῖσθαι ci. Cobet   e 1 αὐτὸς B T : καὶ αὐτὸς rec. b

不过你的确说得正确，他说，并且我们这就叫他。而与此同时他 155b1
对其随从说道，小子，你把卡尔米德斯叫来，说我想把他介绍给一位医
生，以便〈医治〉不久前他曾对我说过的他所患上的那种疾病。于是克
里提阿斯又对我说道：前不久他确实曾说他一大清早起床头就有点沉；
只不过有什么会妨碍你〈做下面这件事〉呢，即对他佯装知道某种〈医 155b5
治〉头的药？

没有什么，我说，只需让他来[45]！

他当然会来，他说道。

结果这事也真的发生了[46]。因为他确实来了，并且他还引起了一场
大笑[47]。因为，已经坐下的我们中的每个人都为了留出位置[48]而急切 155c1
地[49]推开邻近的那个人，以便他能够坐在自己旁边，直到那已经在〈两
个〉端头坐下的人，我们使得一个站了起来，而使得另一个侧滑〈到了
地上〉[50]。而那人，当他走过来后却在我和克里提阿斯的中间坐下。当 155c5
然，当时在那里[51]，朋友啊，我立即感到不知所措[52]，并且我先前曾有
的那份信心被打掉了[53]，〈因为我曾满以为〉能够非常轻松地与之进行
交谈；而当——由于克里提阿斯宣称我就是那位知道药方的人——他用 155d1
双眸以一种如此难以言表的方式[54]直视我并且准备开始要进行询问[55]，
以及在摔跤学校里的所有人从四面八方涌向我们之后[56]，那时，出身高
贵的人啊，我看到了他衣服里面的情况，于是激情燃烧[57]，而不再能够
自已[58]，而且我也认为在关于爱欲方面的事情上库狄阿斯[59]是最为智慧 155d5
的，因为他在谈及某个俊美的少年时，他向另一个人提出劝告[60]〈而说
道〉，在狮子的对面行走要当心，免得像一只小鹿似的被逮住而成为了
一份肉餐。因为在我看来，我自己就的确已经被一只如此这般的野兽给 155e1
捕获了。尽管如此，但当他询问我是否知道〈医治〉头的药方时，我仍
然在某种方式上勉强回答说我知道。

ΧΑΡΜΙΔΗΣ

Τί οὖν, ἦ δ' ὅς, ἐστίν;

Καὶ ἐγὼ εἶπον ὅτι αὐτὸ μὲν εἴη φύλλον τι, ἐπῳδὴ δέ τις ἐπὶ τῷ φαρμάκῳ εἴη, ἣν εἰ μέν τις ἐπᾴδοι ἅμα καὶ χρῷτο αὐτῷ, παντάπασιν ὑγιᾶ ποιοῖ τὸ φάρμακον· ἄνευ δὲ τῆς ἐπῳδῆς οὐδὲν ὄφελος εἴη τοῦ φύλλου.

Καὶ ὅς, Ἀπογράψομαι τοίνυν, ἔφη, παρὰ σοῦ τὴν ἐπῳδήν.

Πότερον, ἦν δ' ἐγώ, ἐάν με πείθῃς ἢ κἂν μή;

Γελάσας οὖν, Ἐάν σε πείθω, ἔφη, ὦ Σώκρατες.

Εἶεν, ἦν δ' ἐγώ· καὶ τοὔνομά μου σὺ ἀκριβοῖς;

Εἰ μὴ ἀδικῶ γε, ἔφη· οὐ γάρ τι σοῦ ὀλίγος λόγος ἐστὶν ἐν τοῖς ἡμετέροις ἡλικιώταις, μέμνημαι δὲ ἔγωγε καὶ παῖς ὢν Κριτίᾳ τῷδε συνόντα σε.

Καλῶς γε σύ, ἦν δ' ἐγώ, ποιῶν· μᾶλλον γάρ σοι παρρησιάσομαι περὶ τῆς ἐπῳδῆς οἵα τυγχάνει οὖσα· ἄρτι δ' ἠπόρουν τίνι τρόπῳ σοι ἐνδειξαίμην τὴν δύναμιν αὐτῆς. ἔστι γάρ, ὦ Χαρμίδη, τοιαύτη οἵα μὴ δύνασθαι τὴν κεφαλὴν μόνον ὑγιᾶ ποιεῖν, ἀλλ' ὥσπερ ἴσως ἤδη καὶ σὺ ἀκήκοας τῶν ἀγαθῶν ἰατρῶν, ἐπειδάν τις αὐτοῖς προσέλθῃ τοὺς ὀφθαλμοὺς ἀλγῶν, λέγουσί που ὅτι οὐχ οἷόν τε αὐτοὺς μόνους ἐπιχειρεῖν τοὺς ὀφθαλμοὺς ἰᾶσθαι, ἀλλ' ἀναγκαῖον εἴη ἅμα καὶ τὴν κεφαλὴν θεραπεύειν, εἰ μέλλοι καὶ τὰ τῶν ὀμμάτων εὖ ἔχειν· καὶ αὖ τὸ τὴν κεφαλὴν οἴεσθαι ἄν ποτε θεραπεῦσαι αὐτὴν ἐφ' ἑαυτῆς ἄνευ ὅλου τοῦ σώματος πολλὴν ἄνοιαν εἶναι. ἐκ δὴ τούτου τοῦ λόγου διαίταις ἐπὶ πᾶν τὸ σῶμα τρεπόμενοι μετὰ τοῦ ὅλου τὸ μέρος ἐπιχειροῦσιν θεραπεύειν τε καὶ ἰᾶσθαι· ἢ οὐκ ᾔσθησαι ὅτι ταῦτα οὕτως λέγουσίν τε καὶ ἔχει;

Πάνυ γε, ἔφη.

Οὐκοῦν καλῶς σοι δοκεῖ λέγεσθαι καὶ ἀποδέχῃ τὸν λόγον;

---

a 3, 4 πείθῃς . . . πείθω] πείσῃς . . . πείσω ci. H. Richards
a 4 ἔφη TW: om. B   a 7 ἔγωγε T: ἐγώ τε B   a 9 γε corr. Coisl.: δὲ BT   b 8 εἴη] ἂν εἴη ci. Madvig   c 2 ποτε TW: ποθεν B

那么，他说，它是什么呢？

于是我说道，它其实就是一种叶子，但除了这种药物之外[61]还得有某种咒语，如果一个人在使用它[62]时还同时唱咒语，那么，该药物就会使他完完全全地恢复健康。然而，如果没有该咒语，那么，叶子也就不会具有任何功效[63]。

那好，他说，我将从你这里把该咒语抄录下来。

假如你能够说服我的话，我说道，或者你不能？

于是他笑了，就假设我能够说服你，他说，苏格拉底啊。

好吧，我说道；我的名字，你拿得准吗[64]？

当然，只要我没有犯错，他说；因为在我们这些同龄人中有着对你的不少谈论，而甚至当我还是一个孩童时，我就的确已经记得你在同这儿的这位克里提阿斯交往[65]。

你真了不起[66]！我说；因为〈那样一来〉，我也就将更为直言不讳地对你谈谈那个咒语碰巧是怎么样的。而我刚才还对下面这点感到犹豫不决，那就是我究竟该用何种方式来向你指出它的能力。其实，卡尔米德斯啊，它是下面这个样子的，那就是，它不仅能够使得头〈恢复〉健康，而且还〈能够〉……[67]；正如或许你也已经从一些优秀的医生那儿听说过[68]，每当有人因在眼睛方面感到疼痛而求助于他们时[69]，他们大概就会说：他们不可能仅仅就眼睛自身来着手医治眼睛[70]，而且下面这点是必然的，即同时也得照护头，如果眼睛的情况真要变得好的话；此外，认为在离开整个身体的情况下也总是能够就头自身来照护头，这是一种巨大的愚蠢。于是，正是基于这种说法[71]，凭借〈他们所规定的〉生活方式他们让自己转向整个身体，由此着手依照整体来照护和医治部分。或者你未曾注意到下面这点，即他们说了这些，以及情况就是这个样子？

我当然注意到了，他说。

那么，在你看来说得正确吗[72]，并且你会接受该说法吗？

ΠΛΑΤΩΝΟΣ

Πάντων μάλιστα, ἔφη.

Κἀγὼ ἀκούσας αὐτοῦ ἐπαινέσαντος ἀνεθάρρησά τε, καί μοι κατὰ σμικρὸν πάλιν ἡ θρασύτης συνηγείρετο, καὶ ἀνεζωπυρούμην. καὶ εἶπον· Τοιοῦτον τοίνυν ἐστίν, ὦ Χαρμίδη, καὶ τὸ ταύτης τῆς ἐπῳδῆς. ἔμαθον δ' αὐτὴν ἐγὼ ἐκεῖ ἐπὶ στρατιᾶς παρά τινος τῶν Θρᾳκῶν τῶν Ζαλμόξιδος ἰατρῶν, οἳ λέγονται καὶ ἀπαθανατίζειν. ἔλεγεν δὲ ὁ Θρᾷξ οὗτος ὅτι ταῦτα μὲν [ἰατροὶ] οἱ Ἕλληνες, ἃ νυνδὴ ἐγὼ ἔλεγον, καλῶς λέγοιεν· ἀλλὰ Ζάλμοξις, ἔφη, λέγει ὁ ἡμέτερος βασιλεύς, θεὸς ὤν, ὅτι ὥσπερ ὀφθαλμοὺς ἄνευ κεφαλῆς οὐ δεῖ ἐπιχειρεῖν ἰᾶσθαι οὐδὲ κεφαλὴν ἄνευ σώματος, οὕτως οὐδὲ σῶμα ἄνευ ψυχῆς, ἀλλὰ τοῦτο καὶ αἴτιον εἴη τοῦ διαφεύγειν τοὺς παρὰ τοῖς Ἕλλησιν ἰατροὺς τὰ πολλὰ νοσήματα, ὅτι τοῦ ὅλου ἀμελοῖεν οὗ δέοι τὴν ἐπιμέλειαν ποιεῖσθαι, οὗ μὴ καλῶς ἔχοντος ἀδύνατον εἴη τὸ μέρος εὖ ἔχειν. πάντα γὰρ ἔφη ἐκ τῆς ψυχῆς ὡρμῆσθαι καὶ τὰ κακὰ καὶ τὰ ἀγαθὰ τῷ σώματι καὶ παντὶ τῷ ἀνθρώπῳ, καὶ ἐκεῖθεν ἐπιρρεῖν ὥσπερ ἐκ τῆς κεφαλῆς ἐπὶ τὰ ὄμματα· δεῖν οὖν ἐκεῖνο καὶ πρῶτον καὶ μάλιστα θεραπεύειν, εἰ μέλλει καὶ τὰ τῆς κεφαλῆς καὶ τὰ τοῦ ἄλλου σώματος καλῶς ἔχειν. θεραπεύεσθαι δὲ τὴν ψυχὴν ἔφη, ὦ μακάριε, ἐπῳδαῖς τισιν, τὰς δ' ἐπῳδὰς ταύτας τοὺς λόγους εἶναι τοὺς καλούς· ἐκ δὲ τῶν τοιούτων λόγων ἐν ταῖς ψυχαῖς σωφροσύνην ἐγγίγνεσθαι, ἧς ἐγγενομένης καὶ παρούσης ῥᾴδιον ἤδη εἶναι τὴν ὑγίειαν καὶ τῇ κεφαλῇ καὶ τῷ ἄλλῳ σώματι πορίζειν. διδάσκων οὖν με τό τε φάρμακον καὶ τὰς ἐπῳδάς, "Ὅπως," ἔφη, "τῷ φαρμάκῳ τούτῳ μηδείς σε πείσει τὴν αὐτοῦ κεφαλὴν θεραπεύειν, ὃς ἂν μὴ τὴν ψυχὴν

---

d 2 ξυνηγείρετο Tb : ξυνεγείρετο B   d 3 posterius καὶ om. Stobaeus   d 4 στρατιᾶς BT : στρατείας Stobaeus   d 5 ζαλμόξιδος B : ζαμόλξιδος Tb   ἰατρῶν] πολιτῶν Stobaeus   d 6 μὲν] μὲν δὴ Stobaeus   d 7 ἰατροὶ secl. Cobet   ἰατροὶ οἱ Ἕλληνες BT : οἱ Ἕλληνες ἰατροὶ Stobaeus   d 8 ζάλμοξις B : ζάμολξις Tb   e 4 τοῦ ὅλου scripsi : τοῦ ἄλλου Stobaeus : τὸ ὅλον BT   ἀμελοῖεν γρ. T Stobaeus : ἀγνοοῖεν BT   a 2 μέλλοι Heindorf   ἄλλου B W Stobaeus : ὅλου T   a 5 ἐν om. Stobaeus   b 3 πείσει scr. Par. 1812 : πείσῃ BTW

毫无疑问[73],他说。

而在听到他表达了赞许之后,我恢复了勇气,并且信心对我一点一点地再次汇聚起来[74],我又被重新点燃了。于是我说:那好,卡尔米德斯啊,这个咒语的情况是这个样子的。我其实是在我服役的那个地方,从匝耳摩克西斯[75]的那些色雷斯医生——据说他们甚至也在追求永生[76]——中的一个人那里学到它。而那个色雷斯人曾说,就我刚才所说的那些事情,希腊人说得很好[77];但他宣称,匝耳摩克西斯,我们的国王——他也是一位神——,则说,正如既不应尝试离开头来医治眼睛,也不应离开身体来医治头,同样地,不应尝试离开灵魂来医治身体;而这也恰恰就是下面这件事的原因,即许多的疾病从在希腊那里的那些医生那里逃脱了[78],因为他们没有关心应当对之进行关心的那个整体,而如果整体没有处于美的状态,那么部分也就不可能处于好的状态[79]。他宣称,一切都源于灵魂[80]——无论是各种恶,还是各种善,也无论是在身体那里的,还是在整个人那里的——,并且从那里向外流淌,就像从头部流向眼睛那里一样。因此,应当首先和最为照护那种东西,如果头的情况以及其他的身体〈部位〉的情况想要处于好的状态的话。但照护灵魂,他说,有福的人啊,得靠一些咒语,而这些咒语都是一些优美的言辞;正是通过诸如此类的言辞才在灵魂中生起了自制[81],一旦它生起并且在场,下面这件事从此以后就会是容易的了,那就是,无论是为头,还是为其他的身体〈部位〉带来健康。所以,当他教我药方以及咒语时,"无论怎样,"他说,"任何一个人,如果他没有首先把灵魂交付出来,以便它被你用咒语来进行照护,那么,〈你都不要让〉他说服你

156d1

156d5

156e1

156e5

157a1

157a5

157b1

ΧΑΡΜΙΔΗΣ

πρῶτον παράσχῃ τῇ ἐπῳδῇ ὑπὸ σοῦ θεραπευθῆναι. καὶ γὰρ νῦν," ἔφη, "τοῦτ' ἔστιν τὸ ἁμάρτημα περὶ τοὺς ἀνθρώπους, ὅτι χωρὶς ἑκατέρου, σωφροσύνης τε καὶ ὑγιείας, ἰατροί τινες ἐπιχειροῦσιν εἶναι·" καί μοι πάνυ σφόδρα ἐνετέλλετο μήτε πλούσιον οὕτω μηδένα εἶναι μήτε γενναῖον μήτε καλόν, ὃς ἐμὲ πείσει ἄλλως ποιεῖν. ἐγὼ οὖν—ὀμώμοκα γὰρ αὐτῷ, καί μοι ἀνάγκη πείθεσθαι—πείσομαι οὖν, καὶ σοί, ἐὰν μὲν βούλῃ κατὰ τὰς τοῦ ξένου ἐντολὰς τὴν ψυχὴν πρῶτον παρασχεῖν ἐπᾷσαι ταῖς τοῦ Θρᾳκὸς ἐπῳδαῖς, προσοίσω τὸ φάρμακον τῇ κεφαλῇ· εἰ δὲ μή, οὐκ ἂν ἔχοιμεν ὅτι ποιοῖμέν σοι, ὦ φίλε Χαρμίδη.

Ἀκούσας οὖν μου ὁ Κριτίας ταῦτ' εἰπόντος, Ἕρμαιον, ἔφη, ὦ Σώκρατες, γεγονὸς ἂν εἴη ἡ τῆς κεφαλῆς ἀσθένεια τῷ νεανίσκῳ, εἰ ἀναγκασθήσεται καὶ τὴν διάνοιαν διὰ τὴν κεφαλὴν βελτίων γενέσθαι. λέγω μέντοι σοι ὅτι Χαρμίδης τῶν ἡλικιωτῶν οὐ μόνον τῇ ἰδέᾳ δοκεῖ διαφέρειν, ἀλλὰ καὶ αὐτῷ τούτῳ, οὗ σὺ φῂς τὴν ἐπῳδὴν ἔχειν· φῂς δὲ σωφροσύνης· ἢ γάρ;

Πάνυ γε, ἦν δ' ἐγώ.

Εὖ τοίνυν ἴσθι, ἔφη, ὅτι πάνυ πολὺ δοκεῖ σωφρονέστατος εἶναι τῶν νυνί, καὶ τἆλλα πάντα, εἰς ὅσον ἡλικίας ἥκει, οὐδενὸς χείρων ὤν.

Καὶ γάρ, ἦν δ' ἐγώ, καὶ δίκαιον, ὦ Χαρμίδη, διαφέρειν σε τῶν ἄλλων πᾶσιν τοῖς τοιούτοις· οὐ γὰρ οἶμαι ἄλλον οὐδένα τῶν ἐνθάδε ῥᾳδίως ἂν ἔχειν ἐπιδεῖξαι ποῖαι δύο οἰκίαι συνελθοῦσαι εἰς ταὐτὸν τῶν Ἀθήνησιν ἐκ τῶν εἰκότων

---

b 6 σωφροσύνης τε καὶ ὑγιείας om. Laur. lxxxv.   6   c 1 οὖν B T : γ' οὖν W   ὀμώμοκα T et γρ. W : ὤμοσα B W (γρ. καὶ ὠμόμοκα γάρ b)   c 4 ἐπᾷσαι B² : ἁπάσαις B (ut videtur) T et in marg. γρ. b ταῖς ... ἐπῳδαῖς] τὰς ... ἐπῳδὰς ci. H. Richards   d 2 δοκεῖ W : ἐδόκει B T   d 6 πάνυ πολὺ δοκεῖ σωφρονέστατος T et γρ. W : πλείστων δοκεῖ πολυφρενέστατος B : πλείστων δοκεῖ πολὺ σωφρονέστατος W : πλεῖστον δοκεῖ σωφρονέστατος Hermann : πλείστοις δοκεῖ σωφρονέστατος ci. Madvig : πλείστων δοκεῖ πολὺ σωφρονέστερος ci. Goldbacher   e 2 ποῖαι δύο οἰκίαι Aldina : ποῖαι δυοῖν οἰκίαι B T W : ποίαιν δυοῖν οἰκίαιν corr. Θ   e 3 συνελθοῦσαι T : καὶ νῦν ἐλθοῦσαι B : νῦν ἐλθοῦσαι W (sed σ supra ν W) : καὶ νῦν ἐλθοῦσαιν corr. Θ

用这种药方来照护他的头。其实 [82] 现在，"他说，"下面这点恰恰是在人 157b5
们那里的错误，那就是一些人企图分离地是两者各自的，即〈灵魂方面
的〉自制和〈身体上的〉健康之医生 [83]。"并且他还非常认真地叮嘱我，
任何一个人，无论他是多么的富裕，或者是何等的出身高贵，甚或是何
等的俊美，〈我都不应让〉他说服我以任何其他的方式来行事 [84]。因此 157c1
我——因为我已经向他发过誓了，并且我也必然会听从他——，因此我
将听从 [85]；至于你，如果你确实愿意按照外邦人的吩咐首先把灵魂交
付出来，以便用色雷斯人的那些咒语对之唱歌 [86]，那么，我就将给〈你 157c5
的〉头用药。否则，我们真不知道我们还能为你做点什么 [87]，亲爱的卡
尔米德斯啊。

于是，当听到我说了这些，克里提阿斯就说道，苏格拉底啊，头的
毛病 [88] 对于年轻人来说或许已经变成了一笔意外之财 [89]，如果他将被迫
通过头而在思想方面变得更好的话。当然，我要告诉你，卡尔米德斯在 157d1
他的那些同龄人中不仅仅在外形上 [90] 看起来出类拔萃，而且也恰恰在对
之你宣称你拥有咒语的那种东西上。而对于自制你宣称〈你拥有咒语〉，
是这样吗？

完全如此，我说道。 157d5

那么你得弄清楚 [91]，他说，他似乎在当今的这些〈年轻人〉中是最
最自制的 [92]，并且在其他所有方面，就〈其〉年龄已经抵达的那个点来
说 [93]，他也不比其他任何人差。

其实，我说道，那也是理所应当的，卡尔米德斯啊，即你在所有这 157e1
些方面都胜过其他的人；因为我认为，在这里的这些人中没有其他任何
一个人能够容易展示 [94] 下面这点，那就是：同你所出自的那两个家庭相

ΠΛΑΤΩΝΟΣ

καλλίω ἂν καὶ ἀμείνω γεννήσειαν ἢ ἐξ ὧν σὺ γέγονας. ἥ τε γὰρ πατρῴα ὑμῖν οἰκία, ἡ Κριτίου τοῦ Δρωπίδου, καὶ ὑπὸ Ἀνακρέοντος καὶ ὑπὸ Σόλωνος καὶ ὑπ' ἄλλων πολλῶν ποιητῶν ἐγκεκωμιασμένη παραδέδοται ἡμῖν, ὡς διαφέρουσα κάλλει τε καὶ ἀρετῇ καὶ τῇ ἄλλῃ λεγομένῃ εὐδαιμονίᾳ, καὶ αὖ ἡ πρὸς μητρὸς ὡσαύτως· Πυριλάμπους γὰρ τοῦ σοῦ θείου οὐδεὶς τῶν ἐν τῇ ἠπείρῳ λέγεται καλλίων καὶ μείζων ἀνὴρ δόξαι εἶναι, ὁσάκις ἐκεῖνος ἢ παρὰ μέγαν βασιλέα ἢ παρὰ ἄλλον τινὰ τῶν ἐν τῇ ἠπείρῳ πρεσβεύων ἀφίκετο, σύμπασα δὲ αὕτη ἡ οἰκία οὐδὲν τῆς ἑτέρας ὑποδεεστέρα. ἐκ δὴ τοιούτων γεγονότα εἰκός σε εἰς πάντα πρῶτον εἶναι. τὰ μὲν οὖν ὁρώμενα τῆς ἰδέας, ὦ φίλε παῖ Γλαύκωνος, δοκεῖς μοι οὐδένα τῶν πρὸ σοῦ ἐν οὐδενὶ ὑποβεβηκέναι· εἰ δὲ δὴ καὶ πρὸς σωφροσύνην καὶ πρὸς τἆλλα κατὰ τὸν τοῦδε λόγον ἱκανῶς πέφυκας, μακάριόν σε, ἦν δ' ἐγώ, ὦ φίλε Χαρμίδη, ἡ μήτηρ ἔτικτεν. ἔχει δ' οὖν οὕτως. εἰ μέν σοι ἤδη πάρεστιν, ὡς λέγει Κριτίας ὅδε, σωφροσύνη καὶ εἶ σώφρων ἱκανῶς, οὐδὲν ἔτι σοι ἔδει οὔτε τῶν Ζαλμόξιδος οὔτε τῶν Ἀβάριδος τοῦ Ὑπερβορέου ἐπῳδῶν, ἀλλ' αὐτό σοι ἂν ἤδη δοτέον εἴη τὸ τῆς κεφαλῆς φάρμακον· εἰ δ' ἔτι τούτων ἐπιδεὴς εἶναι δοκεῖς, ἐπαστέον πρὸ τῆς τοῦ φαρμάκου δόσεως. αὐτὸς οὖν μοι εἰπὲ πότερον ὁμολογεῖς τῷδε καὶ φῂς ἱκανῶς ἤδη σωφροσύνης μετέχειν ἢ ἐνδεὴς εἶναι;

Ἀνερυθριάσας οὖν ὁ Χαρμίδης πρῶτον μὲν ἔτι καλλίων

---

e 4 καλλίω... ἀμείνω γεννήσειαν T et in marg. γρ. W (sed γενήσειαν W) : καλλίων... ἀμείνων γενήσεται BW   e 5 οἰκία TW et γρ. b : οὐσία B et suprascr. W   a 2 τοῦ σοῦ θείου W : τοῦδε σοῦ δὲ θείου T : τοῦδε λέγουσιν B   οὐδεὶς T : οὐδὲ BW   τῶν TW : τὴν B   a 3 τῇ ἠπείρῳ TW : τῇ πείρῳ B : τῇπείρῳ Schanz (et mox)   δόξαι T : δόξα B   a 4 ὁσάκις T : ὁσάκις τε B   a 5 τῶν... ἠπείρῳ secl. Ast   b 1 τῶν πρὸ σοῦ ἐν οὐδενὶ ὑποβεβηκέναι ci. Madvig : τῶν πρὸ σοῦ ἐν οὐδενὶ ὑπερβεβληκέναι BW : τῶν προγόνων καταισχύνειν T et γρ. W   b 2 καὶ πρὸς σωφροσύνην καὶ πρὸς TW : καὶ πόρρωθεν σωφροσύνην καὶ B   b 3 πέφυκας T : πεφυκυίας B   b 5 ὡς BW (sed suprascr. ὃ W) : ὃ T   λέγει T : λέγοι B : ει λέγοι W   b 7 ἔδει] δεῖ ci. Cobet   ζαλμόξιδος B : ζαμόλξιδος T   b 8 αὐτό σοι] αὐτοσοι T : αὐτός σοι W : αὐτὸς οἵου B   c 3 ἤδη T : ἤδη καὶ B

比，在雅典的那些家庭中，还有哪样两个家庭通过彼此结合在一起[95]而有可能[96]会生出一个更为俊美和更为优秀的后代来。因为，你们在父系一边的家庭，是德洛庇得斯[97]的儿子克里提阿斯的家庭[98]，并且在我们中流传[99]着它被阿那克瑞翁[100]、被梭伦以及被其他许许多多的诗人所颂扬，因为它在优雅、德性以及其他〈所有〉被称作幸福的东西方面[101]都是出类拔萃的；此外，就〈你们〉母亲一方的家庭来说也同样如此。因为同你的舅舅皮里兰珀斯[102]相比，据说在亚洲大陆[103]无人显得是更为英俊和高大挺拔的，他曾多次作为一位使节前往〈波斯〉大王那儿[104]，或者前往在亚洲大陆[105]的那些国王中的其他任何一位那儿；而〈你母亲一方的〉这整个家庭绝对不会逊于〈在你父系一边的〉另外那个家庭。既然你来自这样一些人，那你就理当在各方面都是第一的。因此，一方面，就外形上的那些能被人看见的，亲爱的格劳孔的孩子啊，我认为你在任何方面都不比你的那些先人们逊色[106]；另一方面，如果就自制以及就其他的一些〈德性〉来说你也真的如这里的这个人的说法那样[107]已经变得相当地完美无缺，那么，你就是有福的，我说，亲爱的卡尔米德斯啊，你母亲把你带到这个世界上[108]。而现在的情况是这样：如果诚如这里的这位克里提阿斯所说，自制已经是在你身上[109]，并且你也是足够自制的，那么，你就不再需要匝耳摩克西斯的那些咒语，或者宇珀耳玻瑞阿人[110]阿巴里斯[111]的那些咒语，而是必须立即就得给你〈医治〉头的药；但是，如果你看起仍然是欠缺这些东西的，那么，在给药之前就必须得唱咒语。因此，请你自己告诉我，你是同意这里的这个人，并且肯定你已经充分地分得了自制呢[112]，还是宣称你是欠缺它的？

　　此时卡尔米德斯脸开始红起来，但由此一来他却首先显得愈发地

ΧΑΡΜΙΔΗΣ

ἐφάνη—καὶ γὰρ τὸ αἰσχυντηλὸν αὐτοῦ τῇ ἡλικίᾳ ἔπρεψεν—
ἔπειτα καὶ οὐκ ἀγεννῶς ἀπεκρίνατο· εἶπεν γὰρ ὅτι οὐ ῥᾴδιον
εἴη ἐν τῷ παρόντι οὔθ' ὁμολογεῖν οὔτε ἐξάρνῳ εἶναι τὰ
ἐρωτώμενα. ἐὰν μὲν γάρ, ἦ δ' ὅς, μὴ φῶ εἶναι σώφρων,
ἅμα μὲν ἄτοπον αὐτὸν καθ' ἑαυτοῦ τοιαῦτα λέγειν, ἅμα δὲ
καὶ Κριτίαν τόνδε ψευδῆ ἐπιδείξω καὶ ἄλλους πολλούς, οἷς
δοκῶ εἶναι σώφρων, ὡς ὁ τούτου λόγος· ἐὰν δ' αὖ φῶ καὶ
ἐμαυτὸν ἐπαινῶ, ἴσως ἐπαχθὲς φανεῖται. ὥστε οὐκ ἔχω ὅτι
σοι ἀποκρίνωμαι.

Καὶ ἐγὼ εἶπον ὅτι μοι εἰκότα φαίνῃ λέγειν, ὦ Χαρμίδη.
Καί μοι δοκεῖ, ἦν δ' ἐγώ, κοινῇ ἂν εἴη σκεπτέον εἴτε κέκτησαι
εἴτε μὴ ὃ πυνθάνομαι, ἵνα μήτε σὺ ἀναγκάζῃ λέγειν ἃ μὴ
βούλει, μήτ' αὖ ἐγὼ ἀσκέπτως ἐπὶ τὴν ἰατρικὴν τρέπωμαι.
εἰ οὖν σοι φίλον, ἐθέλω σκοπεῖν μετὰ σοῦ· εἰ δὲ μή, ἐᾶν.

Ἀλλὰ πάντων μάλιστα, ἔφη, φίλον· ὥστε τούτου γε
ἕνεκα, ὅπῃ αὐτὸς οἴει βέλτιον σκέψασθαι, ταύτῃ σκόπει.

Τῇδε τοίνυν, ἔφην ἐγώ, δοκεῖ μοι βελτίστη εἶναι ἡ σκέψις
περὶ αὐτοῦ. δῆλον γὰρ ὅτι εἴ σοι πάρεστιν σωφροσύνη,
ἔχεις τι περὶ αὐτῆς δοξάζειν. ἀνάγκη γάρ που ἐνοῦσαν
αὐτήν, εἴπερ ἔνεστιν, αἴσθησίν τινα παρέχειν, ἐξ ἧς δόξα ἄν
τίς σοι περὶ αὐτῆς εἴη ὅτι ἐστὶν καὶ ὁποῖόν τι ἡ σωφροσύνη·
ἢ οὐκ οἴει;

Ἔγωγε, ἔφη, οἶμαι.

Οὐκοῦν τοῦτό γε, ἔφην, ὃ οἴει, ἐπειδήπερ ἑλληνίζειν
ἐπίστασαι, κἂν εἴποις δήπου αὐτὸ ὅτι σοι φαίνεται;

Ἴσως, ἔφη.

Ἵνα τοίνυν τοπάσωμεν εἴτε σοι ἔνεστιν εἴτε μή, εἰπέ, ἦν
δ' ἐγώ, τί φῂς εἶναι σωφροσύνην κατὰ τὴν σὴν δόξαν.

Καὶ ὃς τὸ μὲν πρῶτον ὤκνει τε καὶ οὐ πάνυ ἤθελεν ἀπο-

---

c 7 οὐ ῥᾴδιον T et γρ. W : ἄλογον B W   d 3 ἐπιδείξω] ἀποδείξω
ci. Stallbaum   d 8 ἂν εἴη Ven. 189 : εἴη ἂν εἶναι B T (εἶναι secl.
ci. Stephanus : εἴη secl. ci. Salvini)   e 2 αὖ T : αὖτ' B   e 4 ἀλλὰ
πάντων T : ἀλλ' ἁπάντων B   e 5 βέλτιον ci. Heindorf : βελτίω
B T : βέλτιον ἂν ci. Cobet   σκέψεσθαι Stephanus   e 6 τῇδε
B t : τί δὲ T : τί δαὶ t (altera manu)   a 1 αὐτῆς B t : αὐτὴν T

俊美——因为他的羞涩与他的年龄正相适合[113]——，然后他也不卑不亢地进行了回答[114]。因为他说，目前[115]无论是赞同还是否认这些问题，〈对他而言〉都是不容易的[116]。因为，一方面，他说道，如果我宣称我不是自制的，那么，一则自己如此这般地说自己，这是奇怪的[117]，一则我同时会把这里的这位克里提阿斯表明为一个说假话的人，并且把其他许多人——如那人的那个说法那样，我在他们看来也是自制的——置于同样的境地；另一方面，如果我宣称〈我是自制的〉，并且我表扬自己，那么，或许由此将显得有些自以为是[118]。因此，我不知道我该回答你什么。

于是我就说，你对我显得说得合情合理[119]，卡尔米德斯啊。并且在我看来，我说道，〈我俩〉必须共同考察[120]〈你〉已经拥有了还是没有拥有我所打听的东西，由此一来，一方面，你不会被迫说一些你不愿意说的事情，另一方面，我则不会未经考察就转向治疗。因此，如果你乐意，那我愿意与你一道进行考察；否则的话，就算了。

当然非常非常地乐意，他说道；因此，就这件事而言[121]，你自己认为以何种方式进行探讨更好，就以那种方式来进行考察。

那好，以下面这种方式，我说道，对该问题的考察在我看来是最好的。因为下面这点是显而易见的，那就是：如果自制是在你身上，那么你就能够形成关于它的某种意见。因为，既然它内在于你——假如它真的内在于你的话——，那它无论如何都必然〈向你〉提供出〈对它的〉某种感觉，基于该感觉，你就会有了关于它的某种意见，即自制是什么以及是怎样；或者你不这么认为？

我肯定这么认为，他说道。

那么，你所认为的这种东西，我说道，既然你知道如何说希腊话，那你岂不也无疑能够说出它究竟对你显得是什么？

或许吧，他说。

那好！为了我们能够测度自制是内在于你呢，还是没有，请你说说，我说道，根据你的意见你主张自制是什么。

而他首先有些迟疑，并且完全不愿意进行回答；然而，此后他还是

159 b   ΠΛΑΤΩΝΟΣ

κρίνασθαι· ἔπειτα μέντοι εἶπεν ὅτι οἷ δοκοῖ σωφροσύνη εἶναι τὸ κοσμίως πάντα πράττειν καὶ ἡσυχῇ, ἔν τε ταῖς ὁδοῖς βαδίζειν καὶ διαλέγεσθαι, καὶ τὰ ἄλλα πάντα ὡσαύτως
5 ποιεῖν. καί μοι δοκεῖ, ἔφη, συλλήβδην ἡσυχιότης τις εἶναι ὃ ἐρωτᾷς.

Ἆρ᾽ οὖν, ἦν δ᾽ ἐγώ, εὖ λέγεις; φασί γέ τοι, ὦ Χαρμίδη, τοὺς ἡσυχίους σώφρονας εἶναι· ἴδωμεν δὴ εἴ τι λέγουσιν.
c εἰπὲ γάρ μοι, οὐ τῶν καλῶν μέντοι ἡ σωφροσύνη ἐστίν;

Πάνυ γε, ἔφη.

Πότερον οὖν κάλλιστον ἐν γραμματιστοῦ τὰ ὅμοια γράμματα γράφειν ταχὺ ἢ ἡσυχῇ;
5 Ταχύ.

Τί δ᾽ ἀναγιγνώσκειν; ταχέως ἢ βραδέως;

Ταχέως.

Καὶ μὲν δὴ καὶ τὸ κιθαρίζειν ταχέως καὶ τὸ παλαίειν ὀξέως πολὺ κάλλιον τοῦ ἡσυχῇ τε καὶ βραδέως;
10 Ναί.

Τί δὲ πυκτεύειν τε καὶ παγκρατιάζειν; οὐχ ὡσαύτως;

Πάνυ γε.

Θεῖν δὲ καὶ ἄλλεσθαι καὶ τὰ τοῦ σώματος ἅπαντα ἔργα,
d οὐ τὰ μὲν ὀξέως καὶ ταχὺ γιγνόμενα τὰ τοῦ καλοῦ ἐστιν, τὰ δὲ [βραδέα] μόγις τε καὶ ἡσυχῇ τὰ τοῦ αἰσχροῦ;

Φαίνεται.

Φαίνεται ἄρα ἡμῖν, ἔφην ἐγώ, κατά γε τὸ σῶμα οὐ τὸ
5 ἡσύχιον, ἀλλὰ τὸ τάχιστον καὶ ὀξύτατον κάλλιστον ὄν. ἦ γάρ;

Πάνυ γε.

Ἡ δέ γε σωφροσύνη καλόν τι ἦν;

Ναί.

---

b 2 οἷ B² T: οὖν W (sed suprascr. οἷ W)   δοκοῖ B W (sed εἰ supra οἷ W): δοκεῖ T   b 7 φασί γέ τοι T W: φασὶν B   c 3 κάλλιστον] κάλλιον Stephanus: κάλλιόν ἐστιν Schanz   c 9 τοῦ T: που B: που ἢ B²   d 1 τὰ τοῦ T: τοῦ B   d 2 βραδέα secl. ci. Heindorf   d 4 ἄρα T: γ᾽ ἄρα B: τἄρα Cobet

说道，在他看来[122]，自制就是规规矩矩地和沉着冷静地做一切事情，无论是在路上行走，还是进行交谈，以及以同样的方式做其他每件事情。并且在我看来，他说，简而言之，你所问的那种东西，它就是一种沉着冷静。

那么，我说道，你说得正确吗？人们确实会说，卡尔米德斯啊，那些沉着冷静的人是自制的。那就让我们来看看他们是否说得在理[123]。请你告诉我，自制岂不肯定是那些美的事物中的一个？

完全如此，他说。

那么，在一个书记员那里[124]，抄写一些同样的文字，哪种情况是更美的呢[125]，是快速地，还是慢慢地[126]？

快速地。

然后呢，就阅读来说？〈更美的是读得〉快还是〈读得〉慢？

〈读得〉快。

而事实上[127]，轻快地弹琴和敏捷地摔跤，同缓慢地弹琴和迟钝地摔跤相比，也是美得多的吗？

是的。

而就拳击和格斗来说又如何？岂不是同样地？

完全一样。

而奔跑、跳跃以及身体的〈其他〉所有动作，一方面，那些表现得敏捷和快速的，岂不就是一些属于美的东西；另一方面，那些表现得吃力[128]和缓慢的，就是一些属于丑的东西？

显然。

那么对我们来说就将显得〈是下面这样〉，我说道，那就是：至少在身体方面，并非安静缓慢，而是最快速和最敏捷的，才是最美的。是这样吗？

完全是这样。

而自制向来就肯定是某种美的东西吗[129]？

是。

ΧΑΡΜΙΔΗΣ

Οὐ τοίνυν κατά γε τὸ σῶμα ἡ ἡσυχιότης ἂν ἀλλ' ἡ ταχυτὴς σωφρονέστερον εἴη, ἐπειδὴ καλὸν ἡ σωφροσύνη.
Ἔοικεν, ἔφη.
Τί δέ; ἦν δ' ἐγώ, εὐμαθία κάλλιον ἢ δυσμαθία;
Εὐμαθία.
Ἔστιν δέ γ', ἔφην, ἡ μὲν εὐμαθία ταχέως μανθάνειν, ἡ δὲ δυσμαθία ἡσυχῇ καὶ βραδέως;
Ναί.
Διδάσκειν δὲ ἄλλον οὐ ταχέως [καὶ] κάλλιον καὶ σφόδρα μᾶλλον ἢ ἡσυχῇ τε καὶ βραδέως;
Ναί.
Τί δέ; ἀναμιμνῄσκεσθαι καὶ μεμνῆσθαι ἡσυχῇ τε καὶ βραδέως κάλλιον ἢ σφόδρα καὶ ταχέως;
Σφόδρ', ἔφη, καὶ ταχέως.
Ἡ δ' ἀγχίνοια οὐχὶ ὀξύτης τίς ἐστιν τῆς ψυχῆς ἀλλ' οὐχὶ ἡσυχία;
Ἀληθῆ.
Οὐκοῦν καὶ τὸ συνιέναι τὰ λεγόμενα, καὶ ἐν γραμματιστοῦ καὶ κιθαριστοῦ καὶ ἄλλοθι πανταχοῦ, οὐχ ὡς ἡσυχαίτατα ἀλλ' ὡς τάχιστά ἐστι κάλλιστα;
Ναί.
Ἀλλὰ μὴν ἔν γε ταῖς ζητήσεσιν τῆς ψυχῆς καὶ τῷ βουλεύεσθαι οὐχ ὁ ἡσυχιώτατος, ὡς ἐγὼ οἶμαι, καὶ μόγις βουλευόμενός τε καὶ ἀνευρίσκων ἐπαίνου δοκεῖ ἄξιος εἶναι, ἀλλ' ὁ ῥᾷστά τε καὶ τάχιστα τοῦτο δρῶν.
Ἔστιν ταῦτα, ἔφη.
Οὐκοῦν πάντα, ἦν δ' ἐγώ, ὦ Χαρμίδη, ἡμῖν καὶ τὰ περὶ τὴν ψυχὴν καὶ τὰ περὶ τὸ σῶμα, τὰ τοῦ τάχους τε καὶ τῆς ὀξύτητος καλλίω φαίνεται ἢ τὰ τῆς βραδυτῆτός τε καὶ ἡσυχιότητος;
Κινδυνεύει, ἔφη.
Οὐκ ἄρα ἡσυχιότης τις ἡ σωφροσύνη ἂν εἴη, οὐδ' ἡσύχιος

---

d 10 ἡ ἡσυχιότης T : ἡσυχιότης B   e 6 καὶ B T W : del. corr. Coisl.   a 6 κάλλιστα] *fuit qui ἐστὶ κάλλιστον mallet* Stallbaum   a 9 ἡσυχιώτατος Cobet : ἡσυχώτατος B T

那么，至少在身体方面，并非沉着冷静，而是快速敏捷才会是更为自制的，既然自制是一种美的东西。

似乎是这样，他说。

然后呢？我说，学得轻松，还是学得不轻松是更美的[130]？

学得轻松。

然而，我说道，学得轻松肯定就是学得快速，而学得不轻松就是学得缓慢和懒懒散散？

是。

而教他人，教得快速且竭尽全力[131]，岂不远远美于教得缓慢且懒懒散散？

是的。

然后呢？就回忆和记忆[132]而言，是沉着冷静和缓慢地更美呢，还是敏捷和快速地？

敏捷地，他说道，以及快速地。

而机灵[133]，它岂不就是灵魂的某种敏锐，而不是它的某种沉着冷静？

正确。

并且理解那些被说出来的东西，无论是在一个文法学家〈所说的东西〉那里，还是在一个竖琴师〈所说的东西〉那里，以及在其他任何地方，并非尽可能沉着冷静，而是尽可能敏捷快速[134]才是最美的？

是的。

此外[135]，在灵魂的各种探究以及在提出建议那里，并非那最为安安静静的人，如我所认为的那样，以及那吃力地进行谋划和进行发现的人，看起来是值得赞许的，而是那最轻松和最快速地做这件事的人。

是这样，他说道。

因此，所有的事情，我说，卡尔米德斯啊，无论是关乎灵魂的，还是关乎身体的，那些基于快速和敏锐而来的，岂不都对我们显得是要美于那些基于缓慢和迟钝而来的？

有可能[136]，他说。

这样一来，自制就不会是一种沉着冷静，自制的生活也不会是——

ΠΛΑΤΩΝΟΣ

ὁ σώφρων βίος, ἔκ γε τούτου τοῦ λόγου, ἐπειδὴ καλὸν αὐτὸν δεῖ εἶναι σώφρονα ὄντα. δυοῖν γὰρ δὴ τὰ ἕτερα· ἢ οὐδαμοῦ ἡμῖν ἢ πάνυ που ὀλιγαχοῦ αἱ ἡσύχιοι πράξεις ἐν τῷ βίῳ καλλίους ἐφάνησαν ἢ αἱ ταχεῖαί τε καὶ ἰσχυραί. εἰ δ' οὖν, ὦ φίλε, ὅτι μάλιστα μηδὲν ἐλάττους αἱ ἡσύχιοι τῶν σφοδρῶν τε καὶ ταχειῶν πράξεων τυγχάνουσιν καλλίους οὖσαι, οὐδὲ ταύτῃ σωφροσύνη ἂν εἴη μᾶλλόν τι τὸ ἡσυχῇ πράττειν ἢ τὸ σφόδρα τε καὶ ταχέως, οὔτε ἐν βαδισμῷ οὔτε ἐν λέξει οὔτε ἄλλοθι οὐδαμοῦ, οὐδὲ ὁ ἡσύχιος βίος [κόσμιος] τοῦ μὴ ἡσυχίου σωφρονέστερος ἂν εἴη, ἐπειδὴ ἐν τῷ λόγῳ τῶν καλῶν τι ἡμῖν ἡ σωφροσύνη ὑπετέθη, καλὰ δὲ οὐχ ἧττον ⟨τὰ⟩ ταχέα τῶν ἡσυχίων πέφανται.

Ὀρθῶς μοι δοκεῖς, ἔφη, ὦ Σώκρατες, εἰρηκέναι.

Πάλιν τοίνυν, ἦν δ' ἐγώ, ὦ Χαρμίδη, μᾶλλον προσέχων τὸν νοῦν καὶ εἰς σεαυτὸν ἐμβλέψας, ἐννοήσας ὁποῖόν τινά σε ποιεῖ ἡ σωφροσύνη παροῦσα καὶ ποία τις οὖσα τοιοῦτον ἀπεργάζοιτο ἄν, πάντα ταῦτα συλλογισάμενος εἰπὲ εὖ καὶ ἀνδρείως τί σοι φαίνεται εἶναι;

Καὶ ὃς ἐπισχὼν καὶ πάνυ ἀνδρικῶς πρὸς ἑαυτὸν διασκεψάμενος, Δοκεῖ τοίνυν μοι, ἔφη, αἰσχύνεσθαι ποιεῖν ἡ σωφροσύνη καὶ αἰσχυντηλὸν τὸν ἄνθρωπον, καὶ εἶναι ὅπερ αἰδὼς ἡ σωφροσύνη.

Εἶεν, ἦν δ' ἐγώ, οὐ καλὸν ἄρτι ὡμολόγεις τὴν σωφροσύνην εἶναι;

Πάνυ γ', ἔφη.

Οὐκοῦν καὶ ἀγαθοὶ ἄνδρες οἱ σώφρονες;

Ναί.

Ἆρ' οὖν ἂν εἴη ἀγαθὸν ὃ μὴ ἀγαθοὺς ἀπεργάζεται;

---

c 5 ἢ τὸ Priscianus : ἢ τοῦ B T : τοῦ Schanz   c 6 οὔτε ... οὔτε Priscianus: οὐ τὸ ... οὐ τὸ B T W   c 7 οὐδὲ corr. Coisl. : οὐδὲν B T W   κόσμιος secl. ci. Heindorf: καὶ κόσμιος corr. Coisl.   d 2 καλὰ T : καὶ ἄλλα B   τὰ add. corr. Coisl.   d 6 ἐμβλέψας scripsi : ἀπεμβλέψας B (sed λεψ in ras.) : ἀποβλέψας T W   e 6 εἶεν T : εἶτα B   e 11 post εἴη lacunam indicat Schanz   ἀγαθούς, ⟨καὶ μὴ ἀγαθόν, ὃ ἀγαθούς⟩ ci. Goldbacher

至少依照〈现在〉这种说法——，既然如果它¹³⁷是自制的，那它也就必须是美的。显然¹³⁸，下面两种情形必居其一：或者，对我们来说，要么根本没有任何地方，要么仅仅在很少的一些场合，在生活中的那些沉着冷静的行为曾显得比那些快速的和强有力的行为是更美的。或者，朋友啊，无论如何¹³⁹，即使是下面这样，即那些沉着冷静的行为恰巧完全不比那些竭尽全力的和快速的行为〈在数量上〉更少，也恰巧是比它们更美的，但由此〈既得不出〉自制会更为是一种沉着冷静地行事，而不是竭尽全力地和快速地行事，无论是在走路时，还是在谈话中，还是在其他的任何场合；〈也得不出〉一种沉着冷静的生活¹⁴⁰就会比一种不沉着冷静的生活是更为自制的，既然在讨论中自制曾被我们假定为那些美的事物中的一种，而就是美的而言，一些快速的东西¹⁴¹已经显得并非不如那些安安静静的东西¹⁴²。

160c1

160c5

160d1

在我看来，他说道，苏格拉底啊，你说得正确。

那就再来一次，我说道，卡尔米德斯啊，你要更加集中你的注意力并把目光转向你自己，思考一下：在你身上的自制¹⁴³，它使得你成为了一个什么样的人，以及它得是何种东西才能够成就出这样的你；你要通过合计所有这些¹⁴⁴而好好并且勇敢地说，它对你显得是什么？

160d5

160e1

于是他停了一会儿，并且非常男子气概地做了一番自我审视；那好，然后他说道，在我看来，自制使得一个人感到羞耻，并且它也使得一个人成为一个有羞耻感的人，因而自制也恰恰就是如羞耻心一样的东西¹⁴⁵。

160e5

好吧，我说道，而你刚才岂不已经同意了下面这点，即自制是某种美的东西？

完全如此，他说。

因此，那些自制者也是一些好人吗？

是的。

160e10

那么，那并不让人成为好人的东西会是好的吗？

ΧΑΡΜΙΔΗΣ

Οὐ δῆτα.
Οὐ μόνον οὖν ἄρα καλόν, ἀλλὰ καὶ ἀγαθόν ἐστιν.
Ἔμοιγε δοκεῖ.
Τί οὖν; ἦν δ' ἐγώ· Ὁμήρῳ οὐ πιστεύεις καλῶς λέγειν. λέγοντι ὅτι
  αἰδὼς δ' οὐκ ἀγαθὴ κεχρημένῳ ἀνδρὶ παρεῖναι;
Ἔγωγ', ἔφη.
Ἔστιν ἄρα, ὡς ἔοικεν, αἰδὼς οὐκ ἀγαθὸν καὶ ἀγαθόν.
Φαίνεται.
Σωφροσύνη δέ γε ἀγαθόν, εἴπερ ἀγαθοὺς ποιεῖ οἷς ἂν παρῇ, κακοὺς δὲ μή.
Ἀλλὰ μὴν οὕτω γε δοκεῖ μοι ἔχειν, ὡς σὺ λέγεις.
Οὐκ ἄρα σωφροσύνη ἂν εἴη αἰδώς, εἴπερ τὸ μὲν ἀγαθὸν τυγχάνει ὄν, αἰδὼς δὲ [μὴ] οὐδὲν μᾶλλον ἀγαθὸν ἢ καὶ κακόν.
Ἀλλ' ἔμοιγε δοκεῖ, ἔφη, ὦ Σώκρατες, τοῦτο μὲν ὀρθῶς λέγεσθαι· τόδε δὲ σκέψαι τί σοι δοκεῖ εἶναι περὶ σωφροσύνης. ἄρτι γὰρ ἀνεμνήσθην—ὃ ἤδη του ἤκουσα λέγοντος— ὅτι σωφροσύνη ἂν εἴη τὸ τὰ ἑαυτοῦ πράττειν. σκόπει οὖν τοῦτο εἰ ὀρθῶς σοι δοκεῖ λέγειν ὁ λέγων.
Καὶ ἐγώ, Ὦ μιαρέ, ἔφην, Κριτίου τοῦδε ἀκήκοας αὐτὸ ἢ ἄλλου του τῶν σοφῶν.
Ἔοικεν, ἔφη ὁ Κριτίας, ἄλλου· οὐ γὰρ δὴ ἐμοῦ γε.
Ἀλλὰ τί διαφέρει, ἦ δ' ὅς, ὁ Χαρμίδης, ὦ Σώκρατες, ὅτου ἤκουσα;
Οὐδέν, ἦν δ' ἐγώ· πάντως γὰρ οὐ τοῦτο σκεπτέον, ὅστις αὐτὸ εἶπεν, ἀλλὰ πότερον ἀληθὲς λέγεται ἢ οὔ.
Νῦν ὀρθῶς λέγεις, ἦ δ' ὅς.
Νὴ Δία, ἦν δ' ἐγώ. ἀλλ' εἰ καὶ εὑρήσομεν αὐτὸ ὅπῃ γε ἔχει, θαυμάζοιμ' ἄν· αἰνίγματι γάρ τινι ἔοικεν.
Ὅτι δὴ τί γε; ἔφη.

b 1 μὴ secl. Ast   καὶ om. Par. 1809 : secl. Cobet   b 6 ἂν secl. Bekker   c 10 ὅτι δὴ T : εἰ δὴ B W (sed suprascr. ὅτι W)

肯定不会。

所以，自制就不仅是美的，而且也是好的。

在我看来确实如此。 161a1

究竟怎么回事呢？我说道；难道你不相信荷马说得很正确吗[146]，当他说：

> 对于一个处在贫困中的人来说[147]，羞耻心并不是好的[148]？

我肯定相信，他说。 161a5

因此，羞耻心似乎既是一种不好的东西，又是一种好的东西。

显然。

而自制肯定是一种好的东西，如果它的确使得那些它在其身上的人变得好，而不至于变得坏的话[149]。

事实上在我看来，情况的确就是如你所说的那样。 161a10

那么，自制就不会是羞耻心，如果它真的恰好就是一种好的东西，而羞耻心则恰好不会更多地是一种好的东西，同它是一种坏的东西相比[150]。 161b1

当然，至少在我看来，他说道，苏格拉底啊，这说得正确；但是，请你看看下面这点，在你看来它关于自制〈说得〉如何。因为我刚刚想 161b5 起来了——我已经听某个人说过的——，那就是：自制就是做自己的事情。因此，请你来考察一下，在你看来，那个说这话的人是否说得正确。

而我，哎，你这坏蛋[151]！我说道，你从这里的这位克里提阿斯那里听到它的，还是从那些智慧的人中的其他某个人那里？

理当，克里提阿斯说，从其他人那里；因为肯定不是从我这里。 161c1

但有什么不同吗[152]，卡尔米德斯说道，苏格拉底啊，我究竟是从谁那里听到的？

没有任何不同，我说；因为必须考察的并不是这点，即究竟是谁说它的，而是说得对呢，还是不对。 161c5

你现在说得正确，他说道。

宙斯在上，我说。但是，一旦我们发现了它究竟是怎么回事，我们会感到惊讶的；因为它看起来像一个谜语。

究竟因为什么呢？他说。 161c10

ΠΛΑΤΩΝΟΣ

d Ὅτι οὐ δήπου, ἦν δ' ἐγώ, ᾗ τὰ ῥήματα ἐφθέγξατο ταύτῃ καὶ ἐνόει, λέγων σωφροσύνην εἶναι τὸ τὰ αὑτοῦ πράττειν. ἢ σὺ οὐδὲν ἡγῇ πράττειν τὸν γραμματιστὴν ὅταν γράφῃ ἢ ἀναγιγνώσκῃ;

5 Ἔγωγε, ἡγοῦμαι μὲν οὖν, ἔφη.

Δοκεῖ οὖν σοι τὸ αὑτοῦ ὄνομα μόνον γράφειν ὁ γραμματιστὴς καὶ ἀναγιγνώσκειν ἢ ὑμᾶς τοὺς παῖδας διδάσκειν, ἢ οὐδὲν ἧττον τὰ τῶν ἐχθρῶν ἐγράφετε ἢ τὰ ὑμέτερα καὶ τὰ τῶν φίλων ὀνόματα;

10 Οὐδὲν ἧττον.

Ἦ οὖν ἐπολυπραγμονεῖτε καὶ οὐκ ἐσωφρονεῖτε τοῦτο
e δρῶντες;

Οὐδαμῶς.

Καὶ μὴν οὐ τὰ ὑμέτερά γε αὐτῶν ἐπράττετε, εἴπερ τὸ γράφειν πράττειν τί ἐστιν καὶ τὸ ἀναγιγνώσκειν.

5 Ἀλλὰ μὴν ἔστιν.

Καὶ γὰρ τὸ ἰᾶσθαι, ὦ ἑταῖρε, καὶ τὸ οἰκοδομεῖν καὶ τὸ ὑφαίνειν καὶ τὸ ἡτινιοῦν τέχνῃ ὁτιοῦν τῶν τέχνης ἔργων ἀπεργάζεσθαι πράττειν δήπου τί ἐστιν.

Πάνυ γε.

10 Τί οὖν; ἦν δ' ἐγώ, δοκεῖ ἄν σοι πόλις εὖ οἰκεῖσθαι ὑπὸ τούτου τοῦ νόμου τοῦ κελεύοντος τὸ ἑαυτοῦ ἱμάτιον ἕκαστον ὑφαίνειν καὶ πλύνειν, καὶ ὑποδήματα σκυτοτομεῖν, καὶ λήκυθον καὶ στλεγγίδα καὶ τἆλλα πάντα κατὰ τὸν αὐτὸν λόγον,
162 τῶν μὲν ἀλλοτρίων μὴ ἅπτεσθαι, τὰ δὲ ἑαυτοῦ ἕκαστον ἐργάζεσθαί τε καὶ πράττειν;

Οὐκ ἔμοιγε δοκεῖ, ἦ δ' ὅς.

Ἀλλὰ μέντοι, ἔφην ἐγώ, σωφρόνως γε οἰκοῦσα εὖ ἂν
5 οἰκοῖτο.

Πῶς δ' οὔκ; ἔφη.

d 1 ᾗ W: ἣ B: om. T   d 2 ὁ ante λέγων add. corr. Coisl.
e 10 εὖ οἰκεῖσθαι TW: ἀρκεῖσθαι B   e 12 λήκυθον BT: λίκυθον t
e 13 πάντα] ποιοῦντα vel πάντα ποιοῦντα ci. H. Richards   a 4 γε
B²: τε BT

因为多半是下面这样的，我说道，那就是：这些语词在何种意义上被表达出来[153]，〈那个说话的人〉其实并没有在该意义上意识到，当他说自制就是做自己的事情时[154]。或者，你认为一个文法教师，当他写或读时，他没有做任何事情？

我肯定认为〈他在做事情〉，他说道。

那么，在你看来，文法教师仅仅写和读他自己的名字呢，还是也教你们这些孩子们〈写和读你们自己的名字〉；或者，同写你们所喜欢的那些人的名字相比，其实你们一点也不少地在写你们所憎恶的那些人的名字？

一点也不少地。

因此，难道你们是在瞎忙活[155]并且是不自制的，当你们这样做时？

绝对不。

而且你们其实并未曾在做你们自己的事情，如果写和读也就是在做某件事的话。

它们当然是〈在做某件事〉。

还有，治病，朋友啊，建房和纺织，以及生产——即凭借某种技艺，无论它是何种技艺，生产出那些由该技艺而来的产物中的任何一样产物——，无疑也都是在做某件事。

完全如此。

然后呢？我说道，在你看来一个城邦会被这种法律治理得好吗，就因为它要求下面这些，那就是：每个人各自纺织和洗涤他自己的衣服，〈各自为自己的〉鞋切割皮革[156]，〈各自为自己制作〉橄榄油瓶和刮刀[157]，以及按照同样的理由〈从事〉其他所有的事情；一方面，不可以触碰那些属于其他人的事情[158]，另一方面，每个人只可以劳作和做他自己的事情？

我肯定不这么认为，他说。

但是，我说道，如果〈一个城邦〉确实治理得自制[159]，那么它一定就会治理得好。

为何不呢？他说。

ΧΑΡΜΙΔΗΣ

Οὐκ ἄρα, ἦν δ' ἐγώ, τὸ τὰ τοιαῦτά τε καὶ οὕτω τὰ αὑτοῦ πράττειν σωφροσύνη ἂν εἴη.

Οὐ φαίνεται.

Ἠινίττετο ἄρα, ὡς ἔοικεν, ὅπερ ἄρτι ἐγὼ ἔλεγον, ὁ λέγων τὸ τὰ αὑτοῦ πράττειν σωφροσύνην εἶναι· οὐ γάρ που οὕτω γε ἦν εὐήθης. ἢ τινος ἠλιθίου ἤκουσας τουτὶ λέγοντος, ὦ Χαρμίδη;

Ἥκιστά γε, ἔφη, ἐπεί τοι καὶ πάνυ ἐδόκει σοφὸς εἶναι.

Παντὸς τοίνυν μᾶλλον, ὡς ἐμοὶ δοκεῖ, αἴνιγμα αὐτὸ προύβαλεν, ὡς ὂν χαλεπὸν τὸ τὰ αὑτοῦ πράττειν γνῶναι ὅτι ποτέ ἐστιν.

Ἴσως, ἔφη.

Τί οὖν ἂν εἴη ποτὲ τὸ τὰ αὑτοῦ πράττειν; ἔχεις εἰπεῖν;

Οὐκ οἶδα μὰ Δία ἔγωγε, ἦ δ' ὅς· ἀλλ' ἴσως οὐδὲν κωλύει μηδὲ τὸν λέγοντα μηδὲν εἰδέναι ὅτι ἐνόει. Καὶ ἅμα ταῦτα λέγων ὑπεγέλα τε καὶ εἰς τὸν Κριτίαν ἀπέβλεπεν.

Καὶ ὁ Κριτίας δῆλος μὲν ἦν καὶ πάλαι ἀγωνιῶν καὶ φιλοτίμως πρός τε τὸν Χαρμίδην καὶ πρὸς τοὺς παρόντας ἔχων, μόγις δ' ἑαυτὸν ἐν τῷ πρόσθεν κατέχων τότε οὐχ οἷός τε ἐγένετο· δοκεῖ γάρ μοι παντὸς μᾶλλον ἀληθὲς εἶναι, ὃ ἐγὼ ὑπέλαβον, τοῦ Κριτίου ἀκηκοέναι τὸν Χαρμίδην ταύτην τὴν ἀπόκρισιν περὶ τῆς σωφροσύνης. ὁ μὲν οὖν Χαρμίδης βουλόμενος μὴ αὐτὸς ὑπέχειν λόγον ἀλλ' ἐκεῖνον τῆς ἀποκρίσεως, ὑπεκίνει αὐτὸν ἐκεῖνον, καὶ ἐνεδείκνυτο ὡς ἐξεληλεγμένος εἴη· ὁ δ' οὐκ ἠνέσχετο, ἀλλά μοι ἔδοξεν ὀργισθῆναι αὐτῷ ὥσπερ ποιητὴς ὑποκριτῇ κακῶς διατιθέντι τὰ ἑαυτοῦ ποιήματα. ὥστ' ἐμβλέψας αὐτῷ εἶπεν, Οὕτως οἴει, ὦ Χαρμίδη, εἰ σὺ μὴ οἶσθα ὅτι ποτ' ἐνόει ὃς ἔφη σωφροσύνην εἶναι τὸ τὰ ἑαυτοῦ πράττειν, οὐδὲ δὴ ἐκεῖνον εἰδέναι;

Ἀλλ', ὦ βέλτιστε, ἔφην ἐγώ, Κριτία, τοῦτον μὲν οὐδὲν θαυμαστὸν ἀγνοεῖν τηλικοῦτον ὄντα· σὲ δέ που εἰκὸς εἰδέναι

d 4 σὺ T : σοὶ B   d 5 ποτ' ἐνόει t : ποτε ἐνόει B : ποτε νοεῖ T
e 1 εἰκὸς εἰδέναι T : εἰδέναι re vera B W

因此，我说道，做诸如此类的事情以及以这样的方式做自己的事情，都不会是自制。

显然不。

所以，看起来，正如我刚才曾说过的那样，那位说自制就是做自己的事情的人，他其实在说一句谜语；因为他无论如何都不会是如此的头脑简单。或者，你是听某个愚蠢的人说这话的，卡尔米德斯啊？ 162a10

162b1

肯定不是，他说道，真的[160]，他看起来甚至是非常智慧的。

那么，下面这点就是必定的[161]，如我所认为的那样，那就是他仅仅把它作为一个谜语抛了出来，因为难以认识究竟什么才是做自己的事情。 162b5

或许吧，他说道。

那么，究竟什么才会是做自己的事情？你能够说说吗？

宙斯在上，我真不知道，他说；不过，或许也没有什么会妨碍下面这点，那就是，说话者其实也不知道他自己究竟在想什么。在说这些的同时，他微微一笑，并看向克里提阿斯。 162b10

而克里提阿斯，显然，一方面，他也早已跃跃欲试，并〈急于〉同卡尔米德斯以及那些在场的人进行一番激烈的竞争[162]；另一方面，在先前他还能够勉勉强强地克制住他自己，而那时[163]他已经变得不再能够那样了。其实在我看来，我曾猜测的那件事必定是真的，那就是卡尔米德斯是从克里提阿斯那里听说关于自制的这个主张的[164]。于是，卡尔米德斯，由于他自己不愿意为这个主张说明理由[165]，而希望那个人来做，他只好温和地敦促那个人[166]，并且向他表明他已经被驳倒了。而那个人呢，则不堪忍受，而且在我看来对卡尔米德斯感到愤怒，就像一个诗人对一位正在拙劣地朗诵[167]他自己的那些诗作的朗诵者感到愤怒那样。因此，他注视着他并对他说道，你真这样认为吗，卡尔米德斯啊，如果你不知道那个宣称自制就是做自己的事情的人究竟在想什么，那么，那个人自己也就不知道？ 162c1

162c5

162d1

162d5

不过，最优秀的人啊，我说道，克里提阿斯，这个人不知道，无须对之感到大惊小怪，因为他还是如此这般的年轻；而你呢，鉴于你的年 162e1

ΠΛΑΤΩΝΟΣ

καὶ ἡλικίας ἕνεκα καὶ ἐπιμελείας. εἰ οὖν συγχωρεῖς τοῦτ᾽ εἶναι σωφροσύνην ὅπερ οὑτοσὶ λέγει καὶ παραδέχῃ τὸν λόγον, ἔγωγε πολὺ ἂν ἥδιον μετὰ σοῦ σκοποίμην εἴτ᾽ ἀληθὲς εἴτε μὴ τὸ λεχθέν.

Ἀλλὰ πάνυ συγχωρῶ, ἔφη, καὶ παραδέχομαι.

Καλῶς γε σὺ τοίνυν, ἦν δ᾽ ἐγώ, ποιῶν. καί μοι λέγε, ἦ καὶ ἃ νυνδὴ ἠρώτων ἐγὼ συγχωρεῖς, τοὺς δημιουργοὺς πάντας ποιεῖν τι;

Ἔγωγε.

Ἦ οὖν δοκοῦσί σοι τὰ ἑαυτῶν μόνον ποιεῖν ἢ καὶ τὰ τῶν ἄλλων;

Καὶ τὰ τῶν ἄλλων.

Σωφρονοῦσιν οὖν οὐ τὰ ἑαυτῶν μόνον ποιοῦντες;

Τί γὰρ κωλύει; ἔφη.

Οὐδὲν ἐμέ γε, ἦν δ᾽ ἐγώ· ἀλλ᾽ ὅρα μὴ ἐκεῖνον κωλύει, ὃς ὑποθέμενος σωφροσύνην εἶναι τὸ τὰ ἑαυτοῦ πράττειν ἔπειτα οὐδέν φησι κωλύειν καὶ τοὺς τὰ τῶν ἄλλων πράττοντας σωφρονεῖν.

Ἐγὼ γάρ που, ἦ δ᾽ ὅς, τοῦθ᾽ ὡμολόγηκα, ὡς οἱ τὰ τῶν ἄλλων πράττοντες σωφρονοῦσιν, εἰ τοὺς ποιοῦντας ὡμολόγησα.

Εἰπέ μοι, ἦν δ᾽ ἐγώ, οὐ ταὐτὸν καλεῖς τὸ ποιεῖν καὶ τὸ πράττειν;

Οὐ μέντοι, ἔφη· οὐδέ γε τὸ ἐργάζεσθαι καὶ τὸ ποιεῖν. ἔμαθον γὰρ παρ᾽ Ἡσιόδου, ὃς ἔφη ἔργον [δ᾽] οὐδὲν εἶναι ὄνειδος. οἴει οὖν αὐτόν, εἰ τὰ τοιαῦτα ἔργα ἐκάλει καὶ ἐργάζεσθαι καὶ πράττειν, οἷα νυνδὴ σὺ ἔλεγες, οὐδενὶ ἂν ὄνειδος φάναι εἶναι σκυτοτομοῦντι ἢ ταριχοπωλοῦντι ἢ ἐπ᾽ οἰκήματος καθημένῳ; οὐκ οἴεσθαί γε χρή, ὦ Σώκρατες, ἀλλὰ καὶ ἐκεῖνος οἶμαι ποίησιν πράξεως καὶ ἐργασίας ἄλλο ἐνόμιζεν, καὶ ποίημα μὲν γίγνεσθαι ὄνειδος ἐνίοτε, ὅταν μὴ

---

a 4 οὐ B : οἱ T : οἱ μὴ W Heindorf : ᾗ B : ἢ T : ῇ W b 6 ἔλεγες TW : λέγεις B a 10 γὰρ που Cobet a 11 εἰ ci. b 4 δ᾽ vel εἶναι secl. ci. Stephanus

纪和〈对该问题的〉关注，你当然有可能知道。因此，如果你承认自制就是这个人所说的那回事，并且〈愿意〉接受〈对它的那个〉定义[168]，那么，我肯定会高兴得多地同你一道考察所说的究竟是真的呢，还是不是真的。 162e5

我当然会承认，他说道，并且我也〈愿意〉接受。

那好，你真了不起！我说道。并且请你告诉我，你也真的承认我刚才所问的吗，即所有的工匠[169]都在从事某件事情[170]？

肯定承认。 162e10

那么，你也真的认为他们仅仅在从事自己的事情，还是也在从事他人的事情？ 163a1

也在从事他人的事情。

因此，他们还是自制的吗，既然他们不仅仅在从事自己的事情？

究竟有什么会妨碍这点呢，他说道。 163a5

于我来说肯定没有，我说道；但是，请你看看它是否也不会妨碍那个人，他假定自制就是做自己的事情，随后又宣称，没有什么会妨碍那些做他人的事情的人是自制的。

我究竟在哪儿，他说道，已经同意了下面这点，即那些做他人的事情的人是自制的，或者我〈只是〉同意过那些从事〈他人的事情的人是自制的〉[171]？ 163a10

〈那么〉请你告诉我，我说，你并不把从事和做称作一回事吗？ 163b1

当然不，他说；劳作和从事也肯定不是一回事。因为我从赫西俄德那里学到了这点，他说没有任何一样劳作出来的产物是一种耻辱[172]。因此，你认为，如果他把诸如此类的东西都称作劳作出来的产物，并且把你刚才说到的那样一些〈行为〉都称作劳作和做，那么，他会宣称，任何一个人，无论他是在为鞋切割皮革[173]，还是在卖咸鱼[174]，还是在妓院拉皮条[175]，对他来说都不是一种耻辱吗？一定不可以这么认为，苏格拉底啊；而那个人，我认为他曾承认：从事是异于做和劳作的某种东西，以及，虽然一件被从事出来的事情[176]有时会成为一种耻辱，每当 163c1

ΧΑΡΜΙΔΗΣ

μετὰ τοῦ καλοῦ γίγνηται, ἔργον δὲ οὐδέποτε οὐδὲν ὄνειδος· τὰ γὰρ καλῶς τε καὶ ὠφελίμως ποιούμενα ἔργα ἐκάλει, καὶ ἐργασίας τε καὶ πράξεις τὰς τοιαύτας ποιήσεις. φάναι δέ γε χρὴ καὶ οἰκεῖα μόνα τὰ τοιαῦτα ἡγεῖσθαι αὐτόν, τὰ δὲ βλαβερὰ πάντα ἀλλότρια· ὥστε καὶ Ἡσίοδον χρὴ οἴεσθαι καὶ ἄλλον ὅστις φρόνιμος τὸν τὰ αὑτοῦ πράττοντα τοῦτον σώφρονα καλεῖν.

Ὦ Κριτία, ἦν δ' ἐγώ, καὶ εὐθὺς ἀρχομένου σου σχεδὸν ἐμάνθανον τὸν λόγον, ὅτι τὰ οἰκεῖά τε καὶ τὰ αὑτοῦ ἀγαθὰ καλοίης, καὶ τὰς τῶν ἀγαθῶν ποιήσεις πράξεις· καὶ γὰρ Προδίκου μυρία τινὰ ἀκήκοα περὶ ὀνομάτων διαιροῦντος. ἀλλ' ἐγώ σοι τίθεσθαι μὲν τῶν ὀνομάτων δίδωμι ὅπῃ ἂν βούλῃ ἕκαστον· δήλου δὲ μόνον ἐφ' ὅτι ἂν φέρῃς τοὔνομα ὅτι ἂν λέγῃς. νῦν οὖν πάλιν ἐξ ἀρχῆς σαφέστερον ὅρισαι· ἆρα τὴν τῶν ἀγαθῶν πρᾶξιν ἢ ποίησιν ἢ ὅπως σὺ βούλει ὀνομάζειν, ταύτην λέγεις σὺ σωφροσύνην εἶναι;

Ἔγωγε, ἔφη.

Οὐκ ἄρα σωφρονεῖ ὁ τὰ κακὰ πράττων, ἀλλ' ὁ τἀγαθά;

Σοὶ δέ, ἦ δ' ὅς, ὦ βέλτιστε, οὐχ οὕτω δοκεῖ;

Ἔα, ἦν δ' ἐγώ· μὴ γάρ πω τὸ ἐμοὶ δοκοῦν σκοπῶμεν, ἀλλ' ὃ σὺ λέγεις νῦν.

Ἀλλὰ μέντοι ἔγωγε, ἔφη, τὸν μὴ ἀγαθὰ ἀλλὰ κακὰ ποιοῦντα οὔ φημι σωφρονεῖν, τὸν δὲ ἀγαθὰ ἀλλὰ μὴ κακὰ σωφρονεῖν· τὴν γὰρ τῶν ἀγαθῶν πρᾶξιν σωφροσύνην εἶναι σαφῶς σοι διορίζομαι.

Καὶ οὐδέν γέ σε ἴσως κωλύει ἀληθῆ λέγειν· τόδε γε μέντοι, ἦν δ' ἐγώ, θαυμάζω, εἰ σωφρονοῦντας ἀνθρώπους ἡγῇ σὺ ἀγνοεῖν ὅτι σωφρονοῦσιν.

Ἀλλ' οὐχ ἡγοῦμαι, ἔφη.

Οὐκ ὀλίγον πρότερον, ἔφην ἐγώ, ἐλέγετο ὑπὸ σοῦ ὅτι τοὺς

---

d 5 ἂν βούλῃ W : ἂν θέλῃ B : βούλει T : ἂν ἕλῃ Hermann   d 6 ἂν φέρῃς BT : ἂν φέροις al. : δὴ φέρεις ci. H. Richards   e 10 τῶν ἀγαθῶν TW : τῶν B   a 1 γέ σε BW : γε T

它没有和美好的东西一道产生出来时,但任何一件劳作出来的产物都从不会是一种耻辱。因为,仅仅那些被美好地和有益地从事出来的事情[177],他才将之称作劳作出来的产物,并且也只有那些如此这般的从事,他才将之称为劳作和做。也必须得说,他认为仅仅诸如此类的事情才是自家的事情[178],而所有那些有害的事情都是属于他人的事情[179]。因此,必须认为,无论是赫西俄德,还是其他任何明智的人,他们都把这种做自己的事情的人称作是自制的。

163c5

克里提阿斯啊,我说道,其实你刚一开始〈说话〉,我就几乎立即明白你的说法,那就是,你会只把那些自家的事情以及自己的事情称作是好的,并且仅仅把对那些好的事情的从事称作做;因为我也已经差不多无数次地[180]从普洛狄科斯[181]那儿听说过〈类似的东西〉,当他对各种语词做出区分时。然而,一方面,我会允许你以你所愿意的方式来确定诸语词中的每一个;另一方面,只不过得请你表明,你究竟要把你可能说出的那个语词引向何种东西。因此,现在请你再次从头更加清楚地进行定义:对那些好的事情的做或者从事——或者随你愿意的任何方式对之进行命名——,你说这就是自制吗?

163d1

163d5

163e1

我肯定这么说,他说道。

那么,那做坏事情的人就不是自制的,而那做好事情的人则是?

而你,他说,最优秀的人啊,难道不这么认为吗?

163e5

这你别管!我说道。因为我们要考察的,尚不是我所认为的,而是你现在所说的。

那么,他说,我当然主张:那不从事各种好的事情而从事坏的事情的人不是自制的,而那从事各种好的事情而不从事坏事情的人则是自制的。因为,做那些好的事情就是自制,这是我清楚地对你所做出的界定。

163e10

或许没有任何东西能妨碍你说得对。然而,我说道,我还是对下面这点感到吃惊,那就是:如果你认为那些自制的人并不知道他们自己是自制的。

164a1

但我不那么认为,他说。

就在一小会儿前[182],我说道,下面这点岂不被你说过,那就是:没

164a5

ΠΛΑΤΩΝΟΣ

δημιουργοὺς οὐδὲν κωλύει καὶ αὖ τὰ τῶν ἄλλων ποιοῦντας σωφρονεῖν;

Ἐλέγετο γάρ, ἔφη· ἀλλὰ τί τοῦτο;

Οὐδέν· ἀλλὰ λέγε εἰ δοκεῖ τίς σοι ἰατρός, ὑγιᾶ τινα ποιῶν, ὠφέλιμα καὶ ἑαυτῷ ποιεῖν καὶ ἐκείνῳ ὃν ἰῷτο;

Ἔμοιγε.

Οὐκοῦν τὰ δέοντα πράττει ὅ γε ταῦτα πράττων;

Ναί.

Ὁ τὰ δέοντα πράττων οὐ σωφρονεῖ;

Σωφρονεῖ μὲν οὖν.

Ἦ οὖν καὶ γιγνώσκειν ἀνάγκη τῷ ἰατρῷ ὅταν τε ὠφελίμως ἰᾶται καὶ ὅταν μή; καὶ ἑκάστῳ τῶν δημιουργῶν ὅταν τε μέλλῃ ὀνήσεσθαι ἀπὸ τοῦ ἔργου οὗ ἂν πράττῃ καὶ ὅταν μή;

Ἴσως οὔ.

Ἐνίοτε ἄρα, ἦν δ' ἐγώ, ὠφελίμως πράξας ἢ βλαβερῶς ὁ ἰατρὸς οὐ γιγνώσκει ἑαυτὸν ὡς ἔπραξεν· καίτοι ὠφελίμως πράξας, ὡς ὁ σὸς λόγος, σωφρόνως ἔπραξεν. ἢ οὐχ οὕτως ἔλεγες;

Ἔγωγε.

Οὐκοῦν, ὡς ἔοικεν, ἐνίοτε ὠφελίμως πράξας πράττει μὲν σωφρόνως καὶ σωφρονεῖ, ἀγνοεῖ δ' ἑαυτὸν ὅτι σωφρονεῖ;

Ἀλλὰ τοῦτο μέν, ἔφη, ὦ Σώκρατες, οὐκ ἄν ποτε γένοιτο, ἀλλ' εἴ τι σὺ οἴει ἐκ τῶν ἔμπροσθεν ὑπ' ἐμοῦ ὡμολογημένων εἰς τοῦτο ἀναγκαῖον εἶναι συμβαίνειν, ἐκείνων ἄν τι ἔγωγε μᾶλλον ἀναθείμην, καὶ οὐκ ἂν αἰσχυνθείην μὴ οὐχὶ ὀρθῶς φάναι εἰρηκέναι, μᾶλλον ἤ ποτε συγχωρήσαιμ' ἂν ἀγνοοῦντα αὐτὸν ἑαυτὸν ἄνθρωπον σωφρονεῖν. σχεδὸν γάρ τι ἔγωγε αὐτὸ τοῦτό φημι εἶναι σωφροσύνην, τὸ γιγνώσκειν ἑαυτόν,

---

a 6 αὖ secl. ci. Heindorf   a 9 ἄν vel post δοκεῖ vel post b 1 ὠφέλιμα add. ci. H. Richards   b 5 τὰ] δὲ τὰ corr. Coisl.   b 8 ἑκάστῳ TW : ἑκάστῳ τί B : ἑκάστῳ τινὶ Schanz   b 9 οὗ TW : τοῦ B   πράττῃ BW : πράξῃ T sed τ in marg. T   c 8 σὺ W : σοι BT   c 9 εἰς secl. Hirschig   d 1 μὴ Stobaeus : ὅτι μὴ BT : ὁτιδὴ ci. Bekker : τι μὴ ci. Madvig : ὁτιοῦν μὴ ci. Cobet : τότε μὴ Schanz   d 3 ἄνθρωπον αὐτὸν ἑαυτὸν Stobaeus

有什么会妨碍工匠们是自制的，即使此外他们还在从事他人的事情？

确实被〈我〉说过，他说；但这有什么关系呢[183]？

没有。但请你说说，你是否认为，一个医生，如果他使某人恢复健康，那么，对他自己和他所医治的那个人，他都在从事一些有益的事情？ 164b1

我确实这么认为。

那么，做这些事情的人岂不在做一些〈他〉应当〈做〉的事情？

是的。

而那做应当〈做〉的事情人，难道不是自制的吗？ 164b5

他当然是自制的。

那么，一个医生甚至也真的必然认识到，他何时在有益地进行医治，以及何时没有？工匠中的每一个也必然认识到，他何时将从他所做的作品中获益，以及何时则不？

或许不。 164b10

那么有时候，我说道，一个医生，当他做得有益或者有害时，他并 164c1 没有认识到他自己是如何在做；尽管按照你的说法，如果他做得有益，他就做得自制。或者你未曾这样说？

我的确这样说过。

因此，如看起来的那样，岂不有时候当他做得有益时，他虽然做得 164c5 自制以及是自制的，但他并不知道他自己是自制的？

然而这种情况，他说道，苏格拉底啊，根本就从不可能发生；但是，如果你认为，从前面被我所赞同的那些事情而来的某种东西必然会导致这点，那么，我肯定宁愿从那些事情中收回某种东西，并且我也不 164d1 会羞于承认下面这点，即那时我说得并不正确[184]，我宁愿这样，而不是曾经我会赞同的，那就是：一个人，他虽然不认识他自己，但他仍然是自制的。因为大致说来[185]，我的确会承认，恰恰下面这点〈对他来说〉 164d5 就是自制，那就是：认识他自己；并且我也完全同意那在德尔斐〈神庙〉题献这碑文的人[186]。其实对我来说，这句碑文看起来在下面这种意

ΧΑΡΜΙΔΗΣ

καὶ συμφέρομαι τῷ ἐν Δελφοῖς ἀναθέντι τὸ τοιοῦτον γράμμα. καὶ γὰρ τοῦτο οὕτω μοι δοκεῖ τὸ γράμμα ἀνακεῖσθαι, ὡς δὴ πρόσρησις οὖσα τοῦ θεοῦ τῶν εἰσιόντων ἀντὶ τοῦ Χαῖρε, ὡς τούτου μὲν οὐκ ὀρθοῦ ὄντος τοῦ προσρήματος, τοῦ χαίρειν, οὐδὲ δεῖν τοῦτο παρακελεύεσθαι ἀλλήλοις ἀλλὰ σωφρονεῖν. οὕτω μὲν δὴ ὁ θεὸς προσαγορεύει τοὺς εἰσιόντας εἰς τὸ ἱερὸν διαφέρον τι ἢ οἱ ἄνθρωποι, ὡς διανοούμενος ἀνέθηκεν ὁ ἀναθείς, ὥς μοι δοκεῖ· καὶ λέγει πρὸς τὸν ἀεὶ εἰσιόντα οὐκ ἄλλο τι ἢ Σωφρόνει, φησίν. αἰνιγματωδέστερον δὲ δή, ὡς μάντις, λέγει· τὸ γὰρ Γνῶθι σαυτόν καὶ τὸ Σωφρόνει ἔστιν μὲν ταὐτόν, ὡς τὰ γράμματά φησιν καὶ ἐγώ, τάχα δ' ἄν τις οἰηθείη ἄλλο εἶναι, ὃ δή μοι δοκοῦσιν παθεῖν καὶ οἱ τὰ ὕστερον γράμματα ἀναθέντες, τό τε Μηδὲν ἄγαν καὶ τὸ Ἐγγύη πάρα δ' ἄτη. καὶ γὰρ οὗτοι συμβουλὴν ᾠήθησαν εἶναι τὸ Γνῶθι σαυτόν, ἀλλ' οὐ τῶν εἰσιόντων [ἕνεκεν] ὑπὸ τοῦ θεοῦ πρόσρησιν· εἶθ' ἵνα δὴ καὶ σφεῖς μηδὲν ἧττον συμβουλὰς χρησίμους ἀναθεῖεν, ταῦτα γράψαντες ἀνέθεσαν. οὗ δὴ οὖν ἕνεκα λέγω, ὦ Σώκρατες, ταῦτα πάντα, τόδ' ἐστίν· τὰ μὲν ἔμπροσθέν σοι πάντα ἀφίημι—ἴσως μὲν γάρ τι σὺ ἔλεγες περὶ αὐτῶν ὀρθότερον, ἴσως δ' ἐγώ, σαφὲς δ' οὐδὲν πάνυ ἦν ὧν ἐλέγομεν—νῦν δ' ἐθέλω τούτου σοι διδόναι λόγον, εἰ μὴ ὁμολογεῖς σωφροσύνην εἶναι τὸ γιγνώσκειν αὐτὸν ἑαυτόν.

Ἀλλ', ἦν δ' ἐγώ, ὦ Κριτία, σὺ μὲν ὡς φάσκοντος ἐμοῦ εἰδέναι περὶ ὧν ἐρωτῶ προσφέρῃ πρός με, καὶ ἐὰν δὴ βούλωμαι, ὁμολογήσοντός σοι· τὸ δ' οὐχ οὕτως ἔχει, ἀλλὰ ζητῶ γὰρ μετὰ σοῦ ἀεὶ τὸ προτιθέμενον διὰ τὸ μὴ αὐτὸς

e 1 τοῦ χαίρειν B² Stobaeus : τὸ χαίρειν B T : secl. Cobet   e 2 ἀλλήλοις B Stobaeus : ἀλλήλους T   e 3 οὕτω μὲν δή] τούτῳ οὖν δὴ Stobaeus   e 5 ὁ om. Stobaeus   μοι] ἐμοὶ Stobaeus   e 6 σωφρονεῖν Stobaeus   a 3 ἐγγύη T : ἐγγυῆ B : ἐγγυίη b : ἐγγύα t Stobaeus   a 4 ἄτη B T : ἄτα t Stobaeus   a 5 ἕνεκεν B T W Stobaeus : addub. Heindorf, secl. Cobet   a 6 εἶθ' om. Stobaeus   σφεῖς T : αὐτοὶ Stobaeus : αὐτοὶ σφεῖς W : αὐτὸς φῇς B   συμβουλὰς χρησίμους B W : χρησίμους συμβουλὰς T Stobaeus   b 2 αὐτῶν T : αὐτὸν B   b 7 ὁμολογήσοντός σοι ci. Heusde : ὁμολογήσαντός σου B T

义上被题献〈在那儿〉[187]：它就是神对那些走进〈其神庙〉的人的一句 164e1
问候语，用来代替〈人们彼此之间通常的那句问候语〉，即愿你快乐！
因为，这句问候语，即愿你快乐，〈在那里〉肯定是不正确的，〈神与
人〉彼此之间应当劝勉的，不是〈愿你快乐〉这件事，而是〈愿你〉自
制。因此，神的确以这种方式来问候那些走进其神庙的人，同人们〈彼
此间进行问候的方式〉有点不同，而在我看来，这似乎就是那位题献者
在题献〈该碑文〉时所怀有的想法；并且他对每次走进〈神庙〉的人 [188] 164e5
所说的，他宣称，无非就是：你要自制！当然，就像一位预言家那样，
他说得更像谜语似的。因为，认识你自己和你要自制虽然是一回事，就 165a1
像碑文所说和我〈所理解〉的那样，但是，很可能 [189] 有人会认为它们
是不一样的，事实上在我看来，那些题献后来的那些碑文的人其实也就
觉得是那样 [190]，〈他们题献了〉：勿过分，以及任何的担保都离祸害不
远 [191]。因为这些人曾经认为，认识你自己其实是一句忠告，而不是从 165a5
神那里而来的对那些走进〈其神庙〉的人的一句问候语 [192]；后来，他
们为了题献一些〈与之〉不相上下的有益的忠告，于是他们就通过写下
这些话来进行题献。我为之而说所有这些的原因，苏格拉底啊，其实就
是下面这点，那就是：一方面，前面〈说过〉的所有那些，对于你，我 165b1
都〈暂且〉将之放到一边——因为关于它们，或许是你说得更为正确
些，但也有可能是我，不过我俩曾说的那些，其中没有一样是完全清楚
的——，另一方面，现在我愿意允许你对此〈再做一番〉发言 [193]，假如
你不同意下面这点的话，那就是：自制就是〈一个人〉认识他自己。

但是，我说道，克里提阿斯啊，一方面，你对待我 [194]，就好像我在 165b5
声称就我所询问的那些事情我自己知道似的；并且好像如果我愿意，那
么我也就会同意你似的。但不是这个样子的，相反，我之所以始终与你

ΠΛΑΤΩΝΟΣ

c εἰδέναι. σκεψάμενος οὖν ἐθέλω εἰπεῖν εἴτε ὁμολογῶ εἴτε
μή. ἀλλ' ἐπίσχες ἕως ἂν σκέψωμαι.
  Σκόπει δή, ἦ δ' ὅς.
  Καὶ γάρ, ἦν δ' ἐγώ, σκοπῶ. εἰ γὰρ δὴ γιγνώσκειν γέ
5 τί ἐστιν ἡ σωφροσύνη, δῆλον ὅτι ἐπιστήμη τις ἂν εἴη καὶ
τινός· ἢ οὔ;
  Ἔστιν, ἔφη, ἑαυτοῦ γε.
  Οὐκοῦν καὶ ἰατρική, ἔφην, ἐπιστήμη ἐστὶν τοῦ ὑγιεινοῦ;
  Πάνυ γε.
10 Εἰ τοίνυν με, ἔφην, ἔροιο σύ· "Ἰατρικὴ ὑγιεινοῦ ἐπι-
στήμη οὖσα τί ἡμῖν χρησίμη ἐστὶν καὶ τί ἀπεργάζεται,"
d εἴποιμ' ἂν ὅτι οὐ σμικρὰν ὠφελίαν· τὴν γὰρ ὑγίειαν καλὸν
ἡμῖν ἔργον ἀπεργάζεται, εἰ ἀποδέχῃ τοῦτο.
  Ἀποδέχομαι.
  Καὶ εἰ τοίνυν με ἔροιο τὴν οἰκοδομικήν, ἐπιστήμην οὖσαν
5 τοῦ οἰκοδομεῖν, τί φημι ἔργον ἀπεργάζεσθαι, εἴποιμ' ἂν ὅτι
οἰκήσεις· ὡσαύτως δὲ καὶ τῶν ἄλλων τεχνῶν. χρὴ οὖν καὶ
σὲ ὑπὲρ τῆς σωφροσύνης, ἐπειδὴ φῂς αὐτὴν ἑαυτοῦ ἐπιστή-
μην εἶναι, ἔχειν εἰπεῖν ἐρωτηθέντα, "Ὦ Κριτία, σωφροσύνη,
e ἐπιστήμη οὖσα ἑαυτοῦ, τί καλὸν ἡμῖν ἔργον ἀπεργάζεται καὶ
ἄξιον τοῦ ὀνόματος;" ἴθι οὖν, εἰπέ.
  Ἀλλ', ὦ Σώκρατες, ἔφη, οὐκ ὀρθῶς ζητεῖς. οὐ γὰρ ὁμοία
αὕτη πέφυκεν ταῖς ἄλλαις ἐπιστήμαις, οὐδέ γε αἱ ἄλλαι ἀλ-
5 λήλαις· σὺ δ' ὡς ὁμοίων οὐσῶν ποιῇ τὴν ζήτησιν. ἐπεὶ λέγε
μοι, ἔφη, τῆς λογιστικῆς τέχνης ἢ τῆς γεωμετρικῆς τί ἐστιν
τοιοῦτον ἔργον οἷον οἰκία οἰκοδομικῆς ἢ ἱμάτιον ὑφαντικῆς ἢ
ἄλλα τοιαῦτ' ἔργα, ἃ πολλὰ ἄν τις ἔχοι πολλῶν τεχνῶν
166 δεῖξαι; ἔχεις οὖν μοι καὶ σὺ τούτων τοιοῦτόν τι ἔργον δεῖξαι;
ἀλλ' οὐχ ἕξεις.

---

c 4 γιγνώσκειν Tb : γιγνώσκει B   c 8 ἔφην W : ἔφη BT
d 5 οἰκοδομεῖν TW : οἰκοδομικοῦ B   e 3 ὁμοία αὕτη T : ὁμοίως
αὕτη W : ὁμοίως ταύτῃ B   e 4 ἀλλήλαις ci. Heusde : ἄλλαις BT
e 5 ποιῇ τὴν ζήτησιν W : ποιεῖ τὴν ζήτησιν B : τὴν ζήτησιν ποιεῖ T   λέγε
TW : δέ γε B   e 6 λογιστικῆς TW : λογικῆς B   e 7 τοιοῦτον
T : τὸ τοιοῦτον B   a 1 τοιοῦτόν B² T : τοιούτων B

一道进行探寻，就因为我自己不知道。因此，当我进行考虑之后，我才 165c1
会愿意说我是同意〈你〉呢，还是不同意〈你〉。然而，你要忍住[195]，
直到我进行了考虑为止。

那就请你进行考察，他说道。

其实我已经在考察，我说。如果自制真的就是认识某种东西，那 165c5
么，显然它就会是某种知识，并且是关于某种东西的知识；难道不是这
样吗？

是这样，他说，无论如何都是关于〈一个人〉自身的知识[196]。

那么，医术，我说，它岂不就是关于健康的东西的一种知识？

当然。

那好，我说道，假如你问我"如果医术是关于一种健康的东西的知 165c10
识，那么，它对我们有何用处，以及为我们成就出了什么"，那么我就 165d1
会说，〈它对我们有着〉一种不小的用处。因为它对我们成就出了健康，
一种美好的产物，如果你接受这点的话。

我接受。

并且如果你也就建筑术来问我——既然它是关于建筑活动的知
识——，〈问〉我宣称它成就出了什么，那么我就会说：各种房屋。而 165d5
其他的技艺也同样如此。因此，你也必须代表自制——既然你宣称它
是关于〈一个人〉自身的知识——，能够说说，当你被问，"克里提阿斯
啊，自制，如果它是关于〈一个人〉自身的知识，那么，它对我们成就 165e1
出了什么样的美好产物，并且该产物也配得上这个名字？"那就来吧[197]，
请你说说！

但是，苏格拉底啊，他说道，你没有正确地进行探究。因为这种知
识生来就与其他的知识不相似，其实那些其他的知识彼此间也不相似；
然而你，把它们当作〈彼此间〉是相似的东西似的，来进行探究。因 165e5
为，请你告诉我，他说道，在计算的技艺或者测量土地的技艺那里[198]，
一种如此这般的产物是什么——就像房屋之于建筑技艺，或者衣服之于
纺织技艺，或者其他诸如此类的、一个人能够从许多技艺那里指出的许
多的产物——？因此，你也能够从这些技艺那里对我指出一种如此这般 166a1
的产物吗？而〈你会说〉你将不能够。

ΧΑΡΜΙΔΗΣ

Καὶ ἐγὼ εἶπον ὅτι Ἀληθῆ λέγεις· ἀλλὰ τόδε σοι ἔχω δεῖξαι, τίνος ἐστὶν ἐπιστήμη ἑκάστη τούτων τῶν ἐπιστημῶν, ὃ τυγχάνει ὂν ἄλλο αὐτῆς τῆς ἐπιστήμης. οἷον ἡ λογιστικὴ ἐστίν που τοῦ ἀρτίου καὶ τοῦ περιττοῦ, πλήθους ὅπως ἔχει πρὸς αὑτὰ καὶ πρὸς ἄλληλα· ἢ γάρ;

Πάνυ γε, ἔφη.

Οὐκοῦν ἑτέρου ὄντος τοῦ περιττοῦ καὶ ἀρτίου αὐτῆς τῆς λογιστικῆς;

Πῶς δ' οὔ;

Καὶ μὴν αὖ ἡ στατικὴ τοῦ βαρυτέρου τε καὶ κουφοτέρου σταθμοῦ ἐστιν στατική· ἕτερον δέ ἐστιν τὸ βαρύ τε καὶ κοῦφον τῆς στατικῆς αὐτῆς. συγχωρεῖς;

Ἔγωγε.

Λέγε δή, καὶ ἡ σωφροσύνη τίνος ἐστὶν ἐπιστήμη, ὃ τυγχάνει ἕτερον ὂν αὐτῆς τῆς σωφροσύνης;

Τοῦτό ἐστιν ἐκεῖνο, ἔφη, ὦ Σώκρατες· ἐπ' αὐτὸ ἥκεις ἐρευνῶν τὸ ᾧ διαφέρει πασῶν τῶν ἐπιστημῶν ἡ σωφροσύνη· σὺ δὲ ὁμοιότητά τινα ζητεῖς αὐτῆς ταῖς ἄλλαις. τὸ δ' οὐκ ἔστιν οὕτως, ἀλλ' αἱ μὲν ἄλλαι πᾶσαι ἄλλου εἰσὶν ἐπιστῆμαι, ἑαυτῶν δ' οὔ, ἡ δὲ μόνη τῶν τε ἄλλων ἐπιστημῶν ἐπιστήμη ἐστὶ καὶ αὐτὴ ἑαυτῆς. καὶ ταῦτά σε πολλοῦ δεῖ λεληθέναι, ἀλλὰ γὰρ οἶμαι ὃ ἄρτι οὐκ ἔφησθα ποιεῖν, τοῦτο ποιεῖς· ἐμὲ γὰρ ἐπιχειρεῖς ἐλέγχειν, ἐάσας περὶ οὗ ὁ λόγος ἐστίν.

Οἷον, ἦν δ' ἐγώ, ποιεῖς ἡγούμενος, εἰ ὅτι μάλιστα σὲ ἐλέγχω, ἄλλου τινὸς ἕνεκα ἐλέγχειν ἢ οὗπερ ἕνεκα κἂν ἐμαυτὸν διερευνῴμην τί λέγω, φοβούμενος μή ποτε λάθω οἰόμενος μέν τι εἰδέναι, εἰδὼς δὲ μή. καὶ νῦν δὴ οὖν ἔγωγέ φημι τοῦτο ποιεῖν, τὸν λόγον σκοπεῖν μάλιστα μὲν ἐμαυτοῦ ἕνεκα, ἴσως δὲ δὴ καὶ τῶν ἄλλων ἐπιτηδείων· ἢ οὐ κοινὸν

b 2 στατική secl. ci. Heindorf   τε καὶ T : καὶ τὸ B   b 8 τὸ ᾧ ci. H. Richards : ὅτῳ B : 'τῷ (sic) T : τῷ W   πασῶν T et γρ. W : πλείω BW   c 8 ἄλλου τινὸς TW : ἀλλ' οὐ τινὸς B   d 1 διερευνῴμην BW : διερευνῴην T   d 4 κοινὸν B²T : κοινων B

于是我说道，你说得正确；不过我能够对你指出下面这点，那就是：这些知识中的每一门各自是关于什么东西的知识，而那种东西恰好是异于这门知识本身。例如，计算的知识肯定是关于偶数和奇数的知识，即〈弄清楚〉在数量方面它们自身以及就它们彼此来说它们是怎样的。是这样吗？

完全如此，他说。

那么由此一来，奇数和偶数岂不是异于计算的知识自身的某种东西？

为何不呢？

还有，称重的知识复又是关乎较重的东西和较轻的东西之重量的〈知识〉[199]；而重和轻则不同于称重的知识自身。你同意吗？

我肯定同意。

那么也就请你说说，自制究竟是关于什么东西的知识，而那种东西恰好是异于自制自身的？

这正是〈我前面说过的〉那件事[200]，他说，苏格拉底啊。你其实通过探索已经来到了这个点上，在那里[201]自制不同于所有〈其他的〉知识；然而你却仍然在寻找它同其他那些知识的某种相似性。但恰恰不是这样的，相反，一方面，其他所有的知识都是关于某一别的东西的知识，而不是关于它们自身的知识；另一方面，唯有自制既是一种关于其他〈所有〉知识的知识，〈同时〉它也是关于它自身的知识。其实你也远非已经忘记了这些[202]，相反，我肯定认为，你刚才宣称不会做的那件事[203]，你现在就在做它；因为你〈只是为了〉试图反驳我，于是就不顾讨论所涉及的东西。

你在做什么事啊[204]，我说道，你竟然认为，如果我要尽可能地[205]驳斥你，是为了别的某种东西而不是只为了下面这点而进行驳斥，那就是：我要仔细检查我自己究竟在说什么，因为我害怕我不曾注意到，我虽然以为自己知道某种东西，但其实并不知道。而现在我无论如何都要宣称，我这样做，主要是为了我自己，但或许也为了一些其他合适的人

οἴει ἀγαθὸν εἶναι σχεδόν τι πᾶσιν ἀνθρώποις, γίγνεσθαι καταφανὲς ἕκαστον τῶν ὄντων ὅπῃ ἔχει;

Καὶ μάλα, ἦ δ' ὅς, ἔγωγε, ὦ Σώκρατες.

Θαρρῶν τοίνυν, ἦν δ' ἐγώ, ὦ μακάριε, ἀποκρινόμενος τὸ ἐρωτώμενον ὅπῃ σοι φαίνεται, ἔα χαίρειν εἴτε Κριτίας ἐστὶν εἴτε Σωκράτης ὁ ἐλεγχόμενος· ἀλλ' αὐτῷ προσέχων τὸν νοῦν τῷ λόγῳ σκόπει ὅπῃ ποτὲ ἐκβήσεται ἐλεγχόμενος.

Ἀλλά, ἔφη, ποιήσω οὕτω· δοκεῖς γάρ μοι μέτρια λέγειν.

Λέγε τοίνυν, ἦν δ' ἐγώ, περὶ τῆς σωφροσύνης πῶς λέγεις;

Λέγω τοίνυν, ἦ δ' ὅς, ὅτι μόνη τῶν ἄλλων ἐπιστημῶν αὐτή τε αὑτῆς ἐστιν καὶ τῶν ἄλλων ἐπιστημῶν ἐπιστήμη.

Οὐκοῦν, ἦν δ' ἐγώ, καὶ ἀνεπιστημοσύνης ἐπιστήμη ἂν εἴη, εἴπερ καὶ ἐπιστήμης;

Πάνυ γε, ἔφη.

Ὁ ἄρα σώφρων μόνος αὐτός τε ἑαυτὸν γνώσεται καὶ οἷός τε ἔσται ἐξετάσαι τί τε τυγχάνει εἰδὼς καὶ τί μή, καὶ τοὺς ἄλλους ὡσαύτως δυνατὸς ἔσται ἐπισκοπεῖν τί τις οἶδεν καὶ οἴεται, εἴπερ οἶδεν, καὶ τί αὖ οἴεται μὲν εἰδέναι, οἶδεν δ' οὔ, τῶν δὲ ἄλλων οὐδείς· καὶ ἔστιν δὴ τοῦτο τὸ σωφρονεῖν τε καὶ σωφροσύνη καὶ τὸ ἑαυτὸν αὐτὸν γιγνώσκειν, τὸ εἰδέναι ἅ τε οἶδεν καὶ ἃ μὴ οἶδεν. ἆρα ταῦτά ἐστιν ἃ λέγεις;

Ἔγωγ', ἔφη.

Πάλιν τοίνυν, ἦν δ' ἐγώ, τὸ τρίτον τῷ σωτῆρι, ὥσπερ ἐξ ἀρχῆς ἐπισκεψώμεθα πρῶτον μὲν εἰ δυνατόν ἐστιν τοῦτ' εἶναι ἢ οὔ—τὸ ἃ οἶδεν καὶ ἃ μὴ οἶδεν εἰδέναι (ὅτι οἶδε καὶ) ὅτι οὐκ οἶδεν—ἔπειτα εἰ ὅτι μάλιστα δυνατόν, τίς ἂν εἴη ἡμῖν ὠφελία εἰδόσιν αὐτό.

Ἀλλὰ χρή, ἔφη, σκοπεῖν.

Ἴθι δή, ἔφην ἐγώ, ὦ Κριτία, σκέψαι, ἐάν τι περὶ αὐτῶν

---

e 2 σκόπει ci. Heindorf: σκοπεῖν T: σκοπεῖν B   e 6 αὐτή T: αὕτη B   a 4 αὖ Bekker: αὐτὸς BT: αὖ τις Buttmann   a 5 τῶν δὲ T: τῶν B   a 6 αὐτὸν scr. recc.: αὐτὸ BTW   τὸ εἰδέναι BT: ποῖ εἰδέναι b   a 7 καὶ ἅ W: καὶ ἅτε BT   b 1 ἐπισκεψώμεθα T: ἐπισκοπώμεθα B   b 2 ἢ οὔ τὸ T: ἢ οὐ τοι B   ὅτι οἶδε καὶ add. recc.

而考察讨论；或者，难道你不认为，下面这点差不多对于所有的人来说 166d5
是一种共同的好，那就是：诸是着的东西中的每一个都在其所是的那个
样子上变得一清二楚[206]？

确实，他说道，我就是这么认为，苏格拉底啊。

那好，你要有信心，我说道，有福的人啊，回答被询问的东西究竟
对你显得如何，而不要把下面这点放在心上[207]，那就是，遭到反驳的那 166e1
个人是克里提阿斯呢，还是苏格拉底。相反，你要通过把注意力转向讨
论自身来考察，一旦遭到了反驳，它将何去何从。

那好，他说道，我将这样做；因为在我看来你说得合理。

那就请你说说，我说道，关于自制你怎么说？

那么我会说，他说道，相较于其他〈所有〉的知识，唯有它既是关 166e5
于它自身的，也是关于其他知识的知识。

那么，我说道，它岂不也会是一种关于无知识的知识[208]，如果它确
实是关于知识的知识的话[209]？

肯定是这样，他说。

因此，唯有一个自制的人，他将认识他自己，并且将能够仔细检查 167a1
他恰好知道什么以及不知道什么；并且唯有他有能力以同样的方式来审
查其他人：一个人知道以及他认为〈他知道〉什么，假如他真的有所知
道的话，此外还有虽然他认为他知道什么，但他其实并不知道。其他人 167a5
中无人能够做到这些。而〈对于一个人来说〉下面这点就是保持自制、
自制以及认识他自己，那就是：知道他知道什么以及他不知道什么。这
些就是你要说的吗？

我要说的就是这些，他说。

那就再来一次，我说道，把第三〈杯酒〉献给拯救者〈宙斯〉[210]，
就像从头开始似的，让我们首先考察，〈对于一个人来说〉是这个样子 167b1
是可能的还是不可能的——那就是，就他所知道的以及他所不知道的，
〈他〉知道他知道以及不知道[211]——；然后考察，如果这的确是完全可
能的，那么，对于知道它的我们来说会有何益处。

当然必须这样进行考察，他说。 167b5

那就来吧！我说道，克里提阿斯啊，请你看看，关于这些问题你是

ΧΑΡΜΙΔΗΣ

εὐπορώτερος φανῇς ἐμοῦ· ἐγὼ μὲν γὰρ ἀπορῶ. ᾗ δὲ ἀπορῶ, φράσω σοι;

Πάνυ γ', ἔφη.

Ἄλλο τι οὖν, ἦν δ' ἐγώ, πάντα ταῦτ' ἂν εἴη, εἰ ἔστιν ὅπερ σὺ νυνδὴ ἔλεγες, μία τις ἐπιστήμη, ἣ οὐκ ἄλλου τινός ἐστιν ἢ ἑαυτῆς τε καὶ τῶν ἄλλων ἐπιστημῶν ἐπιστήμη, καὶ δὴ καὶ ἀνεπιστημοσύνης ἡ αὐτὴ αὕτη;

Πάνυ γε.

Ἰδὲ δὴ ὡς ἄτοπον ἐπιχειροῦμεν, ὦ ἑταῖρε, λέγειν· ἐν ἄλλοις γάρ που τὸ αὐτὸ τοῦτο ἐὰν σκοπῇς, δόξει σοι, ὡς ἐγᾦμαι, ἀδύνατον εἶναι.

Πῶς δὴ καὶ ποῦ;

Ἐν τοῖσδε. ἐννόει γὰρ εἴ σοι δοκεῖ ὄψις τις εἶναι, ἣ ὧν μὲν αἱ ἄλλαι ὄψεις εἰσίν, οὐκ ἔστιν τούτων ὄψις, ἑαυτῆς δὲ καὶ τῶν ἄλλων ὄψεων ὄψις ἐστὶν καὶ μὴ ὄψεων ὡσαύτως, καὶ χρῶμα μὲν ὁρᾷ οὐδὲν ὄψις οὖσα, αὐτὴν δὲ καὶ τὰς ἄλλας ὄψεις· δοκεῖ τίς σοι εἶναι τοιαύτη;

Μὰ Δί' οὐκ ἔμοιγε.

Τί δὲ ἀκοήν, ἣ φωνῆς μὲν οὐδεμιᾶς ἀκούει, αὑτῆς δὲ καὶ τῶν ἄλλων ἀκοῶν ἀκούει καὶ τῶν μὴ ἀκοῶν;

Οὐδὲ τοῦτο.

Συλλήβδην δὴ σκόπει περὶ πασῶν τῶν αἰσθήσεων εἴ τίς σοι δοκεῖ εἶναι αἰσθήσεων μὲν αἴσθησις καὶ ἑαυτῆς, ὧν δὲ δὴ αἱ ἄλλαι αἰσθήσεις αἰσθάνονται, μηδενὸς αἰσθανομένη;

Οὐκ ἔμοιγε.

Ἀλλ' ἐπιθυμία δοκεῖ τίς σοι εἶναι, ἥτις ἡδονῆς μὲν οὐδεμιᾶς ἐστὶν ἐπιθυμία, αὑτῆς δὲ καὶ τῶν ἄλλων ἐπιθυμιῶν;

Οὐ δῆτα.

Οὐδὲ μὴν βούλησις, ὡς ἐγᾦμαι, ἣ ἀγαθὸν μὲν οὐδὲν βούλεται, αὑτὴν δὲ καὶ τὰς ἄλλας βουλήσεις βούλεται.

---

b 10 εἰ ἔστιν ὅπερ σὺ t: εἰ ἔστιν ὅπερ Τ: εἴη ἔστιν ὁ σὺ Β (sed ᾗ supra εἴη Β²)   c 8 ᾗ Β: ἦ Τ   c 10 μὴ ὄψεων BW: μὴ ὄψεως Τ   d 1 οὐδὲν Τ: οὐδὲ Β   d 4 ᾗ Β: ἦ Τ   e 1 δοκεῖ τίς σοι BW: τίς σοι δοκεῖ Τ   e 4 ἀγαθὸν TW (sed ω supra ο W): ἀγαθῶν Β

否显得比我是更有办法的；因为我确实感到困惑。但我究竟在哪儿感到困惑，我可以对你指出来吗。

当然可以，他说。

那么会不会[212]，我说道，所有这些是这样呢，如果真如你刚才所说的那样，那就是有着某一门知识，它不是关于其他某种东西的知识，而是关于它自身以及关于其他知识的知识，而且这同一门知识还是一种关于无知识的知识。

167b10

167c1

完全如此。

那么你瞧瞧，朋友啊，我们正尝试说一种何等奇怪的东西啊。因为，如果你在其他事情那里考察这同一种东西，那么，你将觉得，如我所认为的那样，它是不可能的。

167c5

究竟为什么，以及在哪儿〈考察〉？

在下面这些事情那里。请你务必思考一下，是否在你看来有着一种看，它不是对一些其他的看〈所看到〉的那些东西的一种看，而只是对它自身以及对其他的看的一种看，而且同样地是对各种不看的一种看，并且它不看任何一种颜色，尽管它是一种看，而只看它自身以及其他的看。你认为有着这样一种看吗？

167c10

167d1

宙斯在上，我肯定不这么认为。

然后呢，有没有一种听，它不听任何的声音，而只是听它自身和其他的听，以及各种不听？

167d5

肯定没这回事。

那么，简而言之，请你就所有的感觉来看看，你是否认为有着一种感觉，它是对各种感觉以及它自身的感觉，但就其他感觉所感觉的那些东西，他不感觉其中任何一样。

我当然不这么认为。

167d10

而你认为有着这样一种欲望吗，它不是对一种快乐的欲望，而只是对它自身以及各种其他欲望的欲望？

167e1

肯定没有。

也肯定没有一种意愿，如我所认为的那样，它不意愿任何好的东西，而只是意愿它自身以及其他各种意愿。

167e5

ΠΛΑΤΩΝΟΣ

Οὐ γὰρ οὖν.

Ἔρωτα δὲ φαίης ἄν τινα εἶναι τοιοῦτον, ὃς τυγχάνει ὢν ἔρως καλοῦ μὲν οὐδενός, αὑτοῦ δὲ καὶ τῶν ἄλλων ἐρώτων;

Οὔκ, ἔφη, ἔγωγε.

Φόβον δὲ ἤδη τινὰ κατανενόηκας, ὃς ἑαυτὸν μὲν καὶ τοὺς ἄλλους φόβους φοβεῖται, τῶν δεινῶν δ' οὐδὲ ἓν φοβεῖται;

Οὐ κατανενόηκα, ἔφη.

Δόξαν δὲ δοξῶν δόξαν καὶ αὑτῆς, ὧν δὲ αἱ ἄλλαι δοξάζουσιν μηδὲν δοξάζουσαν;

Οὐδαμῶς.

Ἀλλ' ἐπιστήμην, ὡς ἔοικεν, φαμέν τινα εἶναι τοιαύτην, ἥτις μαθήματος μὲν οὐδενός ἐστιν ἐπιστήμη, αὑτῆς δὲ καὶ τῶν ἄλλων ἐπιστημῶν ἐπιστήμη;

Φαμὲν γάρ.

Οὐκοῦν ἄτοπον, εἰ ἄρα καὶ ἔστιν; μηδὲν γάρ πω διισχυριζώμεθα ὡς οὐκ ἔστιν, ἀλλ' εἰ ἔστιν ἔτι σκοπῶμεν.

Ὀρθῶς λέγεις.

Φέρε δή· ἔστι μὲν αὕτη ἡ ἐπιστήμη τινὸς ἐπιστήμη, καὶ ἔχει τινὰ τοιαύτην δύναμιν ὥστε τινὸς εἶναι· ἦ γάρ;

Πάνυ γε.

Καὶ γὰρ τὸ μεῖζον φαμὲν τοιαύτην τινὰ ἔχειν δύναμιν, ὥστε τινὸς εἶναι μεῖζον;

Ἔχει γάρ.

Οὐκοῦν ἐλάττονός τινος, εἴπερ ἔσται μεῖζον.

Ἀνάγκη.

Εἰ οὖν τι εὕροιμεν μεῖζον, ὃ τῶν μὲν μειζόνων ἐστὶν μεῖζον καὶ ἑαυτοῦ, ὧν δὲ τἆλλα μείζω ἐστὶν μηδενὸς μεῖζον, πάντως ἄν που ἐκεῖνό γ' αὐτῷ ὑπάρχοι, εἴπερ ἑαυτοῦ μεῖζον εἴη, καὶ ἔλαττον ἑαυτοῦ εἶναι· ἢ οὔ;

e 8 καλοῦ μὲν TW : καλοῦμεν B   e 9 ἔφη scr. recc. : ἔφην BTW
a 4 μηδὲν Bt : μηδὲ T   a 11 ἔτι σκοπῶμεν BTW : ἐπισκοπῶμεν t
b 1 ὀρθῶς TW : εἰ ὀρθῶς B (sed in marg. η (sic) B)   b 10 εὕροιμεν
B²T : εὕροι μὲν B   b 11 μείζω T : μείζων B   c 1 ἄν που Schanz :
δὴ ἄν που BT

当然没有。

而你会说，有着这样一种爱吗，它恰好不是对任何美的东西的爱，而是对它自身以及其他各种爱的爱？

我肯定不会，他说道。

那你竟然已经注意到一种害怕，它害怕它自身和其他各种害怕，而不害怕那些可怕的东西中的任何一个？ 167e10
168a1

我没有注意到过，他说。

而有一种意见，它是对各种意见以及它自身的意见，而对其他各种意见对之持有意见的那些东西中的任何一个不持有意见？

绝对没有。 168a5

然而，如看起来的那样，我们却宣称有着一种如此这般的知识，它无论如何都不是关于任何学问的知识，而只是关于它自身以及其他知识的知识？

我们的确在这么宣称。

岂不奇怪，如果确实有〈一种如此这般的知识〉的话？因为，我们还不应〈贸然〉极力主张没有，而是应进而考察是否有。 168a10

你说得正确。 168b1

那就来吧[213]！这门知识肯定是一门关于某种东西的知识，并且它具有一种如此这般的能力，以至于它能够同某种东西相关；是这样吗？

完全是这样。

因而我们也宣称，更大具有一种如此这般的能力，以至于它是比某种东西更大的？ 168b5

它确实有。

那么，是相较于某种更小的东西，假如它是更大的话。

必然。

因此，假如我们真发现了某一更大的东西，它虽然比一些更大的东西以及比它自身更大，但同一些其他东西比之更大的那些东西相比，他不比其中任何一个更大，那么对它来说就定然会出现这种情况：如果它比它自身更大，那它也就比它自身更小。难道不吗？ 168b10
168c1

ΧΑΡΜΙΔΗΣ

Πολλὴ ἀνάγκη, ἔφη, ὦ Σώκρατες.

Οὐκοῦν καὶ εἴ τι διπλάσιόν ἐστιν τῶν τε ἄλλων διπλασίων καὶ ἑαυτοῦ, ἡμίσεος δήπου ὄντος ἑαυτοῦ τε καὶ τῶν ἄλλων διπλάσιον ἂν εἴη· οὐ γάρ ἐστίν που ἄλλου διπλάσιον ἢ ἡμίσεος.

Ἀληθῆ.

Πλέον δὲ αὑτοῦ ὂν οὐ καὶ ἔλαττον ἔσται, καὶ βαρύτερον ὂν κουφότερον, καὶ πρεσβύτερον ὂν νεώτερον, καὶ τἆλλα πάντα ὡσαύτως, ὅτιπερ ἂν τὴν ἑαυτοῦ δύναμιν πρὸς ἑαυτὸ ἔχῃ, οὐ καὶ ἐκείνην ἕξει τὴν οὐσίαν, πρὸς ἣν ἡ δύναμις αὐτοῦ ἦν; λέγω δὲ τὸ τοιόνδε· οἷον ἡ ἀκοή, φαμέν, οὐκ ἄλλου τινὸς ἦν ἀκοὴ ἢ φωνῆς· ἢ γάρ;

Ναί.

Οὐκοῦν εἴπερ αὐτὴ αὑτῆς ἀκούσεται, φωνὴν ἐχούσης ἑαυτῆς ἀκούσεται· οὐ γὰρ ἂν ἄλλως ἀκούσειεν.

Πολλὴ ἀνάγκη.

Καὶ ἡ ὄψις γέ που, ὦ ἄριστε, εἴπερ ὄψεται αὐτὴ ἑαυτήν, χρῶμά τι αὐτὴν ἀνάγκη ἔχειν· ἄχρων γὰρ ὄψις οὐδὲν [ἂν] μή ποτε ἴδῃ.

Οὐ γὰρ οὖν.

Ὁρᾷς οὖν, ὦ Κριτία, ὅτι ὅσα διεληλύθαμεν, τὰ μὲν αὐτῶν ἀδύνατα παντάπασι φαίνεται ἡμῖν, τὰ δ᾽ ἀπιστεῖται σφόδρα μή ποτ᾽ ἂν τὴν ἑαυτῶν δύναμιν πρὸς ἑαυτὰ σχεῖν; μεγέθη μὲν γὰρ καὶ πλήθη καὶ τὰ τοιαῦτα παντάπασιν ἀδύνατον· ἢ οὐχί;

Πάνυ γε.

Ἀκοὴ δ᾽ αὖ καὶ ὄψις καὶ ἔτι γε κίνησις αὐτὴ ἑαυτὴν κινεῖν, καὶ θερμότης κάειν, καὶ πάντα αὖ τὰ τοιαῦτα τοῖς μὲν ἀπιστίαν ⟨ἂν⟩ παράσχοι, ἴσως δέ τισιν οὔ. μεγάλου δή τινος, ὦ φίλε, ἀνδρὸς δεῖ, ὅστις τοῦτο κατὰ πάντων ἱκανῶς

---

c 6 ἂν T: ὦν ἂν B c 9 ἔσται B: ἐστι compendio T d 10 ἀνάγκη T: ἀνάγκην B ἂν secl. Stallbaum e 1 ἴδῃ B: εἴδη T e 9 γε T²: τε B T e 10 αὖ B T: δὴ Schanz a 1 ἂν add. Heindorf

极其必然，他说，苏格拉底啊。

所以，如果真有某个东西，它既是其他那些两倍的两倍，也是它自身的两倍，那么，无疑只有当它既是它自身的一半，也是其他那些〈两倍〉的一半时，它才会是〈它们的〉两倍；因为，两倍无论如何都不是别的什么东西的两倍，除了是一半的两倍之外。 168c5

正确。

而那比自身是更多的东西，它也将是比自身更少的；比自身是更重的，也将是比自身更轻的；比自身是更年老的，也将是比自身更年轻的；就其他所有的情形来说也同样如此：任何具有其能力与它自身相关的东西，岂不也都将具有其能力是与之相关的那种所是？而我是在说这种东西：例如听，我们宣称，它向来就无非只是对声音的听；是这样吗？ 168c10 168d1

是。 168d5

因此，如果它要听到它自身，那么，它只有通过具有某种声音它方才能听到它自身；否则它不会听到〈它自身〉。

极其必然。

而看也肯定如此，最优秀的人啊，如果它要看它自身，那么，它就必须得具有某种颜色；因为看从不可能看任何无色的东西[214]。 168d10 168e1

那还用说。

因此，你看到了下面这点吗，克里提阿斯啊，那就是：我们已经细说的所有那些，其中一些对我们显得完全不可能，一些则极其令人难以相信，它们竟然会具有其能力同它们自身相关[215]？因为，在大小和数量，以及在诸如此类的东西那里，那都是完全不可能的。难道不是这样吗？ 168e5

完全如此。

而此外，听和看，进而还有自己运动自己的运动，以及〈自己〉加热〈自己〉的热，此外还有所有诸如此类的，它们虽然会让一些人不相信[216]，但或许一些人则不会。因此，朋友啊，肯定需要某位伟大的人， 168e10 169a1

ΠΛΑΤΩΝΟΣ

διαιρήσεται, πότερον οὐδὲν τῶν ὄντων τὴν αὑτοῦ δύναμιν αὐτὸ πρὸς ἑαυτὸ πέφυκεν ἔχειν [πλὴν ἐπιστήμης], ἀλλὰ πρὸς ἄλλο, ἢ τὰ μέν, τὰ δ' οὔ· καὶ εἰ ἔστιν αὖ ἅτινα αὐτὰ πρὸς αὑτὰ ἔχει, ἆρ' ἐν τούτοις ἐστὶν ἐπιστήμη, ἣν δὴ ἡμεῖς σωφροσύνην φαμὲν εἶναι. ἐγὼ μὲν οὐ πιστεύω ἐμαυτῷ ἱκανὸς εἶναι ταῦτα διελέσθαι· διὸ καὶ οὔτ' εἰ δυνατόν ἐστι τοῦτο γενέσθαι, ἐπιστήμης ἐπιστήμην εἶναι, ἔχω διισχυρίσασθαι, οὔτ' εἰ ὅτι μάλιστα ἔστι, σωφροσύνην ἀποδέχομαι αὐτὸ εἶναι, πρὶν ἂν ἐπισκέψωμαι εἴτε τι ἂν ἡμᾶς ὠφελοῖ τοιοῦτον ὂν εἴτε μή. τὴν γὰρ οὖν δὴ σωφροσύνην ὠφέλιμόν τι καὶ ἀγαθὸν μαντεύομαι εἶναι· σὺ οὖν, ὦ παῖ Καλλαίσχρου—τίθεσαι γὰρ σωφροσύνην τοῦτ' εἶναι, ἐπιστήμην ἐπιστήμης καὶ δὴ καὶ ἀνεπιστημοσύνης—πρῶτον μὲν τοῦτο ἔνδειξαι, ὅτι δυνατὸν [ἀποδεῖξαί σε] ὃ νυνδὴ ἔλεγον, ἔπειτα πρὸς τῷ δυνατῷ ὅτι καὶ ὠφέλιμον· κἀμὲ τάχ' ἂν ἀποπληρώσαις ὡς ὀρθῶς λέγεις περὶ σωφροσύνης ὃ ἔστιν.

Καὶ ὁ Κριτίας ἀκούσας ταῦτα καὶ ἰδών με ἀποροῦντα, ὥσπερ οἱ τοὺς χασμωμένους καταντικρὺ ὁρῶντες ταὐτὸν τοῦτο συμπάσχουσιν, κἀκεῖνος ἔδοξέ μοι ὑπ' ἐμοῦ ἀποροῦντος ἀναγκασθῆναι καὶ αὐτὸς ἁλῶναι ὑπὸ ἀπορίας. ἅτε οὖν εὐδοκιμῶν ἑκάστοτε, ᾐσχύνετο τοὺς παρόντας, καὶ οὔτε συγχωρῆσαί μοι ἤθελεν ἀδύνατος εἶναι διελέσθαι ἃ προυκαλούμην αὐτόν, ἔλεγέν τε οὐδὲν σαφές, ἐπικαλύπτων τὴν ἀπορίαν. κἀγὼ ἡμῖν ἵνα ὁ λόγος προΐοι, εἶπον· Ἀλλ' εἰ δοκεῖ, ὦ Κριτία, νῦν μὲν τοῦτο συγχωρήσωμεν, δυνατὸν εἶναι γενέσθαι ἐπιστήμην ἐπιστήμης· αὖθις δὲ ἐπισκεψόμεθα εἴτε οὕτως ἔχει εἴτε μή. ἴθι δὴ οὖν, εἰ ὅτι μάλιστα δυνατὸν τοῦτο, τί μᾶλλον οἷόν τέ ἐστιν εἰδέναι ἅ τέ τις οἶδε καὶ ἃ μή; τοῦτο γὰρ δήπου ἔφαμεν εἶναι τὸ γιγνώσκειν αὐτὸν καὶ σωφρονεῖν· ἢ γάρ;

Πάνυ γε, ἦ δ' ὅς, καὶ συμβαίνει γέ που, ὦ Σώκρατες. εἰ

---

a 3 αὑτοῦ B T : αὐτὴν T²   a 4 πλὴν ἐπιστήμης secl. Schleiermacher   b 8 ἀποδεῖξαί σε secl. Heindorf   c 6 ἀναγκασθῆναι secl. ci. Badham : an ἀναπλησθῆναι?   d 6 καὶ ἃ B t : καὶ T

他有充分的能力就每一种情形[217]对下面这点做出区分，那就是：在诸是者中，究竟是没有任何是者生来就具有能力同它自身相关[218]，而是只能同别的是者相关呢，还是一些是者有，一些是者则没有。此外，如果的确有一些是者，它们有其能力同它们自身相关，那么，我们现在将之称作是自制的那种知识，它是否是在这些是者中。我肯定不相信我自己就足以对这些做出区分。因此，发生下面这件事，这是否是可能的，即有着一种关于知识的知识，我也不能够充满信心地进行肯定；即使它确确实实是可能的，那我也不承认它就是自制，在我考察清楚下面这点之前，那就是，它作为这样一种东西，它是有助益我们呢，还是不。因为，自制是一种有益的东西和善的东西，我无论如何都要做此预言。所以，你，卡莱斯科洛斯的儿子啊——既然你把自制确定为是这种东西，即它是关于知识的知识，而且还是关于无知识的知识——，首先，你要显明这点，那就是我刚才所说的是可能的[219]；然后，除了可能之外[220]，还要显明它是有益的。而由此一来你或许会让我感到满意，即关于自制你正确地说出了它是什么。

169a5

169b1

169b5

169c1

当克里提阿斯听到这些，并且看到我在感到困惑——就像一些人，当他们看见对面的人在打哈欠时，他们也同样感受到〈要做〉这相同的事情——，于是他就对我显得，由于我在感到困惑，他也被此所逼迫，从而自己也被困惑攫住了。因此，鉴于他在任何时候都是受人尊敬的，他便在那些在场的人面前感到羞愧难当；并且一方面，他既不愿意对我承认，他不能够区分我向他所提交的那些东西，另一方面，为了掩饰其困惑，他也不清清楚楚地说任何东西。于是，为了我们的讨论能够继续往前走，我就说：那么，如果看起来合适的话，克里提阿斯啊，那就让我们现在〈暂且〉同意这点，即出现一种关于知识的知识，这是可能的；而以后再让我们来考察情况是这样呢，还是不是这样。那就来吧！如果这确确实实是可能的，那么，为何一个人就更能够知道他知道什么，以及他不知道什么？因为我们无疑曾宣称过，其实这就是认识自己和保持自制。是这样吗？

169c5

169d1

169d5

完全如此，他说道，并且也肯定会得出该结论，苏格拉底啊。因

ΧΑΡΜΙΔΗΣ

γάρ τις ἔχει ἐπιστήμην ἣ αὐτὴ αὑτὴν γιγνώσκει, τοιοῦτος e
ἂν αὐτὸς εἴη οἷόνπερ ἐστὶν ὃ ἔχει· ὥσπερ ὅταν τάχος τις
ἔχῃ, ταχύς, καὶ ὅταν κάλλος, καλός, καὶ ὅταν γνῶσιν, γι-
γνώσκων, ὅταν δὲ δὴ γνῶσιν αὐτὴν αὑτῆς τις ἔχῃ, γιγνώ-
σκων που αὐτὸς ἑαυτὸν τότε ἔσται.

Οὐ τοῦτο, ἦν δ' ἐγώ, ἀμφισβητῶ, ὡς οὐχ ὅταν τὸ αὐτὸ
γιγνῶσκόν τις ἔχῃ, αὐτὸς αὑτὸν γνώσεται, ἀλλ' ἔχοντι τοῦτο
τίς ἀνάγκη εἰδέναι ἅ τε οἶδεν καὶ ἃ μὴ οἶδεν;

Ὅτι, ὦ Σώκρατες, ταὐτόν ἐστιν τοῦτο ἐκείνῳ. 170

Ἴσως, ἔφην, ἀλλ' ἐγὼ κινδυνεύω ἀεὶ ὅμοιος εἶναι· οὐ
γὰρ αὖ μανθάνω ὡς ἔστιν τὸ αὐτό, ἃ οἶδεν εἰδέναι καὶ ἅ τις
μὴ οἶδεν εἰδέναι.

Πῶς λέγεις, ἔφη;

Ὧδε, ἦν δ' ἐγώ. ἐπιστήμη που ἐπιστήμης οὖσα ἆρα
πλέον τι οἵα τ' ἔσται διαιρεῖν, ἢ ὅτι τούτων τόδε μὲν
ἐπιστήμη, τόδε δ' οὐκ ἐπιστήμη;

Οὔκ, ἀλλὰ τοσοῦτον.

Ταὐτὸν οὖν ἐστιν ἐπιστήμη τε καὶ ἀνεπιστημοσύνη ὑγιει-
νοῦ, καὶ ἐπιστήμη τε καὶ ἀνεπιστημοσύνη δικαίου; b

Οὐδαμῶς.

Ἀλλὰ τὸ μὲν οἶμαι ἰατρική, τὸ δὲ πολιτική, τὸ δὲ οὐδὲν
ἄλλο ἢ ἐπιστήμη.

Πῶς γὰρ οὔ;

Οὐκοῦν ἐὰν μὴ προσεπίστηταί τις τὸ ὑγιεινὸν καὶ τὸ
δίκαιον, ἀλλ' ἐπιστήμην μόνον γιγνώσκῃ ἅτε τούτου μόνον
ἔχων ἐπιστήμην, ὅτι μέν τι ἐπίσταται καὶ ὅτι ἐπιστήμην
τινὰ ἔχει, εἰκότως ἂν γιγνώσκοι καὶ περὶ αὑτοῦ καὶ περὶ τῶν
ἄλλων· ἦ γάρ;

Ναί.

e 8 καὶ ἃ scr. Ambr. 56 : καὶ ἅτε B T W   a 1 τοῦτο Cornarjus : τὸ αὐτὸ B T   a 3 τὸ αὐτὸ] τὸ αὐτὸ τὸ ci. Heindorf   ἃ οἶδεν ...
a 4 οἶδεν εἰδέναι secl. Hoenebeek Hissink   a 7 διαιρεῖν T² : διευρεῖν
B T W   a 10 ταὐτὸν οὖν T W : ταῦτ' οὖν οὖν B   ἐπιστήμη et mox
ἀνεπιστημοσύνη (bis) ci. Bonitz : ἐπιστήμη ... ἀνεπιστημοσύνη (bis)
B T   b 7 γιγνώσκῃ scr. recc. : γιγνώσκει B T W

为，如果一个人具有一种它认识它自身的知识，那么，他自己也就会是 169e1
如他所具有的那种东西的那个样子。就像一个人，每当他具有快时，他
就是快的；并且每当具有美时，他就是美的；而每当他具有认识时，他
就是有认识的；因此，每当一个人具有一种它〈认识〉它自身的认识
时，那么，那时他就将肯定是一个认识他自己的人。 169e5

对于这点，我说道，我并不持有异议，那就是，当一个人具有那
认识自身的东西时，他也就将认识他自己；但对于一个具有这点的人来
说，有何种必然性呢，即知道他知道什么以及他不知道什么？

因为，苏格拉底啊，后者与前者是同一回事。 170a1

或许吧，我说道；只不过我仍可能处于这样一种危险中，即依然如
〈过往的我〉一样〈感到困惑〉[221]，因为我还是不明白，为何〈对一个人来
说〉知道他知道什么和知道他不知道什么，这〈与前者〉是同一回事[222]。

你为何这么说呢？他说。 170a5

在下面这种方式上，我说道。如果真有一门关于知识的知识，那
么，它除了将能够区分下面这点之外，别无更多，那就是：两者中[223]
一个是知识，而另一个则不是知识？

不〈能做得更多〉，而〈只能做〉这么多。

那么，它同关于健康的东西的知识以及无知识，以及关于正义的东 170a10
西的知识和无知识，是同一回事吗[224]？ 170b1

绝不。

而且一个，我认为，是医术，另一个则是政治术；而那个〈关于知
识的知识〉无非只是一种知识。

为何不呢？ 170b5

因此，一个人，如果他并不此外还知道健康的东西以及正义的东
西，而是仅仅认识一种知识，那么——鉴于他仅仅具有对此的一种知
识——，他知道某种东西以及他具有某种知识，他有可能会认识到这两
点，无论〈这两点〉是〈发生〉在他自己那儿，还是〈发生〉在其他人
那儿。是这样吗？ 170b10

是。

ΠΛΑΤΩΝΟΣ

Ὅτι δὲ γιγνώσκει, ταύτῃ τῇ ἐπιστήμῃ πῶς εἴσεται; γιγνώσκει γὰρ δὴ τὸ μὲν ὑγιεινὸν τῇ ἰατρικῇ ἀλλ' οὐ σωφροσύνῃ, τὸ δ' ἁρμονικὸν μουσικῇ ἀλλ' οὐ σωφροσύνῃ, τὸ δ' οἰκοδομικὸν οἰκοδομικῇ ἀλλ' οὐ σωφροσύνῃ, καὶ οὕτω πάντα· ἢ οὔ;

Φαίνεται.

Σωφροσύνῃ δέ, εἴπερ μόνον ἐστὶν ἐπιστημῶν ἐπιστήμη, πῶς εἴσεται ὅτι τὸ ὑγιεινὸν γιγνώσκει ἢ ὅτι τὸ οἰκοδομικόν;

Οὐδαμῶς.

Οὐκ ἄρα εἴσεται ὃ οἶδεν ὁ τοῦτο ἀγνοῶν, ἀλλ' ὅτι οἶδεν μόνον.

Ἔοικεν.

Οὐκ ἄρα σωφρονεῖν τοῦτ' ἂν εἴη οὐδὲ σωφροσύνη, εἰδέναι ἅ τε οἶδεν καὶ ἃ μὴ οἶδεν, ἀλλ', ὡς ἔοικεν, ὅτι οἶδεν καὶ ὅτι οὐκ οἶδεν μόνον.

Κινδυνεύει.

Οὐδὲ ἄλλον ἄρα οἷός τε ἔσται οὗτος ἐξετάσαι φάσκοντά τι ἐπίστασθαι, πότερον ἐπίσταται ὅ φησιν ἐπίστασθαι ἢ οὐκ ἐπίσταται· ἀλλὰ τοσοῦτον μόνον, ὡς ἔοικεν, γνώσεται, ὅτι ἔχει τινὰ ἐπιστήμην, ὅτου δέ γε, ἡ σωφροσύνη οὐ ποιήσει αὐτὸν γιγνώσκειν.

Οὐ φαίνεται.

Οὔτε ἄρα τὸν προσποιούμενον ἰατρὸν εἶναι, ὄντα δὲ μή, καὶ τὸν ὡς ἀληθῶς ὄντα οἷός τε ἔσται διακρίνειν, οὔτε ἄλλον οὐδένα τῶν ἐπιστημόνων καὶ μή. σκεψώμεθα δὲ ἐκ τῶνδε· εἰ μέλλει ὁ σώφρων ἢ ὁστισοῦν ἄλλος τὸν ὡς ἀληθῶς ἰατρὸν διαγνώσεσθαι καὶ τὸν μή, ἆρ' οὐχ ὧδε ποιήσει· περὶ μὲν ἰατρικῆς δήπου αὐτῷ οὐ διαλέξεται—οὐδὲν γὰρ ἐπαΐει, ὡς ἔφαμεν, ὁ ἰατρὸς ἀλλ' ἢ τὸ ὑγιεινὸν καὶ τὸ νοσῶδες—ἢ οὔ;

Ναί, οὕτως.

Περὶ δέ γε ἐπιστήμης οὐδὲν οἶδεν, ἀλλὰ τοῦτο δὴ τῇ σωφροσύνῃ μόνῃ ἀπέδομεν.

b 12 πῶς W : ὅπως BT   e 4 ἢ T : τι B

而他有所认识[225]，他将如何凭借这种知识来知道这点呢？因为，他无论如何都是凭借医术而认识健康的东西，而不是凭借自制；是凭借音乐而认识和声方面的东西，而不是凭借自制；是凭借建筑术而认识那同建筑相关的东西，而不是凭借自制；并且一切也都如此。难道不是这样吗？ 170c1

显然是这样。 170c5

而凭借自制，假如它单单是关于诸知识的一种知识，他将如何由此知道他认识健康的东西，或者知道那同建筑相关的东西？

绝不会。

那么，对此无知的人将不知道他知道什么，而是仅仅知道这点，即他知道， 170c10

似乎是。

因此，无论是保持自制还是自制，〈对一个人来说〉就不会是〈他〉知道他知道什么和不知道什么，相反，如看起来的那样，他仅仅知道这点，即他知道和他不知道。 170d1

有可能。

那么，当另外某个人声称他知道某种东西时，这个人也就将肯定不可能检查，那人是否知道他宣称他所知道的那种东西，还是是否不知道；相反，如看起来的那样，他其实仅仅知道下面这么多，那就是：那人具有某种知识，但究竟是关于何者的知识，自制将并不使得他知道这点。 170d5

显然不。 170d10

因此，就那假装是但其实不是一个医生的人，和那真正[226]是一个医生的人，他将不可能做出区分；他也将不可能把那些具有知识的人中的其他任何一位同那些不具有知识的人区分开来。但让我们从下面这些来进行考察：一个自制的人，甚或任何其他的人，如果他打算分辨真正的医生和假装的医生[227]，那么，他将不会这样做，那就是，他将肯定不会就医术来与之进行交谈——因为我们曾说，医生不懂得别的什么，除了健康的东西和有害的东西——，难道不是这样吗？ 170e1

是的，是这样。

但关于知识，他肯定一无所知；而我们已经把这件事单单赋予了自制。 170e10

ΧΑΡΜΙΔΗΣ

Ναί.

Οὐδὲ περὶ ἰατρικῆς ἄρα οἶδεν ὁ ἰατρικός, ἐπειδήπερ ἡ ἰατρικὴ ἐπιστήμη οὖσα τυγχάνει.

Ἀληθῆ.

Ὅτι μὲν δὴ ἐπιστήμην τινὰ ἔχει, γνώσεται ὁ σώφρων τὸν ἰατρόν· δέον δὲ πεῖραν λαβεῖν ἥτις ἐστίν, ἄλλο τι σκέψεται ὧντινων; ἢ οὐ τούτῳ ὥρισται ἑκάστη ἐπιστήμη μὴ μόνον ἐπιστήμη εἶναι ἀλλὰ καὶ τίς, τῷ τινῶν εἶναι;

Τούτῳ μὲν οὖν.

Καὶ ἡ ἰατρικὴ δὴ ἑτέρα εἶναι τῶν ἄλλων ἐπιστημῶν ὡρίσθη τῷ τοῦ ὑγιεινοῦ εἶναι καὶ νοσώδους ἐπιστήμη.

Ναί.

Οὐκοῦν ἐν τούτοις ἀναγκαῖον σκοπεῖν τὸν βουλόμενον ἰατρικὴν σκοπεῖν, ἐν οἷς ποτ' ἔστιν· οὐ γὰρ δήπου ἔν γε τοῖς ἔξω, ἐν οἷς οὐκ ἔστιν;

Οὐ δῆτα.

Ἐν τοῖς ὑγιεινοῖς ἄρα καὶ νοσώδεσιν ἐπισκέψεται τὸν ἰατρόν, ᾗ ἰατρικός ἐστιν, ὁ ὀρθῶς σκοπούμενος.

Ἔοικεν.

Οὐκοῦν ἐν τοῖς οὕτως ἢ λεγομένοις ἢ πραττομένοις τὰ μὲν λεγόμενα, εἰ ἀληθῆ λέγεται, σκοπούμενος, τὰ δὲ πραττόμενα, εἰ ὀρθῶς πράττεται;

Ἀνάγκη.

Ἦ οὖν ἄνευ ἰατρικῆς δύναιτ' ἄν τις τούτων ποτέροις ἐπακολουθῆσαι;

Οὐ δῆτα.

Οὐδέ γε ἄλλος οὐδείς, ὡς ἔοικεν, πλὴν ἰατρός, οὔτε δὴ ὁ σώφρων· ἰατρὸς γὰρ ἂν εἴη πρὸς τῇ σωφροσύνῃ.

Ἔστι ταῦτα.

e 12 ἰατρικὸς BT : ἰατρὸς t   a 4 δέον δὲ Goldbacher (δεῖν δὲ Hermann): δεῖ δὴ B : δὲ δὴ T : ἐπιχειρῶν δὲ δὴ corr. Coisl. : εἰ δὲ δεῖ ci. Heindorf   a 5 ὧντινων t : ὠντινων B : ὧντινῶν T   a 9 τῷ τοῦ B : τῷ τὸ T   b 11 ἦ T : εἰ B   ποτέροις T : προτέροις B   c 1 οὐδέ γε] οὔτε γε Naegelsbach

是的。

那么，对于医术，精通医术的人[228]也就一无所知，既然医术恰好就是一门知识。

正确。

医生具有某种知识，自制的人无疑将认识到这点；但如果他尝试〈弄清楚〉[229]它究竟是何种知识，那他是不是还得将考察它是关乎哪些东西的？或者，每一门知识岂不由此才被界定了，那就是：它不仅是知识，而且由于是关乎某些东西的而是某种知识？

当然就是由此而被界定。

并且医术也正是由于下面这点而被界定为是不同于其他那些知识的，即它是一种关乎健康的东西和有害的东西的知识。

是。

因此，那希望考察医术的人，他岂不必然在它到底是在其中的那些东西中来进行考察；因为无疑不在那些外在的、它不是在其中的东西中来进行考察？

肯定不。

那么，一个人是在那些健康的东西和有害的东西中来仔细考察医生——就他为何是医生而言——，如果他在正确地进行考察的话。

似乎是这样。

因此，岂不是在如此被说的东西中或者被做的事情中，一方面，就那些被说的东西，他考察它们是否被说得对头，另一方面，就那些被做的事情，〈他考察〉它们是否被做得正确？

必然。

那么，一个没有医术的人，就这〈两种行事方法〉，他能够追随其中的某一个吗[230]？

肯定都不能。

的确，其他任何人，如看起来的那样，除了医生，甚至连自制的人，也都不能；因为除了自制之外，他还得是一个医生。

是这样。

ΠΛΑΤΩΝΟΣ

Παντὸς ἄρα μᾶλλον, εἰ ἡ σωφροσύνη ἐπιστήμης ἐπιστήμη μόνον ἐστὶν καὶ ἀνεπιστημοσύνης, οὔτε ἰατρὸν διακρῖναι οἷά τε ἔσται ἐπιστάμενον τὰ τῆς τέχνης ἢ μὴ ἐπιστάμενον, προσποιούμενον δὲ ἢ οἰόμενον, οὔτε ἄλλον οὐδένα τῶν ἐπισταμένων καὶ ὁτιοῦν, πλήν γε τὸν αὐτοῦ ὁμότεχνον, ὥσπερ οἱ ἄλλοι δημιουργοί.

Φαίνεται, ἔφη.

Τίς οὖν, ἦν δ' ἐγώ, ὦ Κριτία, ὠφελία ἡμῖν ἔτι ἂν εἴη ἀπὸ τῆς σωφροσύνης τοιαύτης οὔσης; εἰ μὲν γάρ, ὃ ἐξ ἀρχῆς ὑπετιθέμεθα, ᾔδει ὁ σώφρων ἅ τε ᾔδει καὶ ἃ μὴ ᾔδει, τὰ μὲν ὅτι οἶδεν, τὰ δ' ὅτι οὐκ οἶδεν, καὶ ἄλλον ταὐτὸν τοῦτο πεπονθότα ἐπισκέψασθαι οἷός τ' ἦν, μεγαλωστὶ ἂν ἡμῖν, φαμέν, ὠφέλιμον ἦν σώφροσιν εἶναι· ἀναμάρτητοι γὰρ ἂν τὸν βίον διεζῶμεν αὐτοί τε [καὶ] οἱ τὴν σωφροσύνην ἔχοντες καὶ οἱ ἄλλοι πάντες ὅσοι ὑφ' ἡμῶν ἤρχοντο. οὔτε γὰρ ἂν αὐτοὶ ἐπεχειροῦμεν πράττειν ἃ μὴ ἠπιστάμεθα, ἀλλ' ἐξευρίσκοντες τοὺς ἐπισταμένους ἐκείνοις ἂν παρεδίδομεν, οὔτε τοῖς ἄλλοις ἐπετρέπομεν, ὧν ἤρχομεν, ἄλλο τι πράττειν ἢ ὅτι πράττοντες ὀρθῶς ἔμελλον πράξειν—τοῦτο δ' ἦν ἄν, οὗ ἐπιστήμην εἶχον—καὶ οὕτω δὴ ὑπὸ σωφροσύνης οἰκία τε οἰκουμένη ἔμελλεν καλῶς οἰκεῖσθαι, πόλις τε πολιτευομένη, καὶ ἄλλο πᾶν οὗ σωφροσύνη ἄρχοι· ἁμαρτίας γὰρ ἐξῃρημένης, ὀρθότητος δὲ ἡγουμένης, ἐν πάσῃ πράξει καλῶς καὶ εὖ πράττειν ἀναγκαῖον τοὺς οὕτω διακειμένους, τοὺς δὲ εὖ πράττοντας εὐδαίμονας εἶναι. ἆρ' οὐχ οὕτως, ἦν δ' ἐγώ, ὦ Κριτία, ἐλέγομεν περὶ σωφροσύνης, λέγοντες ὅσον ἀγαθὸν εἴη τὸ εἰδέναι ἅ τε οἶδέν τις καὶ ἃ μὴ οἶδεν;

Πάνυ μὲν οὖν, ἔφη, οὕτως.

c 4 εἰ B² T : εἴη B   c 5 ἀνεπιστημοσύνης B W : ἀνεπιστημοσύνης ἐπιστήμη T   c 8 ὥσπερ B W : ὥσπερ ἂν T   d 5 μεγαλωστὶ ci. Stephanus : μεγάλως τι B T   d 7 διεζῶμεν T : ἐζῶμεν B W t καὶ del. Heindorf   e 3 οὔτε T : ὃ οὔτε B   e 6 οἰκουμένη B W : οἰκονομουμένη T   ἔμελλεν καλῶς B W : καλῶς ἔμελλεν T   e 8 πᾶν T : τι πᾶν B   a 1 ἐξῃρημένης T W : διῃρημένης B   καλῶς πράττειν ἀναγκαῖον καλῶς καὶ εὖ πράττειν B : ἀναγκαῖον καλῶς καὶ εὖ πράττειν T W

因此，必定[231]是这个样子，那就是：如果自制仅仅是一种关于知识以及无知识的知识，那么，它将既不能把一个知道那些属于该技艺的东西的医生同那其实不知道它们，而是假装或自以为〈知道它们的〉人区分开来，也不能区分出那些无论在哪个领域具有知识的人中的其他任何一个，除了〈能够区分出〉与自制者[232]从事着同样技艺的人之外，就像其他那些匠人〈所做的〉那样。

显然如此，他说道。

那么，我说道，克里提阿斯啊，对我们来说，何种益处仍然会从自制那儿生起呢，如果它是这个样子的话？因为，如果自制的人，就像从一开始我们就假设的那样[233]，他既知道他知道什么，也知道他不知道什么——也即是说，一方面，他所知道的，〈他知道〉他知道；另一方面，他所不知道的，〈他知道〉他不知道[234]——，并且能够检查其他任何已经遭受了这同样事情的人[235]，那么，对我们来说，我们宣称，是自制的，这点向来就会是非常有益的。因为那样一来，我们就会没有错误地度过一生[236]，无论是我们这些具有自制的人自己[237]，还是其他所有那些被我们所统治的人。因为，我们自己既不会尝试去做那些我们所不知道的事情，而是会通过找到那些知道的人而把那些事情交付给他们；我们也不会委托其他那些我们所统治的人去做别的任何事情，除了一旦他们做就将做得正确的那种事情之外——而这就会是他们对之具有一种知识的事情——；并且这样一来，一个被自制所管理的家庭就将被管理得美好，一个被〈自制所〉治理的城邦〈就将被治理得美好〉，自制会对之实施统治的其他所有事情也同样如此。因为，一旦错误被移除，而正确成为了领导，那么，在所有的行为中，那些被置于这种境况中的人都必然既做得美又做得好，而那些做得好的人也必然是幸福的。我们岂不就是这样，我说道，克里提阿斯啊，来谈论自制的，当我们说〈对于一个人而言他〉知道他知道什么以及不知道什么，那会是一种何等的善时？

完全是这样，他说道。

ΧΑΡΜΙΔΗΣ

Νῦν δέ, ἦν δ' ἐγώ, ὁρᾷς ὅτι οὐδαμοῦ ἐπιστήμη οὐδεμία τοιαύτη οὖσα πέφανται.

Ὁρῶ, ἔφη.

Ἆρ' οὖν, ἦν δ' ἐγώ, τοῦτ' ἔχει τὸ ἀγαθὸν ἣν νῦν εὑρίσκομεν σωφροσύνην οὖσαν, τὸ ἐπιστήμην ἐπίστασθαι καὶ ἀνεπιστημοσύνην, ὅτι ὁ ταύτην ἔχων, ὅτι ἂν ἄλλο μανθάνῃ, ῥᾷόν τε μαθήσεται καὶ ἐναργέστερα πάντα αὐτῷ φανεῖται, ἅτε πρὸς ἑκάστῳ ᾧ ἂν μανθάνῃ προσκαθορῶντι τὴν ἐπιστήμην· καὶ τοὺς ἄλλους δὴ κάλλιον ἐξετάσει περὶ ὧν ἂν καὶ αὐτὸς μάθῃ, οἱ δὲ ἄνευ τούτου ἐξετάζοντες ἀσθενέστερον καὶ φαυλότερον τοῦτο δράσουσιν; ἆρ', ὦ φίλε, τοιαῦτα ἄττα ἐστὶν ἃ ἀπολαυσόμεθα τῆς σωφροσύνης, ἡμεῖς δὲ μεῖζόν τι βλέπομεν καὶ ζητοῦμεν αὐτὸ μεῖζόν τι εἶναι ἢ ὅσον ἐστίν;

Τάχα δ' ἄν, ἔφη, οὕτως ἔχοι.

Ἴσως, ἦν δ' ἐγώ· ἴσως δέ γε ἡμεῖς οὐδὲν χρηστὸν ἐζητήσαμεν. τεκμαίρομαι δέ, ὅτι μοι ἄτοπ' ἄττα καταφαίνεται περὶ σωφροσύνης, εἰ τοιοῦτόν ἐστιν. ἴδωμεν γάρ, εἰ βούλει, συγχωρήσαντες καὶ ἐπίστασθαι ἐπιστήμην δυνατὸν εἶναι [εἰδέναι], καὶ ὅ γε ἐξ ἀρχῆς ἐτιθέμεθα σωφροσύνην εἶναι, τὸ εἰδέναι ἅ τε οἶδεν καὶ ἃ μὴ οἶδεν, μὴ ἀποστερήσωμεν, ἀλλὰ δῶμεν· καὶ πάντα ταῦτα δόντες ἔτι βέλτιον σκεψώμεθα εἰ ἄρα τι καὶ ἡμᾶς ὀνήσει τοιοῦτον ὄν. ἃ γὰρ νυνδὴ ἐλέγομεν, ὡς μέγα ἂν εἴη ἀγαθὸν ἡ σωφροσύνη εἰ τοιοῦτον εἴη, ἡγουμένη διοικήσεως καὶ οἰκίας καὶ πόλεως, οὔ μοι δοκοῦμεν, ὦ Κριτία, καλῶς ὡμολογηκέναι.

Πῶς δή; ἦ δ' ὅς.

Ὅτι, ἦν δ' ἐγώ, ῥᾳδίως ὡμολογήσαμεν μέγα τι ἀγαθὸν εἶναι τοῖς ἀνθρώποις εἰ ἕκαστοι ἡμῶν, ἃ μὲν ἴσασιν, πράττοιεν ταῦτα, ἃ δὲ μὴ ἐπίσταιντο, ἄλλοις παραδιδοῖεν τοῖς ἐπισταμένοις.

---

c 5 τεκμαίρομαι δέ T: τεκμαιρόμενοι B W (sed αι δε suprascr. W)
c 8 εἰδέναι secl. ci. Heusde   d 1 ἀλλὰ δῶμεν T et γρ. W:
ἀλλ' ἴδωμεν B W   πάντα ταῦτα B: ταῦτα ἅπαντα T: ταῦτα πάντα W
d 2 ἄρα τι B²: ἄρτι B T   ὀνήσει T: ὀνήσειν B

但现在，我说，你看到，未曾在任何地方，未曾有任何知识已经显得是这个样子。

我看到了，他说。

那么，我说道，我们现在发现它就是自制的那种知识——即知道知 172b1
识以及无知识〈的那种知识〉——，它具有下面这种善吗，那就是：那
具有这种知识的人，〈如果〉他要学习其他任何东西，那么，一则他将
学得比较容易，一则所有东西也都将对他显得更加地清楚明白，鉴于除 172b5
了他要学习的每样东西之外，他另外还看到了〈这门〉知识；并且就他
自己要学习的那些东西来说，他也将更美好地盘问其他人，而那些欠缺
这点的人在盘问〈其他人〉时，则把这件事做得比较糟糕和比较平庸？
朋友啊，这样一些东西就是我们从自制那儿取得的那些好处吗，而我们 172c1
还在指望某种更大的好处，并且要求它比它〈实际上〉所是的那种伟大
是某种更伟大的东西？

有可能，他说，它就是这个样子。

或许吧，我说道。但是，或许我们其实在探寻某种毫无用处的东
西。而我之所以这样推测，那是因为关于自制的一些奇怪的事情对我显 172c5
露了出来，如果它就是如此这般的东西的话。那就让我们来看看吧，如
果你愿意的话，通过同意对知识的知识是可能的[238]；并且我们从一开
始就假设自制所是的那种东西，即〈一个人〉知道他知道什么以及他不
知道什么，让我们不要收回它，而是让我们认可它。在认可了所有这些 172d1
之后，让我们再来更好地进行考察，作为一个如此这般的东西，它是否
真的将对我们有所帮助。因为我们刚才曾说过的那些，即自制会是一种
巨大的善，如果它是如此这般的东西的话——因为它统治着对家庭以及
城邦的一种管理[239]——，在我看来，克里提阿斯啊，我们还没有已经 172d5
正确地对之达成一致意见。

究竟为什么呢，他说道。

因为，我说道，我们轻率地[240]同意了下面这点，那就是：它对众
人来说是某种大善，如果一方面，我们中的每个人都只做他所知道的那
些事情，另一方面，那些他不知道的事情，则交给其他那些知道〈它 172d10
们〉的人。

ΠΛΑΤΩΝΟΣ

e Οὐκ οὖν, ἔφη, καλῶς ὡμολογήσαμεν;
Οὔ μοι δοκοῦμεν, ἦν δ' ἐγώ.
Ἄτοπα λέγεις ὡς ἀληθῶς, ἔφη, ὦ Σώκρατες.
Νὴ τὸν κύνα, ἔφην, καὶ ἐμοί τοι δοκεῖ οὕτω, κἀνταῦθα
5 καὶ ἄρτι ἀποβλέψας ἄτοπ' ἄττ' ἔφην μοι προφαίνεσθαι, καὶ
ὅτι φοβοίμην μὴ οὐκ ὀρθῶς σκοποῖμεν. ὡς ἀληθῶς γάρ,
εἰ ὅτι μάλιστα τοιοῦτόν ἐστιν ἡ σωφροσύνη, οὐδέν μοι
173 δῆλον εἶναι δοκεῖ ὅτι ἀγαθὸν ἡμᾶς ἀπεργάζεται.
Πῶς δή; ἦ δ' ὅς. λέγε, ἵνα καὶ ἡμεῖς εἰδῶμεν ὅτι λέγεις.
Οἶμαι μέν, ἦν δ' ἐγώ, ληρεῖν με· ὅμως τό γε προφαινό-
μενον ἀναγκαῖον σκοπεῖν καὶ μὴ εἰκῇ παριέναι, εἴ τίς γε
5 αὑτοῦ καὶ σμικρὸν κήδεται.
Καλῶς γάρ, ἔφη, λέγεις.
Ἄκουε δή, ἔφην, τὸ ἐμὸν ὄναρ, εἴτε διὰ κεράτων εἴτε
δι' ἐλέφαντος ἐλήλυθεν. εἰ γὰρ ὅτι μάλιστα ἡμῶν ἄρχοι
ἡ σωφροσύνη, οὖσα οἵαν νῦν ὁριζόμεθα, ἄλλο τι κατὰ τὰς
b ἐπιστήμας πάντ' ἂν πράττοιτο, καὶ οὔτε τις κυβερνήτης
φάσκων εἶναι, ὢν δὲ οὔ, ἐξαπατῷ ἂν ἡμᾶς, οὔτε ἰατρὸς οὔτε
στρατηγὸς οὔτ' ἄλλος οὐδείς, προσποιούμενός τι εἰδέναι
ὃ μὴ οἶδεν, λανθάνοι ἄν· ἐκ δὴ τούτων οὕτως ἐχόντων ἄλλο
5 ἂν ἡμῖν τι συμβαίνοι ἢ ὑγιέσιν τε τὰ σώματα εἶναι μᾶλλον
ἢ νῦν, καὶ ἐν τῇ θαλάττῃ κινδυνεύοντας καὶ ἐν πολέμῳ
σῴζεσθαι, καὶ τὰ σκεύη καὶ τὴν ἀμπεχόνην καὶ ὑπόδεσιν
c πᾶσαν καὶ τὰ χρήματα πάντα τεχνικῶς ἡμῖν εἰργασμένα
εἶναι καὶ ἄλλα πολλὰ διὰ τὸ ἀληθινοῖς δημιουργοῖς χρῆσθαι;
εἰ δὲ βούλοιό γε, καὶ τὴν μαντικὴν εἶναι συγχωρήσωμεν

e 4 δοκεῖ T : δοκεῖν B   οὕτω· κἀνταῦθα Hermann : οὕτως εἰ ἐνταῦθα B : οὕτως ἐνταῦθα T : οὑτωσὶ ἐνταῦθα W   e 5 ἄτοπ' ἄττ' ci. Badham : ἄτοπά γ' BT : ἄτοπά τ' Bekker   ἔφην T : ἔφη B   a 4 παριέναι T : παρεῖναι B   a 9 νῦν] δὴ νῖν Stobaeus   b 1 πάντ' ἂν scripsi : πάντα Stobaeus : ἂν BT   b 2 ἐξαπατῷ ἂν T : ἐξαπατᾶν B (ὢν δὲ ... ἡμᾶς om. Stobaeus)   b 3 οὐδείς] τις οὐδείς Stobaeus   b 4 δὴ BT Stobaeus : δὲ Hermann   b 5 τι post ἄλλο transp. Stobaeus   ἢ add. ci. Heindorf : μὴ Stobaeus : om. BT   b 6 τῇ om. Stobaeus   b 7 τὰ] τά τε Stobaeus   c 2 ἀληθινοῖς δημιουργοῖς TW Stobaeus : ἀληθινὸν δημιουργὸν B   c 3 βούλοιο] βούλει ci. H. Richards

那么，他说，难道我们没有正确地同意？ 172e1

在我看来，我们没有，我说。

你其实说得有些奇怪，他说，苏格拉底啊。

以狗起誓[241]，我说道，在我看来也的确如此；也就因为我注意到了 172e5
这点[242]，于是我刚才说一些奇怪的事情对我显露出来了[243]，并且我担
心我们没有正确地进行考察。其实，即使自制的的确确就是如此这般的
东西，下面这点在我看来也并不就是显而易见的，那就是：它对我们成 173a1
就出了一种善。

究竟为何呢？他说。请你说说，以便我们也能够知道你所说的。

我诚然认为，我说道，我在胡说；虽然如此，还是必须考察一下那
显露出来的东西，而不可以随意地将之放过，哪怕一个人甚至只是稍微 173a5
关心一下他自己。

你的确说得正确，他说。

那就请你听听，我说道，我的一个梦吧，无论它是经由犄角出来，
还是经由象牙出来[244]。如果自制的的确确统治着我们，而且是如我们现
在所规定的那样，那么，无疑〈人们〉只需依照诸知识来做每件事；并 173b1
且一个人，不可能通过声称他是一个舵手，但其实不是，来欺骗我们，
无论是一个医生，还是一位将军，还是其他任何人，也都不可能通过假
装知道某种他其实并不知道的东西而逃脱我们的注意。而基于这些，如
果它们真是这样的话[245]，难道还有其他某种东西会对我们产生出来吗， 173b5
除了：就身体来说，我们是比现在更加健康的[246]；当我们在大海和在
战斗中面临威胁时，我们会得到保全；各种器具、所有的衣服和鞋子、
以及每样必需之物都已经依照技艺为我们制作了出来，其实还有其他许 173c1
多的东西，因为我们使用了一些真正的匠人？而如果你确实愿意，让我
们甚至承认下面这点，那就是：预言术是关于那将要是着的东西的一种

ΧΑΡΜΙΔΗΣ

ἐπιστήμην τοῦ μέλλοντος ἔσεσθαι, καὶ τὴν σωφροσύνην, αὐτῆς ἐπιστατοῦσαν, τοὺς μὲν ἀλαζόνας ἀποτρέπειν, τοὺς δὲ ὡς ἀληθῶς μάντεις καθιστάναι ἡμῖν προφήτας τῶν μελλόντων. κατεσκευασμένον δὴ οὕτω τὸ ἀνθρώπινον γένος ὅτι μὲν ἐπιστημόνως ἂν πράττοι καὶ ζῴη, ἕπομαι—ἡ γὰρ σωφροσύνη φυλάττουσα οὐκ ἂν ἐῴη παρεμπίπτουσαν τὴν ἀνεπιστημοσύνην συνεργὸν ἡμῖν εἶναι—ὅτι δ' ἐπιστημόνως ἂν πράττοντες εὖ ἂν πράττοιμεν καὶ εὐδαιμονοῖμεν, τοῦτο δὲ οὔπω δυνάμεθα μαθεῖν, ὦ φίλε Κριτία.

Ἀλλὰ μέντοι, ἦ δ' ὅς, οὐ ῥᾳδίως εὑρήσεις ἄλλο τι τέλος τοῦ εὖ πράττειν, ἐὰν τὸ ἐπιστημόνως ἀτιμάσῃς.

Σμικρὸν τοίνυν με, ἦν δ' ἐγώ, ἔτι προσδίδαξον. τίνος ἐπιστημόνως λέγεις; ἢ σκυτῶν τομῆς;

Μὰ Δί' οὐκ ἔγωγε.

Ἀλλὰ χαλκοῦ ἐργασίας;

Οὐδαμῶς.

Ἀλλὰ ἐρίων ἢ ξύλων ἢ ἄλλου του τῶν τοιούτων;

Οὐ δῆτα.

Οὐκ ἄρα, ἦν δ' ἐγώ, ἔτι ἐμμένομεν τῷ λόγῳ τῷ εὐδαίμονα εἶναι τὸν ἐπιστημόνως ζῶντα. οὗτοι γὰρ ἐπιστημόνως ζῶντες οὐχ ὁμολογοῦνται παρὰ σοῦ εὐδαίμονες εἶναι, ἀλλὰ περί τινων ἐπιστημόνως ζῶντα σὺ δοκεῖς μοι ἀφορίζεσθαι τὸν εὐδαίμονα. καὶ ἴσως λέγεις ὃν νυνδὴ ἐγὼ ἔλεγον, τὸν εἰδότα τὰ μέλλοντα ἔσεσθαι πάντα, τὸν μάντιν. τοῦτον ἢ ἄλλον τινὰ λέγεις;

Καὶ τοῦτον ἔγωγε, ἔφη, καὶ ἄλλον.

Τίνα; ἦν δ' ἐγώ. ἆρα μὴ τὸν τοιόνδε, εἴ τις πρὸς τοῖς μέλλουσιν καὶ τὰ γεγονότα πάντα εἰδείη καὶ τὰ νῦν ὄντα, καὶ μηδὲν ἀγνοοῖ; θῶμεν γάρ τινα εἶναι αὐτόν. οὐ γὰρ

---

d 4 ἂν πράττοντες T : τὰ πράττοντες B   d 5 δυνάμεθα BTW : δυναίμεθαι (sic) T²   d 9 σκυτῶν τομῆς TW : σκυτοτομῆς B : σκυτοτομικῆς b   e 6 εὐδαίμονα Tb : εὐδαιμονία B   e 8 ὁμολογοῦνται BT : ὁμολογοῦσι t   e 9 ζῶντα ci. Schleiermacher : ζώντων BT   σὺ Bekker: εὖ BT   δοκεῖς Basileensis altera : δοκεῖ BT   a 6 θῶμεν] φῶμεν Schanz   αὐτόν] τοιοῦτον ci. H. Richards

知识，并且自制，通过看护它 [247]，它一方面拦住了那些骗子，另一方面把那些真正的预言家作为对各种将来事情的先知委派给我们。因此，如果人这个族类已经如此被装备起来了，那它就会依照知识来行动和生活，这点我承认——因为，自制通过保持警惕而不会允许下面这件事，那就是：无知识因偷偷地侵入而成为同我们一起工作的伙伴——；而一旦我们依照知识来做事，那我们就会做得好和得到幸福，至于这点，我们还尚不能够进行理解，亲爱的克里提阿斯啊。

然而，他说道，你将不容易找到做得好之实现的其他某种〈办法〉，如果你轻视依照知识〈做事〉的话。

那好，我说道，就请你另外还教我一点点。你在说依照关于什么东西的知识？是关于各种皮革之切割的知识吗？

宙斯在上，我肯定不会那么说。

那么是青铜之制作的知识？

绝对不是。

那是关于羊毛、木头或诸如此类的其他某种东西的知识？

当然不是。

那么，我说道，我们就不再坚持下面这个说法了 [248]，那就是：那依照知识来生活的人是幸福的。因为，〈上面提到的〉这些人，他们尽管是在依照知识来生活，却不被你承认为是幸福的；相反，在我看来，只有那依照关乎某些〈特定〉东西的知识来生活的人，你才把他标划为一个幸福的人。其实你或许在说我刚才曾说过的那种人，即知道所有那些将是着的东西的人，也即预言家。你是在说这种人呢，还是在说其他某种人？

我其实既在说这种人，他说道，也在说其他人。

哪种人呢？我说道。莫非是这样一种人：一个人，除了知道那些将来的事情之外，他还知道所有那些已经发生了的事情和现在正是着的事情，也即是说他无所不知 [249]？就让我们假定有着某种这样的人。因为

ΠΛΑΤΩΝΟΣ

οἶμαι τούτου γε ἔτι ἂν εἴποις οὐδένα ἐπιστημονέστερον ζῶντα εἶναι.

Οὐ δῆτα.

Τόδε δὴ ἔτι προσποθῶ, τίς αὐτὸν τῶν ἐπιστημῶν ποιεῖ εὐδαίμονα; ἢ ἅπασαι ὁμοίως;

Οὐδαμῶς ὁμοίως, ἔφη.

Ἀλλὰ ποία μάλιστα; ᾗ τί οἶδεν καὶ τῶν ὄντων καὶ τῶν γεγονότων καὶ τῶν μελλόντων ἔσεσθαι; ἆρά γε ᾗ τὸ πεττευτικόν;

Ποῖον, ἦ δ' ὅς, πεττευτικόν;

Ἀλλ' ᾗ τὸ λογιστικόν;

Οὐδαμῶς.

Ἀλλ' ᾗ τὸ ὑγιεινόν;

Μᾶλλον, ἔφη.

Ἐκείνη δ' ἣν λέγω μάλιστα, ἦν δ' ἐγώ, ᾗ τί;

Ἧι τὸ ἀγαθόν, ἔφη, καὶ τὸ κακόν.

Ὦ μιαρέ, ἔφην ἐγώ, πάλαι με περιέλκεις κύκλῳ, ἀποκρυπτόμενος ὅτι οὐ τὸ ἐπιστημόνως ἦν ζῆν τὸ εὖ πράττειν τε καὶ εὐδαιμονεῖν ποιοῦν, οὐδὲ συμπασῶν τῶν ἄλλων ἐπιστημῶν, ἀλλὰ μιᾶς οὔσης ταύτης μόνον τῆς περὶ τὸ ἀγαθόν τε καὶ κακόν. ἐπεί, ὦ Κριτία, εἰ 'θέλεις ἐξελεῖν ταύτην τὴν ἐπιστήμην ἐκ τῶν ἄλλων ἐπιστημῶν, ἧττόν τι ἡ μὲν ἰατρικὴ ὑγιαίνειν ποιήσει, ἡ δὲ σκυτικὴ ὑποδεδέσθαι, ἡ δὲ ὑφαντικὴ ἠμφιέσθαι, ἡ δὲ κυβερνητικὴ κωλύσει ἐν τῇ θαλάττῃ ἀποθνῄσκειν καὶ ἡ στρατηγικὴ ἐν πολέμῳ;

Οὐδὲν ἧττον, ἔφη.

Ἀλλ', ὦ φίλε Κριτία, τὸ εὖ γε τούτων ἕκαστα γίγνεσθαι καὶ ὠφελίμως ἀπολελοιπὸς ἡμᾶς ἔσται ταύτης ἀπούσης.

Ἀληθῆ λέγεις.

Οὐχ αὕτη δέ γε, ὡς ἔοικεν, ἐστὶν ἡ σωφροσύνη, ἀλλ' ἧς

b 1 ᾗ τί B: ἦ τι T   b 5 ἀλλ' ἦ B: ἀλλ' ᾗ T   b 9 ἦ τι B: ἦ τί T   b 10 ᾗ τὸ T: τὸ B   c 6 ἠμφιέσθαι T: ἀμφιέσθαι B   d 1 ἀπολελοιπὸς B² T: ἀπολελοιπὼς B   d 3 ἀλλ' secl. ci. Madvig

我认为，同这种人相比，你无论如何都不会说还有任何〈其他〉人是更为在依照知识而生活。

肯定不。

此外我还希望知道，在诸知识中，哪种知识使得他是幸福的呢？抑或所有的知识都同等地达成了这点？ 174a10

绝不会同等地，他说道。

那么，何种知识最为达成这点呢？是由之〈一个人〉知道那些正是着的事情、已经发生了了的事情和将是着的事情中的某个的那种知识吗？难道竟然是由之〈一个人知道〉跳棋方面的事情的那种知识？ 174b1

什么，他说道，〈你竟然对我说〉跳棋方面的事情？

那就是由之〈他知道〉计算方面的事情的那种知识？ 174b5

绝不是。

那就是由之〈他知道〉健康方面的事情的那种知识？

它较为〈达成那点〉，他说道。

而我在说最为〈达成那点〉的那种知识，我说道，由之〈他知道〉什么？

由之〈知道〉善，他说道，以及恶。 174b10

哎呀，你这坏蛋！我说道，你前面一直在拖着我四处打转，通过对我隐瞒下面这点，那就是：依照知识来生活，它根本就不曾导致做得好和得到幸福，即使根据所有其他的知识〈来有知识地生活〉也不会〈导致那点〉，相反，唯有那关乎善和恶的知识才是这样一门〈能够导致那点的〉知识。因为，克里提阿斯啊，如果你愿意从其他各种各样的知识那里拿走这门知识，那么，医术就将比较少地使人健康吗，制鞋术就将比较少地使人有鞋穿吗，纺织术就将比较少地使人有衣穿吗，而掌舵术就将比较少地让人在大海上、统兵术则比较少地让人在战斗中免于死亡？ 174c1 174c5

一点也不少，他说道。

但是，亲爱的克里提阿斯啊，这些事情中的每样都变得好和有益，就将与我们失之交臂了[250]，如果这种知识不在场的话。 174d1

你说得对。

但这门知识，如看起来的那样，无论如何都不是自制，而〈是这样

ΧΑΡΜΙΔΗΣ

ἔργον ἐστὶν τὸ ὠφελεῖν ἡμᾶς. οὐ γὰρ ἐπιστημῶν γε καὶ
ἀνεπιστημοσυνῶν ἡ ἐπιστήμη ἐστίν, ἀλλὰ ἀγαθοῦ τε καὶ
κακοῦ· ὥστε εἰ αὕτη ἐστὶν ὠφέλιμος, ἡ σωφροσύνη ἄλλο
τι ἂν εἴη [ἡ ὠφελίμη] ἡμῖν.

Τί δ', ἦ δ' ὅς, οὐκ ἂν αὕτη ὠφελοῖ; εἰ γὰρ ὅτι μάλιστα
τῶν ἐπιστημῶν ἐπιστήμη ἐστὶν ἡ σωφροσύνη, ἐπιστατεῖ
δὲ καὶ ταῖς ἄλλαις ἐπιστήμαις, καὶ ταύτης δήπου ἂν ἄρχουσα
τῆς περὶ τἀγαθὸν ἐπιστήμης ὠφελοῖ ἂν ἡμᾶς.

Ἦ κἂν ὑγιαίνειν ποιοῖ, ἦν δ' ἐγώ, αὕτη, ἀλλ' οὐχ ἡ
ἰατρική; καὶ τἆλλα τὰ τῶν τεχνῶν αὕτη ἂν ποιοῖ, καὶ οὐχ
αἱ ἄλλαι τὸ αὑτῆς ἔργον ἑκάστη; ἢ οὐ πάλαι διεμαρτυρό-
μεθα ὅτι ἐπιστήμης μόνον ἐστὶν καὶ ἀνεπιστημοσύνης
ἐπιστήμη, ἄλλου δὲ οὐδενός· οὐχ οὕτω;

Φαίνεταί γε.

Οὐκ ἄρα ὑγιείας ἔσται δημιουργός;

Οὐ δῆτα.

Ἄλλης γὰρ ἦν τέχνης ὑγίεια· ἦ οὔ;

Ἄλλης.

Οὐδ' ἄρα ὠφελίας, ὦ ἑταῖρε· ἄλλῃ γὰρ αὖ ἀπέδομεν
τοῦτο τὸ ἔργον τέχνῃ νυνδή· ἦ γάρ;

Πάνυ γε.

Πῶς οὖν ὠφέλιμος ἔσται ἡ σωφροσύνη, οὐδεμιᾶς ὠφε-
λίας οὖσα δημιουργός;

Οὐδαμῶς, ὦ Σώκρατες, ἔοικέν γε.

Ὁρᾷς οὖν, ὦ Κριτία, ὡς ἐγὼ πάλαι εἰκότως ἐδεδοίκη
καὶ δικαίως ἐμαυτὸν ᾐτιώμην ὅτι οὐδὲν χρηστὸν περὶ σω-
φροσύνης σκοπῶ; οὐ γὰρ ἄν που ὅ γε κάλλιστον πάντων
ὁμολογεῖται εἶναι, τοῦτο ἡμῖν ἀνωφελὲς ἐφάνη, εἴ τι ἐμοῦ
ὄφελος ἦν πρὸς τὸ καλῶς ζητεῖν. νῦν δὲ πανταχῇ γὰρ
ἡττώμεθα, καὶ οὐ δυνάμεθα εὑρεῖν ἐφ' ὅτῳ ποτὲ τῶν ὄντων

---

d 4 γε] τε Heindorf   d 7 ἡ ὠφελίμη B : ὠφελίμη T : ἢ ὠφελίμη
Schleiermacher : secl. Madvig   e 3 κἂν Schanz : καὶ BT
e 4 οὐχ αἱ Hermann : οὐχὶ BT   b 2 ὄφελος T : ὥφελος B
b 3 γρ εὑρεῖν T : ἔχειν BT

一门知识〉，其任务是带给我们益处。因为它根本就不是一门关于各种 174d5
知识和各种无知识的知识，而是关于善和恶的知识；因此，如果这门知
识是有益的，那么，自制对我们来说就会是其他某种东西[251]。

但为什么，他说道，自制不会〈为我们〉带来益处呢？因为，如
果自制的的确确是一门关于各种知识的知识，而且还掌管着其他〈所有 174e1
的〉知识，那么，它无疑也就会通过统治那门关于善的知识而带给我们
益处。

难道会使人健康的，我说道，是它，而不是医术？也是它做成了
〈其他〉技艺的其他那些产物，而不是其他那些技艺，各自完成其自己 174e5
的工作？或者，我们不是早已庄严地宣称过下面这点吗，那就是：它仅
仅是一种关于知识和无知识的知识，而不是关于其他任何东西的知识；
难道不是这样？

显然就是这样。

那它就将不是〈致力于〉健康的匠人？

肯定不是。 174e10

因为健康向来就属于另外一门技艺，或者不？ 175a1

属于另外一门技艺。

那他也将不是〈致力于〉益处的〈匠人〉，朋友啊！因为，我们刚
才也已经把这项任务交付给了另外一门技艺；是这样吗？

完全如此。 175a5

那么，自制将如何是有益的呢，既然它根本就不是〈致力于〉任何
益处的匠人？

绝不，苏格拉底啊，如它看起来的那样。

那么，你看到了吗，克里提阿斯啊，我早前其实担心得合情合理，
并且也正当地责备了我自己，因为关于自制我在考察某种毫无用处的东 175a10
西[252]？因为无论如何都被承认为是一切中最美的那种东西，它肯定不 175b1
会对我们显得是无益的，假如我对正确地进行探寻终究还有那么点用处
的话。而现在我们在所有方面都被打败了，并且我们也没能够发现立法

ΠΛΑΤΩΝΟΣ

ὁ νομοθέτης τοῦτο τοὔνομα ἔθετο, τὴν σωφροσύνην. καίτοι πολλά γε συγκεχωρήκαμεν οὐ συμβαίνονθ' ἡμῖν ἐν τῷ λόγῳ. καὶ γὰρ ἐπιστήμην ἐπιστήμης εἶναι συνεχωρήσαμεν, οὐκ ἐῶντος τοῦ λόγου οὐδὲ φάσκοντος εἶναι· καὶ ταύτῃ αὖ τῇ ἐπιστήμῃ καὶ τὰ τῶν ἄλλων ἐπιστημῶν ἔργα γιγνώσκειν συνεχωρήσαμεν, οὐδὲ τοῦτ' ἐῶντος τοῦ λόγου, ἵνα δὴ ἡμῖν γένοιτο ὁ σώφρων ἐπιστήμων ὧν τε οἶδεν ὅτι οἶδεν, καὶ ὧν μὴ οἶδεν ὅτι οὐκ οἶδεν. τοῦτο μὲν δὴ καὶ παντάπασι μεγαλοπρεπῶς συνεχωρήσαμεν, οὐδ' ἐπισκεψάμενοι τὸ ἀδύνατον εἶναι ἅ τις μὴ οἶδεν μηδαμῶς, ταῦτα εἰδέναι ἁμῶς γέ πως· ὅτι γὰρ οὐκ οἶδεν, φησὶν αὐτὰ εἰδέναι ἡ ἡμετέρα ὁμολογία. καίτοι, ὡς ἐγᾦμαι, οὐδενὸς ὅτου οὐχὶ ἀλογώτερον τοῦτ' ἂν φανείη. ἀλλ' ὅμως οὕτως ἡμῶν εὐηθικῶν τυχοῦσα ἡ ζήτησις καὶ οὐ σκληρῶν, οὐδέν τι μᾶλλον εὑρεῖν δύναται τὴν ἀλήθειαν, ἀλλὰ τοσοῦτον κατεγέλασεν αὐτῆς, ὥστε ὃ ἡμεῖς πάλαι συνομολογοῦντες καὶ συμπλάττοντες ἐτιθέμεθα σωφροσύνην εἶναι, τοῦτο ἡμῖν πάνυ ὑβριστικῶς ἀνωφελὲς ὂν ἀπέφαινε. τὸ μὲν οὖν ἐμὸν καὶ ἧττον ἀγανακτῶ· ὑπὲρ δὲ σοῦ, ἦν δ' ἐγώ, ὦ Χαρμίδη, πάνυ ἀγανακτῶ, εἰ σὺ τοιοῦτος ὢν τὴν ἰδέαν καὶ πρὸς τούτῳ τὴν ψυχὴν σωφρονέστατος, μηδὲν ὀνήσῃ ἀπὸ ταύτης τῆς σωφροσύνης μηδέ τί σ' ὠφελήσει ἐν τῷ βίῳ παροῦσα. ἔτι δὲ μᾶλλον ἀγανακτῶ ὑπὲρ τῆς ἐπῳδῆς ἣν παρὰ τοῦ Θρᾳκὸς ἔμαθον, εἰ μηδενὸς ἀξίου πράγματος οὖσαν αὐτὴν μετὰ πολλῆς σπουδῆς ἐμάνθανον. ταῦτ' οὖν πάνυ μὲν [οὖν] οὐκ οἴομαι οὕτως ἔχειν, ἀλλ' ἐμὲ φαῦλον εἶναι ζητητήν· ἐπεὶ τήν γε σωφροσύνην μέγα τι ἀγαθὸν εἶναι, καὶ εἴπερ γε ἔχεις αὐτό, μακάριον εἶναί σε. ἀλλ' ὅρα εἰ ἔχεις τε καὶ μηδὲν δέῃ τῆς ἐπῳδῆς· εἰ γὰρ ἔχεις, μᾶλλον ἂν ἔγωγέ σοι συμβου-

---

b 4 νομοθέτης BTW: ὀνοματοθέτης scr. recc.   b 5 ἐν om. Schanz
b 8 καὶ τὰ T: καὶ B   c 2 γένοιτο T: γε οιτο B: γε οἴοιτο W
c 5 ἁμῶς γέ πως TW: ἄλλως γέ πως B   c 8 εὐηθικῶν BT: εὐηθικῶς
t: an εὐνοϊκῶν?   d 1 εὑρεῖν T: ἐρεῖν B: αἱρεῖν B²   e 3 ἐπῳδῆς
TW: ἐπῳδίας B et γρ. W   e 5 οὖν secl. Winckelmann   e 7 γε
T: τε B

者[253]究竟把这个名字——即自制——用在诸是者中的哪个身上。而且我们甚至还已经同意了许多在我们的讨论中并未得出的东西。因为，我们曾同意有着一种关于知识的知识，而讨论〈的结果〉既不容许也不主张有着〈这样一种知识〉；进而我们甚至还同意这种知识也认识其他各种知识之产物——即使讨论〈的结果〉根本不容许这点——，就为了自制的人能够对我们成为这样一种有知识的人，那就是：对于那些他知道的东西，〈他知道〉他知道；而对于那些他不知道的东西，〈他知道〉他不知道。而事实上我们以非常宽宏大量的方式承认了这点，因为我们并没有仔细考察下面这点其实根本就是不可能的，那就是：一个人绝对不知道的那些东西，他竟然在某种方式知道它们。因为，我们所达成的同意竟然说他知道他不知道它们。然而，如我所认为的那样，这会显得比任何事情都要更没有道理[254]。然而，这场探究虽然遇上了如此心地单纯且不顽固的我们[255]，但它仍然丝毫不[256]能够发现真，反而如此多地嘲笑它[257]，以至于我们早前通过一致同意和一起虚构而将之确定为是自制的那种东西，它极其侮慢地向我们表明它是无益的。因此，就我的情况来说[258]，我其实并不感到多少懊恼；但为你，我说道，卡尔米德斯啊，我却感到非常地懊恼，如果你，虽然在外形上是如此地〈出类拔萃〉，并且除此之外在灵魂方面又是最自制的，却没有从这种自制那里得到任何的帮助，而它也并没有因它的在场而在生活中给你带来任何益处。而为了我曾从色雷斯人那里学到的那个咒语，我愈发感到懊恼，如果它根本就是一件一文不值的事情，而我竟然曾带着许多的热忱去学习它。因此，我完完全全不认为这些事情就是这个样子[259]，只不过我认为我是一个糟糕的研究者罢了；因为我认为自制是一种大善，并且如果你真的拥有它，那你就肯定会是有福的。不过，请你看看你是否真的拥有它，并且你也根本不需要那个咒语；因为，如果你拥有它，那么，我无论如何

ΧΑΡΜΙΔΗΣ

λεύσαιμι ἐμὲ μὲν λῆρον ἡγεῖσθαι εἶναι καὶ ἀδύνατον λόγῳ ὁτιοῦν ζητεῖν, σεαυτὸν δέ, ὅσῳπερ σωφρονέστερος εἶ, τοσούτῳ εἶναι καὶ εὐδαιμονέστερον.

Καὶ ὁ Χαρμίδης, Ἀλλὰ μὰ Δί', ἦ δ' ὅς, ἔγωγε, ὦ Σώκρατες, οὐκ οἶδα οὔτ' εἰ ἔχω οὔτ' εἰ μὴ ἔχω· πῶς γὰρ ἂν εἰδείην ὅ γε μηδ' ὑμεῖς οἷοί τέ ἐστε ἐξευρεῖν ὅτι ποτ' ἐστιν, ὡς φῂς σύ; ἐγὼ μέντοι οὐ πάνυ σοι πείθομαι, καὶ ἐμαυτόν, ὦ Σώκρατες, πάνυ οἶμαι δεῖσθαι τῆς ἐπῳδῆς, καὶ τό γ' ἐμὸν οὐδὲν κωλύει ἐπᾴδεσθαι ὑπὸ σοῦ ὅσαι ἡμέραι, ἕως ἂν φῇς σὺ ἱκανῶς ἔχειν.

Εἶεν· ἀλλ', ἔφη ὁ Κριτίας, ὦ Χαρμίδη, ⟨ἣν⟩ δρᾷς τοῦτο ἔμοιγ' ἔσται τοῦτο τεκμήριον ὅτι σωφρονεῖς, ἢν ἐπᾴδειν παρέχῃς Σωκράτει καὶ μὴ ἀπολείπῃ τούτου μήτε μέγα μήτε σμικρόν.

Ὡς ἀκολουθήσοντος, ἔφη, καὶ μὴ ἀπολειψομένου· δεινὰ γὰρ ἂν ποιοίην, εἰ μὴ πειθοίμην σοὶ τῷ ἐπιτρόπῳ καὶ μὴ ποιοίην ἃ κελεύεις.

Ἀλλὰ μήν, ἔφη, κελεύω ἔγωγε.

Ποιήσω τοίνυν, ἔφη, ἀπὸ ταυτησὶ τῆς ἡμέρας ἀρξάμενος.

Οὗτοι, ἦν δ' ἐγώ, τί βουλεύεσθον ποιεῖν;

Οὐδέν, ἔφη ὁ Χαρμίδης, ἀλλὰ βεβουλεύμεθα.

Βιάσῃ ἄρα, ἦν δ' ἐγώ, καὶ οὐδ' ἀνάκρισίν μοι δώσεις;

Ὡς βιασομένου, ἔφη, ἐπειδήπερ ὅδε γε ἐπιτάττει· πρὸς ταῦτα σὺ αὖ βουλεύου ὅτι ποιήσεις.

Ἀλλ' οὐδεμία, ἔφην ἐγώ, λείπεται βουλή· σοὶ γὰρ ἐπιχειροῦντι πράττειν ὁτιοῦν καὶ βιαζομένῳ οὐδεὶς οἷός τ' ἔσται ἐναντιοῦσθαι ἀνθρώπων.

Μὴ τοίνυν, ἦ δ' ὅς, μηδὲ σὺ ἐναντιοῦ.

Οὐ τοίνυν, ἦν δ' ἐγώ, ἐναντιώσομαι.

---

a 4 ὅσῳπερ TW : ὃς ὥσπερ B   a 7 οὔτ' εἰ ἔχω t : εἴτ' ἔχω B : εἴτ' εἰ ἔχω T   b 3 ἕως W : ἴσως BT   b 5 ἢν add. Goldbacher (εἰ add. recc.)   δρᾷς τοῦτο secl. Hermann : δρᾷ τοῦτο ci. Madvig   b 6 ἢν BW : ἵν' T   b 7 ἀπολείπῃ (suprascr. ι) W : ἀπολίπῃ BT   c 5 οὗτοι Bt : οὔτοι T   c 7 βιάσει BT : βιάσεις t   d 4 ἐναντιοῦ Bt : ἐναντίου T

都宁愿对你这样加以建议：一方面，把我视为一个在胡说八道的人，并且也是一个没有能力通过讨论来探寻任何事情的人；另一方面，把你自己视为〈这样一个人〉，那就是，你是有多自制的，那你也就是有多幸 176a5
福的。

于是卡尔米德斯说道，但宙斯在上，苏格拉底啊，我根本不知道我是否拥有它，或者我是否不拥有它。因为，我又怎么可能知道它呢，既然甚至连你们都不能发现它究竟是什么——就像你宣称的那样——？然 176b1
而，我完完全全不会听从你，并且就我自己来说，苏格拉底啊，我非常需要那个咒语；而就我这一方来说，也肯定没有任何东西会阻碍天天 260
被你唱那个咒语，直到你会宣称我已经充分地拥有了它为止。

好吧！然而，克里提阿斯说道，卡尔米德斯啊，只要你这样做，这 176b5
对我来说就肯定将是下面这点的一个证据，即你是自制的，只要你允许〈你自己〉被苏格拉底唱那个咒语，并且无论是就大事还是小事 261，你都不背弃这个人。

〈那就请你留意下面这点〉262，即我将追随〈他〉，他说道，并且绝不背弃〈他〉；因为我会做出一些可怕的事情来，如果我不听从你这位 176c1
监护人，和不做你所敦促的事情。

无疑 263，他说道，我的确在敦促。

那好，他说道，我将从这天开始这样做。

喂！你们俩，我说道，在考虑做什么呢？ 176c5

没什么，卡尔米德斯说道，而是已经考虑过了 264。

那你要使用暴力吗，我说道，并且你将不允许我进行预先询问？

〈那就请你留意下面这点〉，即我将使用暴力，既然这人确实在下命令；对此也请你考虑一下，你将做什么。

但没有任何的考虑，我说道，还留下来〈等我做〉；因为你，一旦 176d1
你试图做任何事情，而且还要使用暴力，那么，在众人中，没有谁将能够抗拒你 265。

那好，他说道，请你也不要抗拒。

好吧，我说道，我不会抗拒。 176d5

注　释

1　Ἥκομεν 在法国布德本希腊文中作 Ἧκον μέν。Ἥκομεν 是动词 ἥκω [已经来到] 的未完成过去时直陈式主动态第一人称复数；Ἧκον 则为其未完成过去时直陈式主动态第一人称单数，而小词 μέν 同后面的小词 δέ 相呼应。这里的翻译从布德本。

2　τῇ προτεραίᾳ ἑσπέρας [在前一天于黄昏时]。τῇ προτεραίᾳ 是词组，意思是"在前一天"，即特定日子的前一天，故不能简单译为"昨天"。ἑσπέρας 是阴性名词 ἑσπέρα [黄昏/傍晚] 的单数属格，作副词使用，意思是"于黄昏时""在傍晚"；《牛津希–英词典》（*A Greek-English Lexicon*, H. G. Liddell and R. Scott, With a Revised Supplement. Charendon Press·Oxford, 1996）对 τῇ προτεραίᾳ 的解释是：the day before，对 ἑσπέρας 的解释是：at eve。

　　参见《斐洞》（59d7–e2）：καὶ δὴ καὶ τότε πρῳαίτερον συνελέγημεν· τῇ γὰρ προτεραίᾳ [ἡμέρᾳ] ἐπειδὴ ἐξήλθομεν ἐκ τοῦ δεσμωτηρίου ἑσπέρας, ἐπυθόμεθα ὅτι τὸ πλοῖον ἐκ Δήλου ἀφιγμένον εἴη. [而那天我们集合得特别早；因为在前一天，当我们傍晚从监狱离开时，我们打听到船已经从德罗斯返回了。]

3　ἐκ Ποτειδαίας ἀπὸ τοῦ στρατοπέδου [从在波底代亚的军营] 是一个整体，这一表达可参见《泰阿泰德》（142a6–7）：Εἰς λιμένα καταβαίνων Θεαιτήτῳ ἐνέτυχον φερομένῳ ἐκ Κορίνθου ἀπὸ τοῦ στρατοπέδου Ἀθήναζε. [当我下到港口去时，遇见了被从在科林托斯的军营抬出来的泰阿泰德，〈他们正〉赶回雅典。]

　　波底代亚（Ποτείδαια / Ποτίδαια, Poteidaia / Potidaia）是位于爱琴海北部海岸的一座城市，本为科林斯人的殖民地，后因加入由雅典主导的提洛同盟而需向雅典纳贡；公元前 433 年波底代亚宣布脱离雅典，从而导致著名的波底代亚战役，并由此拉开伯罗奔尼撒战争的序幕。关于苏格拉底参加波底代亚战役的事迹，可参见：

　　《苏格拉底的申辩》（28e1–4）：ὅτε μέν με οἱ ἄρχοντες ἔταττον, οὓς ὑμεῖς

εἵλεσθε ἄρχειν μου, καὶ ἐν Ποτειδαίᾳ καὶ ἐν Ἀμφιπόλει καὶ ἐπὶ Δηλίῳ, τότε μὲν οὗ ἐκεῖνοι ἔταττον ἔμενον ὥσπερ καὶ ἄλλος τις καὶ ἐκινδύνευον ἀποθανεῖν.[当你们选举出来统帅我的那些统帅们给我布置任务时，无论是在波底代亚和安菲珀里斯，还是在德里翁附近，我都曾如其他任何人一样冒死坚守在了那些人所安排的位置上。]

《会饮》（219e5–7）：ταῦτά τε γάρ μοι ἅπαντα προυγεγόνει, καὶ μετὰ ταῦτα στρατεία ἡμῖν εἰς Ποτείδαιαν ἐγένετο κοινὴ καὶ συνεσιτοῦμεν ἐκεῖ.[诚然，所有这些对我来说都是早前发生的，而在此之后我们曾一起远征波底代亚，并且在那儿同桌吃饭。]

4　οἷον δὲ διὰ χρόνου ἀφιγμένος[但由于已经外出了很长一段时间]，这是意译，字面意思是"但由于过了一段时间后才回来了"。οἷον 在这里是副词，表原因，可译为"由于""鉴于""因为"等；διὰ χρόνου 是词组，本义是"一段时间后"，《牛津希-英词典》对它的解释是：after a time, after an interval.

5　ἀσμένως ᾖα ἐπὶ τὰς συνήθεις διατριβάς[我很乐意前往习惯常去的那些地方]，也可以译为"我乐意前往那些熟悉的消遣处"。διατριβάς 是名词 διατριβή 的宾格复数；διατριβή 由动词 διατρίβω 派生而来，而 διατρίβω 的词干是 τρίβω，其意思是"磨""揉"。因此，διατριβή 的原初意思就是"消磨时间"，转义为"娱乐""消遣""讨论""研究"，进而引申为专门从事哲学活动的"学校"，但在这里的意思是"常去的地方"；《牛津希-英词典》举了柏拉图在这里的这个表达，对它的解释是：place of resort, haunt.

参见《欧悌弗戎》（2a1–3）：Τί νεώτερον, ὦ Σώκρατες, γέγονεν, ὅτι σὺ τὰς ἐν Λυκείῳ καταλιπὼν διατριβὰς ἐνθάδε νῦν διατρίβεις περὶ τὴν τοῦ βασιλέως στοάν;[嘿，苏格拉底，什么特别新奇的事情发生了，你放弃在吕克昂的溜达，此刻在这儿于国王执政官的门廊前徘徊？]

6　καὶ δὴ καί 是固定表达，可以译为"当然""而"。

7　τὴν Ταυρέου παλαίστραν[陶瑞阿斯的摔跤学校]，Ταυρέου 是专名 Ταυρέας[陶瑞阿斯]的属格，此人可能是一位职业摔跤家。Ταυρέας（Taureas）在词源上同名词 ταῦρος[公牛]相关。

8　καταντικρὺ τοῦ τῆς Βασίλης ἱεροῦ[在巴西勒神庙的正对面]。这里仍然把 Βασίλη 视为专名，故将之译为"巴西勒神庙"；如果将之作普通名词理解，也可以译为"女王神庙"，并且一般认为这里的"女王"（βασίλη）指的是冥王哈德斯的妻子珀塞福涅（Περσεφόνη, Persephone）。介词 καταντικρύ[在……正对面]要求属格，所以这里出现的是单数属格 τοῦ τῆς Βασίλης ἱεροῦ[巴西勒神庙/女王神庙]。

9 ἐξ ἀπροσδοκήτου[出乎意料地]是词组，等于副词 ἀπροσδοκήτως。形容词 ἀπροσδόκητος 的本义就是"出乎意料的""出其不意的"。

10 ἄλλος ἄλλοθεν[有的人从这里，有的人从那里]，也可以译为"不同的人从不同的地方"。ἄλλοθεν 是由 ἄλλος 派生而来的副词，意思是"从另外的地方"；ἄλλος 经常同由它派生而来的副词连用，如 ἄλλος ἄλλα λέγει[一个人说这件事，另一个人说那件事]。

11 凯瑞丰（Χαιρεφῶν）是苏格拉底的一位比较亲近的朋友，但行为比较古怪。不仅阿里斯托芬在其几部喜剧中嘲笑了他，而且在柏拉图的对话中他也显得比较异类。

参见《苏格拉底的申辩》（20e8-21a8）：Χαιρεφῶντα γὰρ ἴστε που. οὗτος ἐμός τε ἑταῖρος ἦν ἐκ νέου καὶ ὑμῶν τῷ πλήθει ἑταῖρός τε καὶ συνέφυγε τὴν φυγὴν ταύτην καὶ μεθ' ὑμῶν κατῆλθεν. καὶ ἴστε δὴ οἷος ἦν Χαιρεφῶν, ὡς σφοδρὸς ἐφ' ὅτι ὁρμήσειεν. καὶ δή ποτε καὶ εἰς Δελφοὺς ἐλθὼν ἐτόλμησε τοῦτο μαντεύσασθαι – καί, ὅπερ λέγω, μὴ θορυβεῖτε, ὦ ἄνδρες – ἤρετο γὰρ δὴ εἴ τις ἐμοῦ εἴη σοφώτερος. ἀνεῖλεν οὖν ἡ Πυθία μηδένα σοφώτερον εἶναι. καὶ τούτων πέρι ὁ ἀδελφὸς ὑμῖν αὑτοῦ οὑτοσὶ μαρτυρήσει, ἐπειδὴ ἐκεῖνος τετελεύτηκεν.[凯瑞丰，肯定你们都知道；从年轻时起这人就是我的朋友，并且对于你们中的大多数人来说也是朋友，在这次逃亡中他曾〈同你们〉一起出逃，又和你们一道回来。你们也都知道凯瑞丰是个怎样的人，在他急于要做的事情上是多么的急躁。有一次，他前往德尔斐大胆求了这样一个神谕——我刚说过了，诸位，请你们不要喧哗——因为他竟然问是否有人是比我更为智慧的。于是皮提亚女祭司拾起签说，无人是更为智慧的。并且由于他已经死了，所以他的这位弟弟将为此向你们做证。]

12 μου λαβόμενος τῆς χειρός[紧紧抓住我的一只手]。λαβόμενος 是动词 λαμβάνω 的一次性过去时分词中动态阳性主格单数；λαμβάνω 的本义是"得到"，但其中动态具有"握住""抓紧"等意思，并要求属格作宾语，所以这里出现的是单数属格 μου ... τῆς χειρός[我的一只手]。

13 καὶ μήν 是词组，意思是"诚然""真的""确实""而且"。

14 ἐπιεικῶς ἀληθῆ[相当真实]是一个整体。ἐπιεικῶς 是由形容词 ἐπιεικής 派生而来的副词，ἐπιεικής 的本义是"合适的""正直的""能干的"，但其副词 ἐπιεικῶς 则具有"相当地"等意思。参见《斐洞》（117c3-7）：Καὶ ἅμ' εἰπὼν ταῦτα ἐπισχόμενος καὶ μάλα εὐχερῶς καὶ εὐκόλως ἐξέπιεν. καὶ ἡμῶν οἱ πολλοὶ τέως μὲν ἐπιεικῶς οἷοί τε ἦσαν κατέχειν τὸ μὴ δακρύειν, ὡς δὲ εἴδομεν πίνοντά τε καὶ πεπωκότα, οὐκέτι.[说这些的同时他把〈杯子〉放到〈嘴边〉，非常从容

和平静地一饮而尽。我们中的许多人在这之前还能够相当好地控制住不哭，但当我们看见他喝并且已经喝完了之后，就再也不能了。]

15　ἦν δ' ἐγώ[我说]以及下文的 ἦ δ' ὅς[他说]，都是固定表达。

16　Παρεγένου μέν, ἦ δ' ὅς, τῇ μάχῃ;[你那时真的在场吗，他说，在打仗时？]这是意译，字面意思是"他说，你那时真的参加了战斗？"παρεγένου 是动词 παραγίγνομαι 的一次性过去时直陈式第二人称单数，παραγίγνομαι 作"参加""出席"讲时，要求与格，所以这里出现的是单数与格 τῇ μάχῃ[战斗]；《牛津希-英词典》举了柏拉图在这里的这个表达，对它的解释是：to be present at。

此外，小词 μέν 单独使用，表达一种确定性，可译为"真的""确实"等。

17　καὶ ἅμα 是一个整体，意思是"此外""而与此同时"。参见《苏格拉底的申辩》(38a7-b1)：τὰ δὲ ἔχει μὲν οὕτως, ὡς ἐγώ φημι, ὦ ἄνδρες, πείθειν δὲ οὐ ῥᾴδιον. καὶ ἐγώ ἅμα οὐκ εἴθισμαι ἐμαυτὸν ἀξιοῦν κακοῦ.[但正如我所说的，事情就是这样，诸位啊，只不过要说服〈你们〉是不容易的。此外，我也不曾习惯〈认为〉自己应受任何坏事。]

18　卡莱斯科洛斯（Κάλλαισχρος, Kallaischros）是柏拉图的外祖父格劳孔（Γλαύκων, Glaukon）的兄弟，因而克里提阿斯（Κριτίας, Kritias）是柏拉图的表舅。克里提阿斯后来成为了三十僭主的首领。

19　Ἐπειδὴ δὲ τῶν τοιούτων ἅδην εἴχομεν[而当我们已经充分地知道了诸如此类的事情之后]，也可以译为"而当我们已经充分地占有了诸如此类的事情之后"或"而当我们对诸如此类的事情感到厌倦之后"。《牛津希-英词典》举了柏拉图在这里的这个表达；副词 ἅδην 的本义是"充足地""足够地"，而 ἅδην ἔχειν τινός 是固定表达，意思是：to have enough of a thing, be weary of it。

20　τὰ νῦν 是一个整体和固定表达，意思是"现在""如今"；副词 νῦν 经常同冠词连用，如 τὸ νῦν, τὰ νῦν，比单独使用 νῦν，意思更强。

21　ὅπως ἔχοι[情况是怎样的]是固定表达。ἔχω[有]加副词，表"处于某种状态""是某种样子"；如 ὅπως ἔχω[我就是这个样子]。

22　εἴ τινες ἐν αὐτοῖς ... ἐγγεγονότες εἶεν[是否在他们中间已经出现了一些人]，这里将之理解为一个整体。ἐγγεγονότες 是动词 ἐγγίγνομαι[在其间发生/出生在……]的完成时分词主动态阳性主格复数，εἶεν 是 εἰμί 的现在时祈愿式第三人称复数；εἰμί 的各种形式与动词的完成时分词连用，构成一种委婉或迂回的表达。例如：

《斐德若》(262d2-5)：καὶ ἔγωγε, ὦ Φαῖδρε, αἰτιῶμαι τοὺς ἐντοπίους θεούς· ἴσως δὲ καὶ οἱ τῶν Μουσῶν προφῆται οἱ ὑπὲρ κεφαλῆς ᾠδοὶ ἐπιπεπνευκότες ἂν ἡμῖν εἶεν τοῦτο τὸ γέρας.［至于我，斐德若啊，我肯定会将之归因于本地的一些神；但也许还有缪斯们的一些代言人——即头顶上的那些歌唱者——，它们或许已经把这奖品吹拂给了我们。］

《政制》（492a5—7）：ἢ καὶ σὺ ἡγῇ, ὥσπερ οἱ πολλοί, διαφθειρομένους τινὰς εἶναι ὑπὸ σοφιστῶν νέους.［或者就像众人一样，你也认为一些年轻人已经被智者们给败坏了。］

《政治家》（257a6—8）：οὕτω τοῦτο, ὦ φίλε Θεόδωρε, φήσομεν ἀκηκοότες εἶναι τοῦ περὶ λογισμοὺς καὶ τὰ γεωμετρικὰ κρατίστου;［那么，亲爱的忒俄多洛斯，我们会说我们已经如此这般地从在各种计算方面和在几何学的各种事情方面最卓越的人那儿听说了这点吗？］

《菲勒玻斯》（66c9—10）：ἀτὰρ κινδυνεύει καὶ ὁ ἡμέτερος λόγος ἐν ἕκτῃ καταπεπαυμένος εἶναι κρίσει.［然而，这点也是有可能的，即我们的谈话已经结束在了第六个剖判那里。］

23　διαφέροντες 是动词 διαφέρω 的现在时分词主动态阳性主格复数；διαφέρω 除了具有"和……不同"的意思之外，也喻为"超过""优于""胜出"，这里将之译为"出类拔萃"。

24　πρόδρομοί τε καὶ ἐρασταί［追随者和爱慕者］，这是意译，也可以进一步意译为"跟班和爱慕者"。形容词 πρόδρομος 的本义是"跑在前面的"，作名词则指"先驱""先导"，这里基于文义只能译为"追随者"；当然，"追随者"在某种意义上也会是走在前面的"开路者"。

25　τὸν τοῦ Γλαύκωνος τοῦ ἡμετέρου θείου ὑόν［我叔叔格劳孔的儿子］，形容词 ἡμέτερος 的本义是"我们的"，但有时也等于 ἐμός［我的］，如 τὰ ἡμέτερα［我的财产］。

26　按照家系，卡尔米德斯（Χαρμίδης, Charmides）是柏拉图的舅舅。

27　εὖ μάλα 的本义是"很好地"，这里根据上下文将之译为"确确实实"。参见《政治家》（290d6—e3）：τὸ γὰρ δὴ τῶν ἱερέων σχῆμα καὶ τὸ τῶν μάντεων εὖ μάλα φρονήματος πληροῦται καὶ δόξαν σεμνὴν λαμβάνει διὰ τὸ μέγεθος τῶν ἐγχειρημάτων, ὥστε περὶ μὲν Αἴγυπτον οὐδ' ἔξεστι βασιλέα χωρὶς ἱερατικῆς ἄρχειν, ἀλλ' ἐὰν ἄρα καὶ τύχῃ πρότερον ἐξ ἄλλου γένους βιασάμενος, ὕστερον ἀναγκαῖον εἰς τοῦτο εἰστελεῖσθαι αὐτὸν τὸ γένος.［因为，祭司的形象和预言家的形象确确实实充满了骄傲，并且由于所从事的那些事业的伟大而获得了令人敬畏的名声，以至于在埃及，一个国王离开了祭司的技艺就不可能进行统治，而如果他事先碰巧通过使用暴力从其他家族那里〈登上王位〉，那他事后也必须被接纳进这个家族中。］

28 μειράκιον[年青人]，一般指 14-21 岁的年青人。
29 ἐμοὶ ... οὐδὲν σταθμητόν[一定不能靠我来进行判断]是一个整体和固定表达。形容词 σταθμητός 的本义是"待测量的"，同与格连用，意思是"根据……来进行测量"；《牛津希-英词典》举了柏拉图在这里的这个表达，对 ἐμοὶ οὐδὲν σταθμητόν 的解释是：I am nothing to judge by。
30 希腊语的 ἀτεχνῶς 和 ἀτέχνως 是两个不同的副词，仅仅重音不同。前者来自形容词 ἀτεχνής，后者来自形容词 ἄτεχνος。尽管 ἄτεχνος 和 ἀτεχνής 是同义词，都是由 τέχνη[技艺]加上褫夺性的前缀 ἀ- 构成，但由前者派生出来的副词 ἀτέχνως 的意思是"粗糙地""笨拙地""无技艺地"；由后者派生出来的副词 ἀτεχνῶς 的意思则是"完完全全地""真正地""直截了当地"，如 ἀτεχνῶς ξένως ἔχω[我完完全全是个异邦人]。
31 λευκὴ στάθμη[一根白色的测量线]是一句谚语，暗含的意思是"没有能力进行区分""不能进行辨别"；也即是说，在白色的石头或大理石上画上白色的线或标记，由于不醒目而让人无法看清它们。《牛津希-英词典》举了柏拉图在这里的这个表达，对它的解释是：a white measuring-line, i.e. unable to discriminate。
32 ἐρᾶν ... αὐτοῦ[爱恋他]。ἐρᾶν 是动词 ἐράω[爱恋/渴望]的现在时不定式，ἐράω 要求属格作宾语，所以这里出现的是单数属格 αὐτοῦ[他]。
33 τὸ ἡμέτερον τὸ τῶν ἀνδρῶν[我们这些男人的感受]，也可以译为"我们这些男人的情况"。之所以这么翻译，是因为 τὸ ἡμέτερον 后面省略了 πάθος[遭受/感受/情况]一词；《牛津希-英词典》对 τὸ ἡμέτερον 的解释是：our case。
34 ἐγὼ καὶ τοῖς παισὶ προσέσχον τὸν νοῦν[我也留意到那些男孩们]。προσέσχον 是动词 προσέχω 的一次性过去时直陈式主动态第一人称单数。προσέχω 的本义是"带给""献上"，同名词 νόος[思想/理智/努斯]构成词组，προσέχω τὸν νοῦν 的字面意思是"把思想转向……""把注意力集中到……"，喻为"留意""注意""当心"，并要求与格作宾语，所以这里出现的是复数与格 τοῖς παισὶ[男孩们]；而另一固定搭配 ἔχειν νοῦν，意思则是"有头脑""清醒"。
35 形容词 εὐπρόσωπος 由前缀 εὖ[好/完美]和名词 πρόσωπον[面容/脸]合成，本义就是"面容好看的""脸蛋好看的"。
36 δόξει σοι ἀπρόσωπος εἶναι[你就会注意不到他的脸蛋了]，这是意译，也可以译为"你就不会觉得他有脸蛋了"，甚至完全按字面译为"在你看来他就是无脸的了"；也就是说，同其完美的身材相比，他那漂亮的脸蛋黯然失色。
37 τυγχάνει εὖ πεφυκώς[他也恰恰生来就长得好的话]，也可以译为"他也恰好生来就是完美的话"。

38　τῆς γε ὑμετέρας ὄντα οἰκίας［既然他无论如何都是属于你家的］。形容词 ὑμέτερος 的本义是 "你们的"，但有时也等于 σός［你的］；当然，在这里也可以直接译为 "既然他无论如何都是属于你们家的"。

39　形容词 ἀγαθός 的意思非常丰富，随文译为 "善的" "好的" 或 "优秀的"。

40　οὐκ ἀπεδύσαμεν αὐτοῦ αὐτὸ τοῦτο［我们不就脱光他的这个东西］。αὐτὸ 在这里表强调，不能译为 "本身"。τοῦτο［这个东西］，指前面出现的 τὴν ψυχήν［灵魂］。

　　对观《泰阿泰德》（169a6–b4）：Οὐ ῥᾴδιον, ὦ Σώκρατες, σοί παρακαθήμενον μὴ διδόναι λόγον, ἀλλ᾽ ἐγὼ ἄρτι παρελήρησα φάσκων σε ἐπιτρέψειν μοι μὴ ἀποδύεσθαι, καὶ οὐχὶ ἀναγκάσειν καθάπερ Λακεδαιμόνιοι· σὺ δέ μοι δοκεῖς πρὸς τὸν Σκίρωνα μᾶλλον τείνειν. Λακεδαιμόνιοι μὲν γὰρ ἀπιέναι ἢ ἀποδύεσθαι κελεύουσι, σὺ δὲ κατ᾽ Ἀνταῖόν τί μοι μᾶλλον δοκεῖς τὸ δρᾶμα δρᾶν· τὸν γὰρ προσελθόντα οὐκ ἀνίης πρὶν ⟨ἂν⟩ ἀναγκάσῃς ἀποδύσας ἐν τοῖς λόγοις προσπαλαῖσαι.［苏格拉底啊，坐在你旁边而不给出说法，这不容易，而我刚才还胡说八道，声称你会容许我不脱光衣服，而不像那些拉栖岱蒙人一样进行强迫。但在我看来你更接近斯喀戎。因为拉栖岱蒙人要求要么离开，要么脱光衣服，而你对我显得更为如安泰俄斯一样在做事；因为你不放过那来到你身边的人，在你迫使他脱光衣服在讨论中和你角力之前。］

41　τοι 是个小品词，源自人称代词 σύ［你］的单数与格，本义是 "让我告诉你"，转义为 "真的" "的确"。

42　φιλόσοφος［热爱智慧的人］和 ποιητικός［精通诗艺的人］，单就这两个词，也可以径直译为 "哲学家" 和 "诗人"。

　　参见《斐洞》（60d8–61a4）：Λέγε τοίνυν, ἔφη, αὐτῷ, ὦ Κέβης, τἀληθῆ, ὅτι οὐκ ἐκείνῳ βουλόμενος οὐδὲ τοῖς ποιήμασιν αὐτοῦ ἀντίτεχνος εἶναι ἐποίησα ταῦτα— ᾔδη γὰρ ὡς οὐ ῥᾴδιον εἴη – ἀλλ᾽ ἐνυπνίων τινῶν ἀποπειρώμενος τί λέγοι, καὶ ἀφοσιούμενος εἰ ἄρα πολλάκις ταύτην τὴν μουσικήν μοι ἐπιτάττοι ποιεῖν. ἦν γὰρ δὴ ἄττα τοιάδε· πολλάκις μοι φοιτῶν τὸ αὐτὸ ἐνύπνιον ἐν τῷ παρελθόντι βίῳ, ἄλλοτ᾽ ἐν ἄλλῃ ὄψει φαινόμενον, τὰ αὐτὰ δὲ λέγον, "Ὦ Σώκρατες," ἔφη, "μουσικὴν ποίει καὶ ἐργάζου." καὶ ἐγὼ ἔν γε τῷ πρόσθεν χρόνῳ ὅπερ ἔπραττον τοῦτο ὑπελάμβανον αὐτό μοι παρακελεύεσθαί τε καὶ ἐπικελεύειν, ὥσπερ οἱ τοῖς θέουσι διακελευόμενοι, καὶ ἐμοὶ οὕτω τὸ ἐνύπνιον ὅπερ ἔπραττον τοῦτο ἐπικελεύειν, μουσικὴν ποιεῖν, ὡς φιλοσοφίας μὲν οὔσης μεγίστης μουσικῆς, ἐμοῦ δὲ τοῦτο πράττοντος.［苏格拉底说：刻贝斯啊，那就请你对他如实相告，即我创作这些不是想同他或他的那些诗作比技艺——因为我知道那会是不容

易的——，而是为了测试〈我的〉一些梦，看它们究竟在说什么，以及洁净自己，万一它们是在命令我创作这类文艺。事情其实是这样，在过去的一生中同一个梦经常造访我，虽然在不同的时候以不同的形象出现，但它〈总是〉说相同的事情；它说："苏格拉底啊，你要创作和耕耘文艺！"而在以往的时间里，我认为它不过是在激励和鞭策我做我已经在做的事情而已；就像人们鼓励那些奔跑的人一样，梦也同样在勉励我做我已经在做的事情，即创作文艺，因为热爱智慧就是最高的文艺，而我就在从事这件事。]

43 τοῦτο ... τὸ καλόν [这一优点] 是一个整体，也可以译为"这一长处"，甚或在宽泛的意义上译为"这种美德"。

44 ὑμῖν ... ὑπάρχει [属于你们〈家族〉]，动词 ὑπάρχω 除了具有"开始"的意思之外，跟与格表"属于某人""在某人的支配下"，所以这里出现的是指示代词复数与格 ὑμῖν [你们〈家族〉]。参见《克里同》(45b1): σοὶ δὲ ὑπάρχει μὲν τὰ ἐμὰ χρήματα. [而我的钱都属于你。]

45 μόνον ἐλθέτω [只需让他来！] ἐλθέτω 是动词 ἔρχομαι [来／去] 的一次性过去时命令式第三人称单数。关于第三人称命令式的用法，可对观《斐洞》(63e3-5): ἀλλὰ μόνον τὸ ἑαυτοῦ παρασκευαζέτω ὡς καὶ δὶς δώσων, ἐὰν δὲ δέῃ, καὶ τρίς. [只需让他准备好他自己的事情！给两次药，如果必要的话，三次也行。]

46 Ὃ οὖν καὶ ἐγένετο. 这句话在法国布德本希腊文中作 Ὅπερ οὖν καὶ ἐγένετο. 这里的翻译从布德本。类似的表达参见《欧悌弗戎》(4d1-3): ἐν δὲ τούτῳ τῷ χρόνῳ τοῦ δεδεμένου ὠλιγώρει τε καὶ ἠμέλει ὡς ἀνδροφόνου καὶ οὐδὲν ὂν πρᾶγμα εἰ καὶ ἀποθάνοι, ὅπερ οὖν καὶ ἔπαθεν· ὑπὸ γὰρ λιμοῦ καὶ ῥίγους καὶ τῶν δεσμῶν ἀποθνήσκει πρὶν τὸν ἄγγελον παρὰ τοῦ ἐξηγητοῦ ἀφικέσθαι. [然而，在这段时间内他既忽视了那被捆绑着的人，也将之作为一个杀人犯不加关心，并且以为即使他死了也不是什么大事，结果这事真的发生了；由于又饿又冷，再加上那些桎梏，这人在信使从导引师那儿回来之前就死掉了。]

47 καὶ ἐποίησε γέλωτα πολύν. [并且他还引起了一场大笑。] πολὺς γέλως 是词组，意思是"大笑"；形容词 πολύς 在这里不指"多"，而是表强度，指"大"，如 πολὺς βοή [大喊]，πολλὴ ἀλογία [巨大的荒谬]，πολλὴ εὐήθεια [极大的头脑简单]；《牛津希-英词典》对 πολὺς γέλως 的解释是：loud laughter。

48 συγχωρῶν [为了留出位置]。συγχωρῶν 是动词 συγχωρέω 的现在时分词主动态阳性主格单数，συγχωρέω 除了具有"会合""同意""应允"等意思之外，还有"让路""让步""让位"等意思。

49 σπουδῇ 是名词 σπουδή [急忙／热切] 的单数与格作副词使用，意味"急切地""认真地"。

50　τὸν δὲ πλάγιον κατεβάλομεν［而使得另一个侧滑〈到了地上〉］，这是意译，字面意思是"而我们把另一个斜着扔下"。πλάγιον 在这里是形容词 πλάγιος［斜着的/歪到一边的］的中性单数作副词使用，等于 πλαγίως。

51　副词 ἐνταῦθα 既可以表空间，也可以表时间。表空间意味"那儿""在那里"，表时间则意味"在那时""当时"；这里为了兼顾两者，故译为"当时在那里"。

52　ἐγὼ ἤδη ἠπόρουν［我立即感到不知所措］。ἤδη 在这里的意思不是"已经"，而是"立即""立刻""随即"。动词 ἀπορέω［感到困惑/不知所措］派生自形容词 ἄπορος，由褫夺性前缀 ἀ［无］和 πόρος［通路/道路］构成，本义是"走投无路"。

53　ἡ πρόσθεν θρασύτης ἐξεκέκοπτο［先前的信心被打掉了］，有意按字面翻译；当然，单就这句话，也可以译为"先前的鲁莽没有了""先前的信心消失不见了"。

54　ἀμήχανόν τι οἷον［以一种如此难以言表的方式］是一个整体。形容词 ἀμήχανος［不同寻常的/不可思议的/难以言表的］经常同 οἷος, ὅσος, ὡς 等连用，如 ἀμήχανον ὅσον χρόνον［不同寻常长的时间］。参见：《斐洞》（95c7-9）：πάντα ταῦτα μηνύειν ἀθανασίαν μὲν μή, ὅτι δὲ πολυχρόνιόν τέ ἐστιν ψυχὴ καὶ ἦν που πρότερον ἀμήχανον ὅσον χρόνον καὶ ᾔδει τε καὶ ἔπραττεν πολλὰ ἄττα.［所有这些都没有揭示〈灵魂的〉不死，而仅仅揭示了灵魂是经久的，并且在不同寻常长的时间之前就曾在某处是着，以及曾知道和曾做过许多的事情。］

55　ἀνήγετο ὡς ἐρωτήσων［准备开始要进行询问］。ἀνήγετο 在这里是动词 ἀνάγω 的未完成过去时直陈式中动态第三人称单数，ἀνάγω 的本义是"向上引导""领导"，但其中动态则具有"准备""着手"等意思；《牛津希-英词典》举了柏拉图在这里的这个表达，对之的解释是：make ready, prepare oneself。

56　κύκλῳ κομιδῇ［周围/四面八方］是词组，作副词使用；《牛津希-英词典》举了柏拉图在这里的这个表达，对它的解释是：all round。

57　εἶδόν τε τὰ ἐντὸς τοῦ ἱματίου καὶ ἐφλεγόμην.［我看到了他衣服里面的情况，于是激情燃烧。］也可以径直译为：我看到了他的衣服里面，并且被点燃了。ἐφλεγόμην 是动词 φλέγω 的未完成过去时被动态第一人称单数，φλέγω 的本义是"燃烧""着火"，但其被动态喻为"心急如焚""激情燃烧"；《牛津希-英词典》举了柏拉图在这里的这个表达，对该词的解释是：burn with passion。

58 οὐκέτ' ἐν ἐμαυτοῦ ἦν [不再能自已]，也可以译为"不再能控制住自己"。ἐν ἐμαυτοῦ εἶναι 是词组，完整的表达是 ἐν ἐμαυτοῦ οἴκῳ εἶναι，字面意思是"是在自己的家里"，喻为"能控制住自己"；《牛津希-英词典》举了柏拉图在这里的这个表达，对该词的解释是：to be master of oneself。

59 库狄阿斯（Κυδίας, Kydias）是一个诗人，但生平不详。

60 ἄλλῳ ὑποτιθέμενος [他向另一个人提出劝告]。ὑποτιθέμενος 是动词 ὑποτίθημι 的现在时分词中动态阳性主格单数，ὑποτίθημι 的本义是"放在……下面"，但其中动态与人相联系时则具有"建议""献策"等意思，并要求与格，即"向某人提出建议""对某人提劝告"；

61 ἐπὶ τῷ φαρμάκῳ [除了这种药物之外]。介词 ἐπί 跟与格，具有"除……之外""另外"等意思。

62 χρῷτο αὐτῷ [使用它]，χρῷτο 是动词 χράομαι [使用/利用] 的现在时祈愿式第三人称单数，该动词要求与格作宾语，所以这里出现的是单数与格 αὐτῷ [使用它]。

63 οὐδὲν ὄφελος εἴη τοῦ φύλλου. [叶子也就不会具有任何功效。] 这是意译，直译当为"没有任何用处是属于叶子的"或"在叶子那里没有任何用处"。

64 καὶ τοὔνομά μου σὺ ἀκριβοῖς; [我的名字，你拿得准吗？] 动词 ἀκριβόω 的本义是"使准确""准确表达"；《牛津希-英词典》举了柏拉图在这里的这个表达，对 σὺ ἀκριβοῖς 的解释是：are you sure of ... ?

65 μέμνημαι δὲ ἔγωγε καὶ παῖς ὢν Κριτίᾳ τῷδε συνόντα σε. [而甚至当我还是一个孩童时，我就的确已经记得你在同这儿的这位克里提阿斯交往。] 也可以简单译为：而我甚至从孩提时就已经记得你在同这儿的这位克里提阿斯交往。对这句话的解释如下：

（1）μέμνημαι δὲ ἔγωγε καὶ παῖς ὤν 是一个整体。καί 在这里表强调，而非连词，故不译为"和"，而译为"甚至"；而 παῖς ὤν [是一个孩童] 修饰和限定完成时不定时 μέμνημαι [已经记得]，而非现在时分词 Κριτίᾳ τῷδε συνόντα σε [你在同这儿的这位克里提阿斯交往]，因而这句话不译为：而我的确已经记得，甚至当我还是一个孩童时你就在同这儿的这位克里提阿斯交往。

（2）συνόντα 是动词 σύνειμι [同……在一起/结交] 的现在时分词主动态阳性宾格单数，要求与格，所以这里出现的是单数与格 Κριτίᾳ τῷδε [这儿的这位克里提阿斯]。τῷδε 是 ὅδε 的与格单数，而 ὅδε 除了是指示代词之外，还常作表地点或时间的副词使用，但与所修饰的名词同样变格；参见：

《智者》(216a2)：τόνδε τινὰ ξένον ἄγομεν.[我们还带来了这儿的这位客人。]

《政治家》(257c4-5)：ἀλλὰ γὰρ περὶ Θεαιτήτου τοῦδε τί χρὴ δρᾶν με;[然而就这里的这位泰阿泰德，我该为他做点什么呢？]

66　Καλῶς γε σύ ... ποιῶν[你真了不起！]也可以完全按字面译为"你的确做得非常好！"。καλῶς ποιῶν 的字面意思是"做得好"，但作为整体等于副词，《牛津希-英词典》对之的解释是：rightly, deservedly。

67　μὴ δύνασθαι τὴν κεφαλὴν μόνον ὑγιᾶ ποιεῖν, ἀλλ'[它不仅能够使得头〈恢复〉健康，而且还〈能够〉……]。之所以这么翻译，因为这是一句没有说完的话，而后面的 ὥσπερ ...[正如……]开始了一个独立的句子。

68　σὺ ἀκήκοας τῶν ἀγαθῶν ἰατρῶν[你已经从一些优秀的医生那儿听说过]。ἀκήκοας 是动词 ἀκούω[听]的完成时直陈式主动态第二人称单数，该动词后面跟人时要求属格作宾语，所以这里出现的是复数属格 τῶν ἀγαθῶν ἰατρῶν[一些优秀的医生]。

69　αὐτοῖς προσέλθῃ[求助于他们]。προσέλθῃ 是动词 προσέρχομαι 的一次性过去时虚拟式主动态第三人称单数；προσέρχομαι 除了具有"来到""上前"这一本义之外，还有"求助于""致力于"等意思，并要求与格，所以这里出现的是复数与格 αὐτοῖς[他们]。

70　ὅτι οὐχ οἷόν τε αὐτοὺς μόνους ἐπιχειρεῖν τοὺς ὀφθαλμοὺς ἰᾶσθαι[他们不可能仅仅就眼睛自身来着手医治眼睛]。之所以这么翻译，因为 αὐτοὺς 在这里既是动词不定式 ἐπιχειρεῖν[着手]的主语，指"医生"，也修饰和限定名词 τοὺς ὀφθαλμοὺς[眼睛]。

71　ἐκ δὴ τούτου τοῦ λόγου[正是基于这种说法]，也可以译为"正是基于这一道理""正是基于这种理由"。

72　καλῶς ... λέγεσθαι[说得正确]。副词 καλῶς 虽然派生自形容词 καλός[美的/漂亮的]，但其本义却是"很好地""正确地"；《牛津希-英词典》对之的解释是：well, rightly。

73　πάντων μάλιστα 是固定表达，表最高程度的肯定回答；这里基于上下文将之译为"毫无疑问"。

74　κατὰ σμικρόν 即 κατὰ μικρόν，是词组，意思是"逐渐地"，这里基于上下文将之译为"一点一点地"；《牛津希-英词典》对它的解释是：little by little。

75　匝耳摩克西斯（Ζάλμοξις, Zalmoxis）。根据希罗多德在其《历史》（4. 94-96）中的记载，匝耳摩克西斯本为毕达哥拉斯的一位色雷斯奴隶，获得自由后回到家乡传授其不死的理论。据说匝耳摩克西斯如毕达哥拉斯本人曾做过的那样，在地下挖洞，暗中让人送饭，藏在里面诈死，以便让人相信他是不死的。

76 οἳ λέγονται καὶ ἀπαθανατίζειν [据说他们甚至也在追求永生]，也可以直译为"他们被说成甚至也在追求永生"。《牛津希-英词典》举了柏拉图在这里的这一表达，对 ἀπαθανατίζειν 的解释是：aim at immortality。

77 方括号中的希腊文 ἰατροί [医生们]，伯内特认为是窜入，法国布德本希腊文同样如此。

78 ἀλλὰ τοῦτο καὶ αἴτιον εἴη τοῦ διαφεύγειν τοὺς παρὰ τοῖς Ἕλλησιν ἰατροὺς τὰ πολλὰ νοσήματα.[而这也恰恰就是下面这件事的原因，即许多的疾病从在希腊那里的那些医生那里逃脱了。] 有意按字面翻译，当然也可以简单转译为：而这也恰恰就是希腊的医生们无法医治许多疾病的原因。

79 οὗ μὴ καλῶς ἔχοντος ἀδύνατον εἴη τὸ μέρος εὖ ἔχειν.[而如果整体没有处于美的状态，那么部分也就不可能处于好的状态。] 也可以简单译为：而如果整体不是美的，那么部分也就不可能是好的。

80 ἐκ τῆς ψυχῆς ὡρμῆσθαι [源于灵魂]。ὡρμῆσθαι 是动词 ὁρμάω 完成时不定式中动态，ὁρμάω 的本义是"冲向""推动""激发""促使"，但其中动态则具有"开始""动身"等意思，与介词 ἐκ 连用，指"始于……""从……开始"。

81 ἐν ταῖς ψυχαῖς σωφροσύνην ἐγγίγνεσθαι [在灵魂中生起了自制]。σωφροσύνη [自制]，也可以译为"清醒"或"节制"；从词源上看，它由动词 σώζω [保全] 和名词 φρόνησις [明智] 派生而来，所谓"清醒"或"自制"，即"保持明智"或"对明智的保全"。

82 καὶ γάρ 是词组，意思是"真的""的确"，这里基于上下文将之译为"其实"。

83 τοῦτ' ἔστιν τὸ ἁμάρτημα περὶ τοὺς ἀνθρώπους, ὅτι χωρὶς ἑκατέρου, σωφροσύνης τε καὶ ὑγιείας, ἰατροί τινες ἐπιχειροῦσιν εἶναι.[下面这点恰恰是在人们那里的错误，那就是一些人企图分离地是两者各自的，即〈灵魂方面的〉自制和〈身体上的〉健康之医生。] 对整个这句话的解释如下：

（1）χωρίς 在这里作副词理解，而非介词；故将之译为"分离地"。

（2）ἑκατέρου, σωφροσύνης τε καὶ ὑγιείας, ἰατροί ... εἶναι [是两者各自的，即〈灵魂方面的〉自制和〈身体上的〉健康之医生。] 这是一个整体，也即是说，之所以用属格 ἑκατέρου [两者各自/两者中的每一个]，以及属格 σωφροσύνης τε καὶ ὑγιείας [〈灵魂方面的〉自制和〈身体上的〉健康]，并非是 χωρίς 所要求的，而是由于后面的 ἰατροί [医生] 一词。

（3）σωφροσύνης τε καὶ ὑγιείας [〈灵魂方面的〉自制和〈身体上的〉健康]，法国布德本希腊文认为它们是窜入，不从。

84 ἄλλως ποιεῖν [以任何其他的方式来行事]，也可以简单译为"做别的"。

85　ἐγὼ οὖν ... πείσομαι οὖν [因此我……因此我将听从]，叠用 οὖν [因此]，在这里是一种修辞法。

86　ἐπᾷσαι ταῖς τοῦ Θρᾳκὸς ἐπῳδαῖς .[以便用色雷斯人的那些咒语对之唱歌]。ἐπᾷσαι 是动词 ἐπαείδω 的一次性过去时主动态不定式，该词有"唱歌"和"念咒语"两方面的意思。参见：

《斐洞》(77e8-9)：Ἀλλὰ χρή, ἔφη ὁ Σωκράτης, ἐπᾴδειν αὐτῷ ἑκάστης ἡμέρας ἕως ἂν ἐξεπᾴσητε.[苏格拉底说，那你们就必须得每天给他唱歌，直到你们迷惑住〈他〉为止。]

《斐德若》(267c9)：καὶ πάλιν ὠργισμένοις ἐπᾴδων κηλεῖν[当他们已经愤怒起来后，他又通过对他们唱歌来平复他们。]

《泰阿泰德》(149c9-d2)：Καὶ μὴν καὶ διδοῦσαί γε αἱ μαῖαι φαρμάκια καὶ ἐπᾴδουσαι δύνανται ἐγείρειν τε τὰς ὠδῖνας καὶ μαλθακωτέρας ἂν βούλωνται ποιεῖν.[而且产婆们也的确通过给药和唱咒语，能够激发分娩的阵痛，如果她们愿意，也能够使之缓和。](158c7-d2)：Οὐ μνημονεύεις, ὦ φίλε, ὅτι ἐγὼ μὲν οὔτ' οἶδα οὔτε ποιοῦμαι τῶν τοιούτων οὐδὲν ἐμόν, ἀλλ' εἰμὶ αὐτῶν ἄγονος, σὲ δὲ μαιεύομαι καὶ τούτου ἕνεκα ἐπᾴδω τε καὶ παρατίθημι ἑκάστων τῶν σοφῶν ἀπογεύσασθαι, ἕως ἂν εἰς φῶς τὸ σὸν δόγμα συνεξαγάγω·[你不记得了，朋友，我既不知道，也不把这类东西中的任何当作我的，相反，我是不能够生育它们的，而是给你助产，并且为此我唱咒语，把每种智慧的东西摆在面前，供你品尝它们，直到我帮助把你的见解带到亮光中。]

87　οὐκ ἂν ἔχοιμεν ὅτι ποιοῖμέν σοι[我们真不知道我们还能为你做点什么]。动词 ἔχω 的本义是"有""拥有"，但也转义为"理解""意味着"，这里根据上下文将之译为"知道"。参见《克里同》(45b6-c1)：ὥστε, ὅπερ λέγω, μήτε ταῦτα φοβούμενος ἀποκάμῃς σαυτὸν σῶσαι, μήτε, ὃ ἔλεγες ἐν τῷ δικαστηρίῳ, δυσχερές σοι γενέσθω ὅτι οὐκ ἂν ἔχοις ἐξελθὼν ὅτι χρῷο σαυτῷ· πολλαχοῦ μὲν γὰρ καὶ ἄλλοσε ὅποι ἂν ἀφίκῃ ἀγαπήσουσί σε.[因此，正如我说的，既不要因担心这些而放弃救你自己，你在法庭上曾说的话也不应对你成为困扰，那就是：一旦流亡你就会不知道该如何对待你自己。因为事实上在许多其他地方，并且无论你可能会到别的哪儿，人们都会欢迎你。]

此外，这里动词使用复数，而不是单数，这在语法上被视为 pluralis modestiae[谦虚复数]，即背后意思虽然是单数"我"，但表达时用复数形式"我们"，以示"谦虚"或"礼貌"。参见：

《欧梯弗戎》(12e1-4)：Πειρῶ δὴ καὶ σὺ ἐμὲ οὕτω διδάξαι τὸ ποῖον μέρος τοῦ δικαίου ὅσιόν ἐστιν, ἵνα καὶ Μελήτῳ λέγωμεν μηκέθ' ἡμᾶς ἀδικεῖν μηδὲ ἀσεβείας γράφεσθαι, ὡς ἱκανῶς ἤδη παρὰ σοῦ μεμαθηκότας τά τε εὐσεβῆ καὶ ὅσια καὶ τὰ μή.[那么就请你试着这样教我，虔敬的东西是正当的东西的哪个部分，以便我们能对梅勒托斯说，别再对我们行不义，也不要起诉我们不敬神，因为我们已经从你那儿充分地学习了那些敬神的和虔敬的东西，以及那些不敬神的和不虔敬的东西。]

《斐洞》(118a7-8): Ὦ Κρίτων, ἔφη, τῷ Ἀσκληπιῷ ὀφείλομεν ἀλεκτρυόνα· ἀλλὰ ἀπόδοτε καὶ μὴ ἀμελήσητε.[克里同啊，他说，我们欠阿斯克勒庇俄斯一只公鸡，那你们得还上，可别忘记了！]

《泰阿泰德》(150b6-c3): Τῇ δέ γ' ἐμῇ τέχνῃ τῆς μαιεύσεως τὰ μὲν ἄλλα ὑπάρχει ὅσα ἐκείναις, διαφέρει δὲ τῷ τε ἄνδρας ἀλλὰ μὴ γυναῖκας μαιεύεσθαι καὶ τῷ τὰς ψυχὰς αὐτῶν τικτούσας ἐπισκοπεῖν ἀλλὰ μὴ τὰ σώματα. μέγιστον δὲ τοῦτ' ἔνι τῇ ἡμετέρᾳ τέχνῃ, βασανίζειν δυνατὸν εἶναι παντὶ τρόπῳ πότερον εἴδωλον καὶ ψεῦδος ἀποτίκτει τοῦ νέου ἡ διάνοια ἢ γόνιμόν τε καὶ ἀληθές.[但我的助产技艺在其他方面同那些产婆们的都一样，不同之处仅在于，一则为男人们而不是为女人们助产，一则检查他们那进行生产的灵魂而不是身体。而在我们的技艺中最重要的是这点，即能够用一切办法来仔细检查年轻人的思想是在生产假象和错误呢，还是在生产硕果和真实。]

88　ἡ τῆς κεφαλῆς ἀσθένεια[头的毛病]，也可以简单译为"这种头痛"。

89　ἕρμαιον[意外之财/意外之喜]，该词的词干是Ἑρμῆς[赫尔墨斯]，他是宙斯的儿子，掌管道路、财喜等；ἕρμαιον即赫尔墨斯的赏赐，喻为"意外之财""意外之喜"。参见《斐洞》(107c5-8): εἰ μὲν γὰρ ἦν ὁ θάνατος τοῦ παντὸς ἀπαλλαγή, ἕρμαιον ἂν ἦν τοῖς κακοῖς ἀποθανοῦσι τοῦ τε σώματος ἅμ' ἀπηλλάχθαι καὶ τῆς αὑτῶν κακίας μετὰ τῆς ψυχῆς.[因为，如果死亡真的就是从一切中的一种解脱，那么，对于那些邪恶的人来说它就是一笔意外之财，即当他们死后他们就同时摆脱了身体和他们自己那伴随〈其〉灵魂的邪恶。]

90　τῇ ἰδέᾳ[在外形上]。这里基于文义，不把ἰδέα译为"理念"。参见：

《斐洞》(108d9-e2): τὴν μέντοι ἰδέαν τῆς γῆς οἵαν πέπεισμαι εἶναι, καὶ τοὺς τόπους αὐτῆς οὐδέν με κωλύει λέγειν.[然而，我所信服的大地之形状是怎样，以及它的各个方位〈是怎样〉，没有什么可以阻止我来说说。]

《政治家》(291a9-b3): πολλοὶ μὲν γὰρ λέουσι τῶν ἀνδρῶν εἴξασι καὶ Κενταύροις καὶ τοιούτοισιν ἑτέροις, πάμπολλοι δὲ Σατύροις καὶ τοῖς ἀσθενέσι καὶ πολυτρόποις θηρίοις· ταχὺ δὲ μεταλλάττουσι τάς τε ἰδέας καὶ τὴν δύναμιν εἰς ἀλλήλους.[因为在这些人中，许多人同狮子、肯陶洛斯以及诸如此类的其他〈野兽〉相似，但极多的人则同萨堤洛斯和一些虚弱而诡计多端的野兽

相似；不过他们互相很快地就交换〈他们的〉外形和能力。]

91 εὖ ἴσθι [你得弄清楚]，字面意思是"请你好好地知道""请你看清"。ἴσθι 是动词 οἶδα [知道 / 看见] 的完成时命令式主动态第二人称单数。

92 πάνυ πολύ ... σωφρονέστατος [最最自制的]。πάνυ πολύ 的本义就是"非常""十分"，同最高级连用，表进一步强调；《牛津希-英词典》举了柏拉图在这里的这个表达，对 πάνυ πολύ 的解释是：very much。

93 εἰς ὅσον ἡλικίας ἥκει [就〈其〉年龄已经抵达的那个点来说]，也可以简单译为"就他的年纪而言"。εἰς ὅσον ... ἥκω 是固定表达，意思是"达到一个点""到……田地"；《牛津希-英词典》举了柏拉图在这里的这个表达，对 εἰς ὅσον ... ἥκω 的解释是：to have reached a point. 参见《苏格拉底的申辩》（25e1-2）：ἐγὼ δὲ δὴ εἰς τοσοῦτον ἀμαθίας ἥκω [而我却已经到了这般无知的田地]。

94 ῥᾳδίως ἂν ἔχειν ἐπιδεῖξαι [能够容易展示] 是一个整体。动词 ἔχω [有] 跟不定式，表"能够……""有能力……"。

95 συνελθοῦσαι εἰς ταὐτόν [通过彼此结合在一起] 是一个整体，字面意思是"向着同一个东西走到一起"。《牛津希-英词典》举了柏拉图在这里的这个表达，对它的解释是：come together, be united or banded together。

96 ἐκ τῶν εἰκότων [有可能] 是一个整体和固定表达，其单数表达是 ἐκ τοῦ εἰκότος。

97 德洛庇得斯（Δρωπίδης, Dropides）。除了这里之外，柏拉图在《蒂迈欧》中也曾提到过此人，参见《蒂迈欧》（20d7-e3）：{KP.} Ἄκουε δή, ὦ Σώκρατες, λόγου μάλα μὲν ἀτόπου, παντάπασί γε μὴν ἀληθοῦς, ὡς ὁ τῶν ἑπτὰ σοφώτατος Σόλων ποτ' ἔφη. ἦν μὲν οὖν οἰκεῖος καὶ σφόδρα φίλος ἡμῖν Δρωπίδου τοῦ προπάππου, καθάπερ λέγει πολλαχοῦ καὶ αὐτὸς ἐν τῇ ποιήσει . [克里提阿斯：那么，请你听听这个故事，苏格拉底啊，虽然它非常离奇，但完完全全是真的；因为七贤中最为智慧的梭伦曾肯定过它。梭伦，他是我们的曾祖父德洛庇得斯的亲戚和最亲密的朋友，诚如他经常并且自己在其诗文中所说的那样。]

而根据第欧根尼·拉尔修在其《名哲言行录》中（3.1.1-3）的记载，德洛庇得斯和梭伦是兄弟：Πλάτων, Ἀρίστωνος καὶ Περικτιόνης – ἢ Πωτώνης – Ἀθηναῖος, ἥτις τὸ γένος ἀνέφερεν εἰς Σόλωνα. τούτου γὰρ ἦν ἀδελφὸς Δρωπίδης, οὗ Κριτίας.[柏拉图，阿里斯通和珀里克提俄涅（或波托涅）的儿子，雅典人；珀里克提俄涅把家族回溯到梭伦。因为，梭伦的兄弟是德洛庇得斯，他是克里提阿斯的父亲。]

98 对话中出现的克里提阿斯同其祖父同名。
99 παραδέδοται ἡμῖν[在我们中流传]。παραδέδοται 是动词 παραδίδωμι 的完成时直陈式中动态第三人称单数，παραδίδωμι 的本义是"交出去""交付"，但也有"往下传""传给"等意思，其中动态分词所形成的形容词则指"传统的"；例如，ὁ παραδεδομένος τρόπος[传统方式]，οἱ παραδεδομένοι θεοί[传统的神]。
100 阿那克瑞翁（Ἀνακρέων, Anakreon），公元前6世纪的抒情诗人，比萨福晚半个世纪左右。参见《斐德若》（235c2-4）：Νῦν μὲν οὕτως οὐκ ἔχω εἰπεῖν· δῆλον δὲ ὅτι τινῶν ἀκήκοα, ἤ που Σαπφοῦς τῆς καλῆς ἢ Ἀνακρέοντος τοῦ σοφοῦ ἢ καὶ συγγραφέων τινῶν.[虽然我现在并不能够立马就说出来，但显然我已经从一些人那里听说过，或者从美丽的萨福那儿，或者从智慧的阿那克瑞翁那儿，甚或从一些散文家那里。]
101 τῇ ἄλλῃ λεγομένῃ εὐδαιμονίᾳ[在其他〈所有〉被称作幸福的东西方面]，也可以完全按字面译为"其他所谓的幸福"。
102 皮里兰珀斯（Πυριλάμπης, Pyrilampes）。柏拉图的母亲珀里克提俄涅（Περικτιόνη, Periktione）同卡尔米德斯是兄妹；当柏拉图的父亲阿里斯通（Ἀρίστων, Ariston）去世后，珀里克提俄涅（Περικτιόνη, Periktione）改嫁给了其舅舅皮里兰珀斯，因此，皮里兰珀斯也是柏拉图的继父。
103 ἐν τῇ ἠπείρῳ[在亚洲大陆]，也可以径直译为"在小亚细亚"。ἤπειρος 的本义是"大陆""陆地"，后来既指"希腊大陆"，也只"亚洲大陆"（尤其是小亚细亚）；而 δισσαὶ ἄπειροι 的意思就是"欧亚大陆"。但基于这里的文义，当指"亚洲大陆"。
104 μέγας βασιλεύς[大王]，在当时专指"波斯王"。参见：
《苏格拉底的申辩》（40d7-e2）：οἶμαι ἂν μὴ ὅτι ἰδιώτην τινά, ἀλλὰ τὸν μέγαν βασιλέα εὐαριθμήτους ἂν εὑρεῖν αὐτὸν ταύτας πρὸς τὰς ἄλλας ἡμέρας καὶ νύκτας.[我会认为，不仅一个普通人，而且〈波斯〉大王本人也会发现同其他的日日夜夜相比，这种夜晚是屈指可数的。]
《智者》（230d6-e3）：Διὰ ταῦτα δὴ πάντα ἡμῖν, ὦ Θεαίτητε, καὶ τὸν ἔλεγχον λεκτέον ὡς ἄρα μεγίστη καὶ κυριωτάτη τῶν καθάρσεών ἐστι, καὶ τὸν ἀνέλεγκτον αὖ νομιστέον, ἂν καὶ τυγχάνῃ βασιλεὺς ὁ μέγας ὤν, τὰ μέγιστα ἀκάθαρτον ὄντα, ἀπαίδευτόν τε καὶ αἰσχρὸν γεγονέναι ταῦτα ἃ καθαρώτατον καὶ κάλλιστον ἔπρεπε τὸν ὄντως ἐσόμενον εὐδαίμονα εἶναι.[正是由于所有这些，泰阿泰德啊，也必须得说反驳是各种净化中最重要的和最具决定性的，甚至复又必须得认为，那不可反驳的人，即使他恰好是〈波斯〉大王，假如他在最重要的一些事

情上是不洁净的，那他也会在下面这些事情上变成是未受过教育的和丑陋的：在那里，那将真正是幸福的人适合于是最洁净的和最美的。]

105 ἐν τῇ ἠπείρῳ[在亚洲大陆]，法国布德本希腊文认为它们是窜入，不从。

106 δοκεῖς μοι οὐδένα τῶν πρὸ σοῦ ἐν οὐδενὶ ὑποβεβηκέναι.[我认为你在任何方面都不比你的那些先人们逊色。]ὑποβεβηκέναι 是动词 ὑποβαίνω 的完成时不定式主动态，ὑποβαίνω 的本义是"走下去""往下走"，喻为"不如""输于""逊色"，并要求属格，所以这里出现的是复数属格 τῶν πρὸ σοῦ[你的那些先人们]。

107 κατὰ τὸν τοῦδε λόγον[如这里的这个人的说法那样 / 根据这里的这个人的说法]，τοῦδε[这里的这个人]，即"克里提阿斯"。

108 μακάριόν σε, ... ἡ μήτηρ ἔτικτεν[你就是有福的，……你母亲把你带到这个世界上]，有意按希腊文语序这么翻译。动词 τίκτω 的本义是"生""生育"；因此，这句话也可以整体译为：你母亲生了一个有福的你。

109 σοὶ ἤδη πάρεστιν ... σωφροσύνη[自制已经是在你身上]，也可以译为"对你而言，自制已然在场"。

110 宇珀耳玻瑞阿人（Ὑπερβορέα, Hyperborea），即希腊神话中住在极北地方的人。Ὑπερβορέα 一词由前缀 ὑπέρ[超出 / 在……之外] 和 Βορέας[玻瑞阿斯 / 北风神] 构成。据说宇珀耳玻瑞阿人享有千年的寿命，他们生活的地方有很多的黄金，太阳每年只升起一次，太阳神阿波罗也在那里过冬。

111 阿巴里斯（Ἄβαρις, Abaris）。希罗多德在其《历史》一书中曾提到过此人；参见《历史》(4. 36. 3–4)：λέγοντα ὡς τὸν ὀϊστὸν περιέφερε κατὰ πᾶσαν γῆν οὐδὲν σιτεόμενος.[据说他不吃任何东西，只随身携带一支箭走遍了整个世界。]

112 ἤδη σωφροσύνης μετέχειν[已经分得了自制]。动词 μετέχω[分得 / 有份儿] 要求属格作宾语，所以这里出现的是单数属格 σωφροσύνης[自制]。

113 τὸ αἰσχυντηλὸν αὐτοῦ τῇ ἡλικίᾳ ἔπρεψεν[他的羞涩与他的年龄正相适合]。动词 πρέπω[相适合 / 合适] 要求与格，故这里出现的是单数与格 τῇ ἡλικίᾳ[年龄]。

114 ἔπειτα καὶ οὐκ ἀγεννῶς ἀπεκρίνατο.[然后他也不卑不亢地进行了回答。] 这是意译，也可以简单译为"然后他也并不卑微地进行了回答"。ἀγεννῶς 是由形容词 ἀγεννής 派生而来的副词，ἀγεννής 的本义是"出身卑微的""低贱的""劣等的"，与 γενναῖος[出身高贵的 / 优良的] 的相对；参见《泰阿泰德》(164c4–5)：Φαινόμεθά μοι ἀλεκτρυόνος ἀγεννοῦς δίκην πρὶν νενικηκέναι ἀποπηδήσαντες ἀπὸ τοῦ λόγου ᾄδειν.[我们对我显得就像劣等的公鸡，在取胜之前就唱着歌从讨论那儿跳开。]

115 ἐν τῷ παρόντι[目前 / 眼下 / 现在]是一个整体，也写作 ἐν τῷ νῦν παρόντι；

与 ἐν τῷ ἔπειτα[将来/以后]相对。参见：

《斐洞》(67c5-d2)：Κάθαρσις δὲ εἶναι ἆρα οὐ τοῦτο συμβαίνει, ὅπερ πάλαι ἐν τῷ λόγῳ λέγεται, τὸ χωρίζειν ὅτι μάλιστα ἀπὸ τοῦ σώματος τὴν ψυχὴν καὶ ἐθίσαι αὐτὴν καθ' αὑτὴν πανταχόθεν ἐκ τοῦ σώματος συναγείρεσθαί τε καὶ ἀθροίζεσθαι, καὶ οἰκεῖν κατὰ τὸ δυνατὸν καὶ ἐν τῷ νῦν παρόντι καὶ ἐν τῷ ἔπειτα μόνην καθ' αὑτήν, ἐκλυομένην ὥσπερ [ἐκ] δεσμῶν ἐκ τοῦ σώματος;[而纯化岂不恰恰就是早已在谈话中曾说过的那种东西，那就是尽可能地使灵魂同身体相分离，并且让它习惯于独自在其自身地、全方位地从身体那儿聚合和集中起来，以及尽可能地让它仅仅在其自身地寓居于现在和将来而生活，就像从捆绑中解放出来那样从身体中解放出来。]

《斐德若》(230e2-4)：νῦν δ' οὖν ἐν τῷ παρόντι δεῦρ' ἀφικόμενος ἐγὼ μέν μοι δοκῶ κατακείσεσθαι, σὺ δ' ἐν ὁποίῳ σχήματι οἴει ῥᾷστα ἀναγνώσεσθαι, τοῦθ' ἑλόμενος ἀναγίγνωσκε.[但无论如何，既然我目前已经到了这儿，那我就决定要躺下来，至于你嘛，你认为以哪种姿势最适合进行读，那就请你那样选择来进行读。]

116 ὅτι οὐ ῥᾴδιον εἴη ἐν τῷ παρόντι οὔθ' ὁμολογεῖν οὔτε ἐξάρνῳ εἶναι τὰ ἐρωτώμενα.[目前无论是赞同还是否认这些问题，〈对他而言〉都是不容易的。]ἐξάρνῳ εἶναι[否认]是一个整体。形容词 ἔξαρνος[否认的]同 εἰμί 或 γίγνομαι 连用，等于动词 ἐξαρνέομαι[否认]。这里之所以使用与格 ἐξάρνῳ，是因为前面省略了指示代词与格 αὐτῷ[他]，也即是说，οὐ ῥᾴδιον εἴη ...[是不容易的]的完整表达当是：οὐ ῥᾴδιον εἴη αὐτῷ ...[〈对他而言〉是不容易的]。

117 形容词 ἄτοπος 由褫夺性前缀 ἀ 和名词 τόπος[位置/地方]构成，本义是"不在恰当的位置上的"，喻为"不自然的""荒谬的""奇怪的"等。

118 ἐπαχθὲς φανεῖται[将显得有些自以为是]。形容词 ἐπαχθής 的本义是"沉重的""难以忍受的"，用在言辞上，则指"令人讨厌的""自大的""自负的""自以为是的"等。参见《斐洞》(87a1-4)：ὅτι μὲν γὰρ ἦν ἡμῶν ἡ ψυχὴ καὶ πρὶν εἰς τόδε τὸ εἶδος ἐλθεῖν, οὐκ ἀνατίθεμαι μὴ οὐχὶ πάνυ χαριέντως καί, εἰ μὴ ἐπαχθές ἐστιν εἰπεῖν, πάνυ ἱκανῶς ἀποδεδεῖχθαι.[说我们的灵魂甚至在进入到这个形相之前就曾是着，对此我并不收回下面这点，即它被漂亮地说了——除了说得有些自负之外——，并且被完全充分地证明了。]

119 μοι εἰκότα φαίνῃ λέγειν[你对我显得说得合情合理]，也可以译为"你对我显得在说一些合情合理的事情"。

120 κοινῇ ἂν εἴη σκεπτέον[必须共同考察]，法国布德本希腊文作 κοινῇ ἂν εἶναι σκεπτέον，也讲得通。从文法上看，εἴη 是 εἰμί 的现在时祈愿式第三人称单数，εἶναι 是其现在时不定式。

121 τούτου γε ἕνεκα［就这件事而言］。介词 ἕνεκα 在这里的意思不是"由于……的缘故""为了"，而是"就……来说""就……而言"；《牛津希-英词典》对这种用法的解释是：as far as regards, as far as depends on。参见《斐德若》（272c4-5）：Ἕνεκα μὲν πείρας ἔχοιμ' ἄν, ἀλλ' οὔτι νῦν γ' οὕτως ἔχω.［单单就尝试而言，我能够〈说一说〉，但现在按这种方式，我肯定不能。］

122 οἷ δοκοῖ［在他看来］。这里的 οἷ 是第三人称代词的单数与格，成为前倾词时，也拼作 οἱ；等于 αὐτῷ 和 αὐτῇ，意思是"对他／她／它"或"对他自己／她自己／它自己"。参见：

《斐洞》（117e4-5）：ὁ δὲ περιελθὼν, ἐπειδὴ οἱ βαρύνεσθαι ἔφη τὰ σκέλη, κατεκλίνη ὕπτιος.［而他来回走动着，当他说两腿对他发沉时，就仰面躺下。］

《斐德若》（228a6-b1）：εὖ οἶδα ὅτι Λυσίου λόγον ἀκούων ἐκεῖνος οὐ μόνον ἅπαξ ἤκουσεν, ἀλλὰ πολλάκις ἐπαναλαμβάνων ἐκέλευέν οἱ λέγειν, ὁ δὲ ἐπείθετο προθύμως.［我很清楚，〈斐德若〉那人，当他听吕西阿斯的讲辞时，他不只是听了一遍，而是多次反反复复地要求〈吕西阿斯〉对他朗读〈它〉，而吕西阿斯则热情地服从。］

123 εἴ τι λέγουσιν［他们是否说得在理］，也可以译为"他们是否说得中肯"；字面意思是"他们是否说出了某种东西"。τι λέγειν［说得在理／说得中肯］同 οὐδὲν λέγειν［说空话／胡说］相对应。

124 γραμματιστής 既有"书记员"的意思，也指"文法教师""语法老师"；这里基于文义将之译为"书记员"。

125 κάλλιστον［最美的］，法国布德本希腊文作 κάλλιόν ἐστιν［是更美的］，从布德本。当然，按伯内特本翻译也可以。

126 ἡσυχῇ 的本义是"安静地""沉着冷静地"，基于这里的文义，将之转译为"慢慢地"；后面基于上下文，还将之译为"迟钝地"等。

127 καὶ μὲν δή 是一个整体，意思是"而事实上""其实"。参见《斐德若》（231d6-8）：καὶ μὲν δὴ εἰ μὲν ἐκ τῶν ἐρώντων τὸν βέλτιστον αἱροῖο, ἐξ ὀλίγων ἄν σοι ἡ ἔκλεξις εἴη· εἰ δ' ἐκ τῶν ἄλλων τὸν σαυτῷ ἐπιτηδειότατον, ἐκ πολλῶν.［而事实上，如果你从那些爱〈你〉的人中选择那最优秀的，那么，对你而言，选择就会是基于少数几个人〈而做出〉；而如果〈你〉从其他那些〈不爱你的〉人中〈选择〉那最为适合于你本人的，那么，〈你的选择就会是〉基于许多人〈而做出〉。］

128 希腊文方括号中的 βραδέα［缓慢的／迟钝的］，伯内特认为是窜入，法国布德本希腊文直接将之删除。

129 ἦν 是 εἰμί 的未完成过去时第三人称单数，之所以补充"向来"一词，是基于哲学上所谓的"先天完成时"（apriorisches Perfekt）考虑，如后来亚里士多德著名的表达 τὸ τί ἦν εἶναι [是它向来所是的 / 是其所是]。

130 εὐμαθία [学得轻松] 和 δυσμαθία [学得不轻松]，单就这两个词，也可以分别译为"敏于学"和"不敏于学"，或者"学得容易"和"学得不容易"。

131 希腊文方括号中的连词 καὶ，伯内特认为是窜入，而法国布德本希腊文直接删掉了它。

132 ἀναμιμνήσκεσθαι καὶ μεμνῆσθαι [回忆和记忆]。这两者是有区别的，参见《菲勒玻斯》（34b10-c2）：Καὶ μὴν καὶ ὅταν ἀπολέσασα μνήμην εἴτ' αἰσθήσεως εἴτ' αὖ μαθήματος αὖθις ταύτην ἀναπολήσῃ πάλιν αὐτὴ ἐν ἑαυτῇ, καὶ ταῦτα σύμπαντα ἀναμνήσεις οὐ μνήμας που λέγομεν. [而且，它在失去了某种记忆——无论是对某种感觉的，还是对某种学问的——之后，每当它复又独自在其自身地重新把那种记忆恢复起来时，我们也无论如何都把所有这些称作回忆，而非记忆。]

此外，柏拉图在《斐洞》（73b-74a）中比较详细地讨论了"回忆"的几种情况；后来亚里士多德在其《论记忆和回忆》（Περὶ μνήμης καὶ ἀναμνήσεως / De memoria et reminiscentia）一文中，专门讨论了两者的关系。

133 ἀγχίνοια [机灵]，单就这个词也可以译为"思想敏锐"。

134 ὡς 加形容词最高级，意思是"尽可能……"。

135 ἀλλὰ μήν 在这儿是词组，意思是"此外""再次"。

136 κινδυνεύω 本义是"冒险"，作无人称动词使用时，作为回答语意思是"有可能""也许是""或许是"。

137 αὐτὸν [它]，即 βίος [生活]。

138 γὰρ δή [显然] 是词组，《牛津希-英词典》对之的解释是：for manifestly。

139 δ' οὖν 被视为一个整体，意思是"至少""无论如何""肯定"。

140 希腊文方括号中的形容词 κόσμιος [有秩序的 / 规规矩矩的 / 举止得当的]，伯内特认为是窜入，法国布德本希腊文直接将之删除。

141 希腊文尖括号中的定冠词 τὰ，是编辑校勘者根据文义补充的，法国布德本希腊文同样如此。

142 就以上关于自制的讨论，可对观《斐洞》（68c8-12）：Οὐκοῦν καὶ ἡ σωφροσύνη, ἣν καὶ οἱ πολλοὶ ὀνομάζουσι σωφροσύνην, τὸ περὶ τὰς ἐπιθυμίας μὴ ἐπτοῆσθαι ἀλλ' ὀλιγώρως ἔχειν καὶ κοσμίως, ἆρ' οὐ τούτοις μόνοις προσήκει, τοῖς μάλιστα τοῦ σώματος ὀλιγωροῦσίν τε καὶ ἐν φιλοσοφίᾳ ζῶσιν;[那么，自制，甚至众人也将之称为自制，即对于各种欲望不感到慌乱，而是轻视地并举止得当地对待它

们，岂不也仅仅属于这样一些人，即那些最为轻视身体并在热爱智慧中生活的人？]

143 ἡ σωφροσύνη παροῦσα [在你身上的自制]，也可以译为"自制，当它在你身上"或者"自制，当它在场"。

144 πάντα ταῦτα συλλογισάμενος [合计所有这些]。συλλογισάμενος 是动词 συλλογίζομαι 的一次性过去时分词中动态阳性单数主格；συλλογίζομαι 的本义就是"总计""合计"，后来在逻辑学上专指"推论"，尤其是用三段论进行推论。

145 名词 αἰδώς 除了具有"羞耻心"的意思之外，还有"敬畏""尊敬"等意思。

146 动词 πιστεύω [信赖/相信] 要求与格作宾语，所以这里出现的是与格 Ὁμήρῳ [荷马]。

147 κεχρημένῳ 是动词 χράομαι 的完成时分词阳性与格单数，χράομαι 的本义是"缺少"，其完成时分词所形成的形容词 κεχρημένος，意思是"贫困的"；《牛津希–英词典》对它的解释是：lacking, needy。

148 见荷马《奥德修斯》(17.347)。这句话在那里的完整表达是：αἰδὼς δ' οὐκ ἀγαθὴ κεχρημένῳ ἀνδρὶ παρεῖναι. 即多了 ἀνδρί [人] 一词。在《拉刻斯》(201a7-b3) 中，也引用过这句话：εἰ δέ τις ἡμῶν καταγελάσεται, ὅτι τηλικοίδε ὄντες εἰς διδασκάλων ἀξιοῦμεν φοιτᾶν, τὸν Ὅμηρον δοκεῖ μοι χρῆναι προβάλλεσθαι, ὃς ἔφη οὐκ ἀγαθὴν εἶναι αἰδῶ κεχρημένῳ ἀνδρὶ παρεῖναι. [但如果有人嘲笑我们，〈说已经〉是如此这把年纪，我们竟然还认为值得经常前往老师们的〈家里〉，那么，在我看来就必须用援引荷马，这个人说：对于一个处在贫困中的人来说，羞耻心并不是好的。]

149 εἴπερ ἀγαθοὺς ποιεῖ οἷς ἂν παρῇ, κακοὺς δὲ μή. [如果它的确使得那些它在其身上的人变得好，而不至于变得坏的话。] 这句话似乎也可以译为：如果它的确使得那些它在其身上的人变得好，而使得那些它不在其身上的人变得坏的话。

150 αἰδὼς δὲ [μὴ] οὐδὲν μᾶλλον ἀγαθὸν ἢ καὶ κακόν. [而羞耻心则恰好不会更多地是一种好的东西，同它是一种坏的东西相比。] 希腊文方括号中的 μή，伯内特认为是窜入，而法国布德本希腊文作 δή，从伯内特本。这句话有意按字面翻译，当然可以简单转译为：而羞耻心则既会是一种好的东西，也同等地是一种坏的东西。

151 Ὦ μιαρέ [哎，你这坏蛋！] 这是一句戏谑语；形容词 μιαρός 的本义是"下流的""不干净的""丑陋的"。参见《斐德若》(236e4-5)：Βαβαῖ, ὦ μιαρέ, ὡς εὖ ἀνηῦρες τὴν ἀνάγκην ἀνδρὶ φιλολόγῳ ποιεῖν ὃ ἂν κελεύης. [哎呀，你这坏蛋！你何等好地找到了一种强迫之道，用它来迫使一个热爱言辞的人做你所吩咐的事情。]

152 τί διαφέρει[有什么不同吗],也可以转译为"那要紧吗"。

153 ᾗ 是由关系代词 ὅς, ἥ, ὅ 阴性与格派生而来副词,表地点,意思是"在那儿""在那地方";表方式,则指"如何""以何种方式""在这种意义上"。

154 Ὅτι οὐ δήπου, ἦν δ' ἐγώ, ᾗ τὰ ῥήματα ἐφθέγξατο ταύτῃ καὶ ἐνόει, λέγων σωφροσύνην εἶναι τὸ τὰ αὑτοῦ πράττειν.[因为多半是下面这样的,我说道,那就是:这些语词在何种意义上被表达出来,〈那个说话的人〉其实并没有在该意义上意识到,当他说自制就是做自己的事情时。]这句话在法国布德本希腊文中作:Ὅτι οὐ δήπου, ἦν δ' ἐγώ, ᾗ τὰ ῥήματα ἐφθέγξατο, ταύτῃ καὶ ἐνόει ὁ λέγων σωφροσύνην εἶναι τὸ τὰ αὑτοῦ πράττειν. 如果按布德本翻译,则当译为:因为多半是下面这样的,我说道,那就是:那个说自制就是做自己的事情的人,这些语词在何种意义上被表达出来,他其实并没有在该意义上意识到。

155 ἐπολυπραγμονεῖτε[你们在瞎忙活],也可以直接按词源译为"你们在做许多的事情";当然也可以转译为"你们做了他人的许多事情"。动词 πολυπραγμονέω 的字面意思是"做许多事情""忙于许多事",但经常在贬义上使用,指"瞎忙活""爱管闲事"。

156 ὑποδήματα σκυτοτομεῖν[为鞋切割皮革],有意按词源翻译。动词 σκυτοτομέω 由名词 σκῦτος[皮革]和动词 τέμνω[切开/分开]合成,本义就是"为鞋切割皮革",转义为"做鞋""做鞋匠"。

157 λήκυθον καὶ στλεγγίδα[橄榄油瓶和刮刀],有意这么翻译。之所以不简单译为"油瓶和刮刀",是基于这里的对话场景把这两个器物理解为是青年人前往摔跤场时随身携带的东西。相关内容,可参见《小希庇阿斯》(368b-c)那里的详细描述。

158 τῶν μὲν ἀλλοτρίων μὴ ἅπτεσθαι[不可以触碰那些属于其他人的事情],也可以译为"不可以致力于那些属于其他人的事情"。ἅπτεσθαι 是动词 ἅπτω 的现在时不定式中动态,ἅπτω 本义是"依附""接触""着手",转义为"致力于""从事";它要求属格作宾语,所以这里出现的是复数属格 τῶν ἀλλοτρίων[那些属于其他人的事情]。

159 σωφρόνως γε οἰκοῦσα[如果〈一个城邦〉确实治理得自制],也可以译为"如果〈一个城邦〉确实自制地得到治理";单就这句话,可以简单译为"一个确实治理得好的城邦"。οἰκοῦσα 是动词 οἰκέω[治理/管理]的现在时分词主动态阴性宾格单数,故这里省略前面出现过的 πόλις[城邦]一词。

160 ἐπεί τοι 是固定表达,意思是"真的""果真""既然"。

161 παντός μᾶλλον 是词组，意思是"必定""务必"；直译当为"比一切都更甚"。
162 φιλοτίμως πρός τε τὸν Χαρμίδην καὶ πρὸς τοὺς παρόντας ἔχων[同卡尔米德斯以及那些在场的人进行一番激烈的竞争］。φιλοτίμως 是由形容词 φιλότιμος 派生而来的副词；φιλότιμος 的本义是"爱荣誉的""爱竞争的""雄心勃勃的"，而 φιλοτίμως πρός τινα ἔχειν 是固定搭配，意思是"同某人进行激烈的竞争"，字面意思是"在某人面前是有面子的"。《牛津希-英词典》举了柏拉图在该对话中的这个表达，对这一固定搭配的解释是：to vie emulously with ...。
163 副词 τότε 和 τοτέ 的意思有区别，前者指"那时"，后者指"有时"。
164 ταύτην τὴν ἀπόκρισιν[这个主张］，基于上下文，不将之译为"这个回答""这个答案"。
165 ὑπέχειν λόγον 是词组，意思是"说明理由""说明原因"。
166 ὑπεκίνει αὐτὸν ἐκεῖνον[他温柔地敦促那个人］。ἐκεῖνον[那个人］，即"克里提阿斯"。动词 ὑποκινέω 的本义是"轻轻移动"，在这里喻为"温柔地敦促"；《牛津希-英词典》举了柏拉图在该对话中的这个表达，对它的解释是：urge gently on。αὐτὸν ἐκεῖνον[那个人］是一个整体，αὐτὸν 在这里表强调，译出语气即可，而无需译成"那个人本人"。
167 κακῶς διατιθέντι[拙劣地朗诵了］。διατιθέντι 是动词 διατίθημι 的现在时分词主动态阳性单数与格，διατίθημι 的本义是"分开放""安排""处理"，但也有"朗诵""背诵"等意思；《牛津希-英词典》举了柏拉图在这里的这个表达，对它的解释是：recite。
168 παραδέχῃ τὸν λόγον[你〈愿意〉接受〈对它的那个〉定义］。《牛津希-英词典》举了柏拉图在这里的这个表达，对它的解释是：accept the definition。当然，将之译为"你〈愿意〉接管讨论"也是讲得通的。
169 δημιουργός[匠人/工匠］，由 δῆμος[民众］和 ἔργον[劳作］构成，意思是"为众人做工的人"。
170 ποιεῖν τι[从事某件事情］，单就这一表达，也可以译为"制作某种东西"。
171 对整个这句话的翻译，做如下说明：（1）γάρ που[我想/我猜］在布德本希腊文中作 γὰρ ποῦ[究竟在哪儿］，从布德本。γάρ που 是短语，意思是"我猜想"；《牛津希-英词典》对之的解释是：for I suppose。（2）连词 εἰ［如果］，有的抄本做 ἤ[或者］，从之。（3）整个这句话布德本作问句，而不作陈述句，从布德本。（4）如果按伯内特本翻译，那么这句话就当译为："我想，他说道，我已经同意了下面这点，即那些做他人的事情的人是自制的，如果我同意过那些从事〈他人的事情的人是自制的话〉。"
172 ἔργον[劳作出来的产物］，之所以这样翻译，而不直接译为"劳作"或"工作"，是为了同其动词 ἐργάζεσθαι[劳作]相区分；而 ἐργάζεσθαι[劳作]在当时更多地指一种田间劳动。此外，希腊文方括号中的小词 δ'，伯内特认为是窜入，法国布德本希腊文直接删掉了它。参见赫西俄德《工作与时日》（311），而那里的原文是：ἔργον δ' οὐδὲν ὄνειδος[而任何的劳作都不是一种耻辱]。

173 σκυτοτομοῦντι[在为鞋切割皮革]，在这里当然可以简单译为"在制鞋"。

174 ταριχοπωλοῦντι 是动词 ταριχοπωλέω[卖咸鱼]的现在时分词主动态阳性单数与格；ταριχοπωλέω 由名词 τάριχος[咸鱼/腌肉]和动词 πωλέω[卖]合成。

175 ἐπ' οἰκήματος καθημένῳ[在妓院拉皮条]，也可以按字面意思译为"在妓院坐待〈客人〉"；之所以转译为"在妓院拉皮条"，因为 καθημένῳ 是动词 κάθημαι[坐/坐待]的完成时分词阳性单数与格；如果把 ἐπ' οἰκήματος καθημένῳ 直接译为"在妓院卖淫"，那就只能理解为在指"男妓"。名词 οἴκημα 的本义是"房屋""住舍"，但其特殊的意思则指"妓院"；《牛津希-英词典》举了柏拉图在这里的这个表达，对它的解释是：brothel。

参见雅典演说家埃斯克西涅斯（Αἰσχίνης, Aeschines）《驳提马尔科斯》（In Timarchum, 74.3-4）：Ὁρᾶτε τουτουσὶ τοὺς ἐπὶ τῶν οἰκημάτων καθημένους, τοὺς ὁμολογουμένως τὴν πρᾶξιν πράττοντας.[你们看见那些在妓院拉皮条的男人，他们承认他们在从事该行当。]

176 ποίημα[被从事出来的事情]，这里之所以这么累赘地翻译，而不简单译为"行为"，也是为了同其动词 ποιεῖν[从事]相呼应。

177 τὰ γὰρ καλῶς τε καὶ ὠφελίμως ποιούμενα[那些被美好地和有益地从事出来的事情]，单就这句话，也可以译为"那些被正确地和有益地从事出来的事情"。

178 οἰκεῖα[自家的东西]，也可以译为"本己的东西"。

179 ἀλλότρια[属于他人的事情]，也可以译为"异己的东西"。

180 μυρία τινά[差不多无数次地]是一个整体，也可以译为"近乎成千上万次地"。不定代词 τις/τι 常同形容词连用，表示不那么确定，一般表弱化，也可以表加强。

181 普洛狄科斯（Πρόδικος, Prodikos），约公元前465—前415，刻俄斯（Κέως, keos）人，第一代智者；在《苏格拉底的申辩》（19e3）、《泰阿泰德》（151b5）和《斐德若》（267b2）等对话中都曾提到过此人，此人在《普罗塔戈拉》中也曾作为参与谈话的人出场。

182 见前面 162e7 以下。

183 ἀλλὰ τί τοῦτο;[但这有什么关系呢？]是固定表达，类似的表达还有：ἀλλὰ δὴ τί τοῦτ' ἐμοί;[但这究竟和我有什么关系？]τί ἐμοὶ καὶ σοί;[我与你何干？]

184 καὶ οὐκ ἂν αἰσχυνθείην μὴ οὐχὶ ὀρθῶς φάναι εἰρηκέναι. [并且我也不会羞于承认下面这点，即那时我说得并不正确。] 这句话在法国布德本希腊文中作：καὶ οὐκ ἂν αἰσχυνθείην τότε μὴ οὐχὶ ὀρθῶς φάναι εἰρηκέναι. 即补充了 τότε [那时] 一词，从布德本。

185 σχεδόν τι 是一个整体，意思是"大致说来""差不多"；《牛津希-英词典》对它的解释是：approximately, roughly speaking.

186 καὶ συμφέρομαι τῷ ἐν Δελφοῖς ἀναθέντι τὸ τοιοῦτον γράμμα [并且我也完全同意那在德尔斐〈神庙〉题献这碑文的人]，当然也可以译为"并且我也完全同意那在德尔斐立下这碑文的人"。συμφέρομαι 在这里是动词 συμφέρω 的现在时直陈式被动态第一人称单数。συμφέρω 的本义是"收集""聚集"，但其被动态则具有"完全同意""赞同"等意思，并要求与格，所以这里出现的是单数与格 τῷ ἐν Δελφοῖς ἀναθέντι τὸ τοιοῦτον γράμμα [在德尔斐题献这碑文的人]。此外，ἀναθέντι 是动词 ἀνατίθημι 的一次性过去时分词主动态阳性与格单数，ἀνατίθημι 的本义是"放在……上""交付"，但也有"题献""立〈碑〉"等意思；《牛津希-英词典》对它的这种用法的解释是: set up as a votive gift, dedicate. 参见《斐德若》（235d8-e1）：καί σοι ἐγώ, ὥσπερ οἱ ἐννέα ἄρχοντες, ὑπισχνοῦμαι χρυσῆν εἰκόνα ἰσομέτρητον εἰς Δελφοὺς ἀναθήσειν, οὐ μόνον ἐμαυτοῦ ἀλλὰ καὶ σήν. [而我，就像那九位执政官一样，也向你承诺，将在德尔斐那里奉献一尊等量的金像，不仅有我自己的，而且也有你的。]

关于德尔斐神庙的这句碑文，可参见：

《斐德若》（229e5-230a1）：οὐ δύναμαί πω κατὰ τὸ Δελφικὸν γράμμα γνῶναι ἐμαυτόν· γελοῖον δή μοι φαίνεται τοῦτο ἔτι ἀγνοοῦντα τὰ ἀλλότρια σκοπεῖν. [按照德尔斐〈神庙〉的碑文，我尚不能够认识我自己；而这对我实实在在地显得是可笑的，只要我在那方面还有所不知就去考察那些不属于我的东西。]

《菲勒玻斯》（48c2-d3）：{ΣΩ.} Κακὸν μὴν ἄγνοια καὶ ἣν δὴ λέγομεν ἀβελτέραν ἕξιν. {ΠΡΩ.} Τί μήν; {ΣΩ.} Ἐκ δὴ τούτων ἰδὲ τὸ γελοῖον ἥντινα φύσιν ἔχει. {ΠΡΩ.} Λέγε μόνον. {ΣΩ.} Ἔστιν δὴ πονηρία μέν τις τὸ κεφάλαιον, ἕξεώς τινος ἐπίκλην λεγομένη· τῆς δ' αὖ πάσης πονηρίας ἐστὶ τοὐναντίον πάθος ἔχον ἢ τὸ λεγόμενον ὑπὸ τῶν ἐν Δελφοῖς γραμμάτων. {ΠΡΩ.} Τὸ "γνῶθι σαυτὸν" λέγεις, ὦ Σώκρατες; {ΣΩ.} Ἔγωγε. τοὐναντίον μὴν ἐκείνῳ δῆλον ὅτι τὸ μηδαμῇ γιγνώσκειν αὑτὸν λεγόμενον ὑπὸ τοῦ γράμματος ἂν εἴη. {ΠΡΩ.} Τί μήν; [苏格拉底：无知无疑就是一种恶，我们也将之称为一种愚蠢的状态。普洛塔尔科斯：为什么不呢？苏格拉底：那么基于这些，请你看看可笑的东西究竟具有何种本性。普洛塔尔科斯：你只管说！苏格拉底：那好！一方面，总的来讲，它肯定

是某种邪恶，出于某种特定的状态而获得其名字；另一方面，在所有的邪恶中，它又是这样一种情况，该情况具有同在德尔斐〈神庙〉那儿的碑文所说的东西相反的东西。普洛塔尔科斯：你是在说"认识你自己"吗，苏格拉底啊？苏格拉底：我确实是。如果真地与那相反，那么，照文字来说，显然就会是：绝不要认识自己。普洛塔尔科斯：那还用说？]

187 ἀνακεῖσθαι 是动词 ἀνάκειμαι 的现在时不定式，ἀνάκειμαι 等于前面出现的动词 ἀνατίθημι 的被动态，在这里的意思仍然是"题献""献给"；《牛津希-英词典》对它的解释是：to be laid up as a votive offering in the temple, to be dedicated。

188 τὸν ἀεὶ εἰσιόντα [每次走进〈神庙〉的人]，也可以转译为"每个走进神庙的人"。

189 τάχα ἄν [很可能] 是固定用法。τάχα 是由形容词 ταχύς 派生而来的副词，本义是"很快地""立即""马上"；但 τάχα ἄν 是词组，意思是"或许""很可能"。

190 ὃ ... παθεῖν [觉得是那样]，这是意译，字面意思是"遭遇这点"。

191 τὸ Ἐγγύη πάρα δ' ἄτη [任何的担保都离祸害不远]，也可以转译为"担保招致祸害"，这句话的字面意思是"担保在祸害的旁边"。

192 希腊文方括号中的介词 ἕνεκεν [为了]，伯内特认为是窜入，法国布德本希腊文同样如此。

193 νῦν δ' ἐθέλω τούτου σοι διδόναι λόγον. [另一方面，现在我愿意允许你对此〈再做一番〉发言。] σοι διδόναι λόγον 是一个整体，意思是"允许你发言"。διδόναι 是动词 δίδωμι [给/准许/交出] 的现在时不定式主动态，而 λόγον τινὶ δίδωμι 是固定表达，意思是"允许某人发言"；《牛津希-英词典》对这一固定表达的解释是：give one leave to speak。

194 προσφέρῃ 在这里是动词 προσφέρω 的现在时直陈式被动态第二人称单数，προσφέρω 的本义是"带去""放到……上面""送上"，但其被动态则具有"对待""和……打交道"等意思。参见《斐德若》(252d3-5)：καὶ τούτῳ τῷ τρόπῳ πρός τε τοὺς ἐρωμένους καὶ τοὺς ἄλλους ὁμιλεῖ τε καὶ προσφέρεται. [并且以这种方式来结交和对待那些被〈他所〉爱慕的人以及其他所有人。]

195 ἐπίσχες [你要忍住]，也可以译为"你要耐心等待"。

196 Ἔστιν, ἔφη, ἑαυτοῦ γε. [是这样，他说，无论如何都是关于〈一个人〉自身的知识。] 之所以这样补充翻译，因为这里和 165d7 那里的反身代词 ἑαυτοῦ 是阳性单数属格，而不是 166c3 那里阴性单数属格 ἑαυτῆς，所以不能译为"关于它自身的知识"。

197 Ἴθι οὖν 是词组，意思是"好吧！""来呀！"；而 ἴθι 是动词 εἶμι [来/去]

的现在时命令式第二人称单数。

198 τῆς λογιστικῆς τέχνης ἢ τῆς γεωμετρικῆς[在计算的技艺或者测量土地的技艺那里],当然可以简单译为"在算术和几何学那里"。

199 Καὶ μὴν αὖ ἡ στατικὴ τοῦ βαρυτέρου τε καὶ κουφοτέρου σταθμοῦ ἐστιν στατική. [还有,称重的知识复又是关乎较重的东西和较轻的东西之重量的〈知识〉。]当然,单就这句话来说,也可以译为"还有,称重的知识复又是关乎较重的和较轻的重量的〈知识〉"。这句话在法国布德本希腊文中作:Καὶ μὴν αὖ ἡ στατικὴ τοῦ βαρυτέρου τε καὶ κουφοτέρου σταθμοῦ ἐστιν. 即删除了最后一个词 στατική[称重的知识/称重的技艺],从布德本。

200 见 165e3 以下。

201 τὸ ᾧ[在那里/凭借它],法国布德本希腊文作 ὅτῳ,也成立。

202 καὶ ταῦτά σε πολλοῦ δεῖ λεληθέναι[并且你也远非已经忘记了这些]。πολλοῦ δεῖν 是一固定表达,意味着"远不……",其字面意思是"缺少许多""需要许多",跟不定式,所以这里后面出现的是动词完成时不定式 λεληθέναι[已经忘记了]。

203 参见前面 165b-c。

204 οἷον …ποιεῖς[你在做什么事啊],也可以转译为"你把我当成什么了"。类似的表达参见《欧悌弗戎》(15e5-6):Οἷα ποιεῖς, ὦ ἑταῖρε. ἀπ' ἐλπίδος με καταβαλὼν μεγάλης ἀπέρχῃ ἣν εἶχον.[朋友,你在做些什么啊。一旦你走了,你就粉碎了我满怀的巨大希望。]

205 ὅτι μάλιστα 是词组,等于 ὡς μάλιστα,意思是"尽可能地"。

206 γίγνεσθαι καταφανὲς ἕκαστον τῶν ὄντων ὅπῃ ἔχει[诸是着的东西中的每一个都在其所是的那个样子上变得一清二楚],也可以简单译为"诸是者中的每一个都如其本然的那样变得一清二楚"。

207 ἔα χαίρειν 是词组。ἔα 在这里是动词 ἐάω 的现在时命令式主动态第二人称单数。ἐάω 的本义是"允许""让""听任",而动词 χαίρω 的本义是"喜悦""满意";由这两个词所构成的词组 ἐᾶν χαίρειν 的意思是"由它去",而 ἐᾶν χαίρειν τινά / τι 的意思是"不把某人或某事放在心上"。

208 ἀνεπιστημοσύνης ἐπιστήμη[一种关于无知识的知识],也可以译为"一种关于欠缺知识的知识"。

209 对观《斐洞》(97d1-5):ἐκ δὲ δὴ τοῦ λόγου τούτου οὐδὲν ἄλλο σκοπεῖν προσήκειν ἀνθρώπῳ καὶ περὶ αὐτοῦ ἐκείνου καὶ περὶ τῶν ἄλλων ἀλλ' ἢ τὸ ἄριστον καὶ τὸ βέλτιστον. ἀναγκαῖον δὲ εἶναι τὸν αὐτὸν τοῦτον καὶ τὸ χεῖρον εἰδέναι· τὴν αὐτὴν γὰρ εἶναι ἐπιστήμην περὶ αὐτῶν.[基于这种道理,一个人应当考察的——无论

是关于他自己，还是关于其他东西——，无非是那最善的东西和最好的东西。而这同一个人也必然知道那较坏的东西，因为关于这两者的知识是同一种〈知识〉。］

210　τὸ τρίτον τῷ σωτῆρι［把第三〈杯酒〉献给拯救者〈宙斯〉］，这是当时的谚语。根据当时的习俗，在奠酒时，把第三杯献给"拯救者宙斯"（Ζεὺς Σωτήρ）；τὸ τρίτον［第三］喻为"幸运的时刻"，《牛津希-英词典》举了柏拉图在这里的这个表达，对它的解释是：the lucky time。

　　参见《菲勒玻斯》（66d4-5）：Ἴθι δή, τὸ τρίτον τῷ σωτῆρι τὸν αὐτὸν διαμαρτυράμενοι λόγον ἐπεξέλθωμεν.［那就来吧！让我们把第三〈杯酒〉献给拯救者〈宙斯〉，通过请他作见证来彻底走完这同一种说法。］

211　τὸ ἃ οἶδεν καὶ ἃ μὴ οἶδεν εἰδέναι〈ὅτι οἶδε καὶ〉ὅτι οὐκ οἶδεν.［就他所知道的以及他所不知道的，〈他〉知道他知道和不知道。］希腊文尖括号中的 ὅτι οἶδε καὶ，是编辑校勘者根据文义补充的，这句话在法国布德本希腊文中作：τὸ ἃ οἶδεν καὶ ἃ μὴ οἶδεν εἰδέναι ὅτι〈οἶδε καὶ ὅτι〉οὐκ οἶδεν。

212　ἄλλο τι 是一个整体，即 ἄλλο τι ἤ，引导疑问句，相当于拉丁文的 numquid alius quam 或 nonne［是不是 / 对不对］；如果在肯定句中则表"无疑"。

213　φέρω 本是动词，表"携带""带到"等。用命令式时，可当副词用，意味"来吧""来呀"。φέρε δή 是一个整体，等于 ἄγε δή，直接的意思是"你这就来吧"。

214　希腊文方括号中的语气小词 ἄν，伯内特认为是窜入，法国布德本希腊文直接将之删掉。

215　当 μή 位于具有否定意义的词后面时，起加强语气的作用，不表否定，翻译时不译出。

216　希腊文方括号中的语气小词 ἄν，是编辑校勘者根据文义补充的，法国布德本希腊文同样如此。

217　κατὰ πάντων［就每一种情形］，也可以译为"在所有事情那儿"。

218　希腊文方括号中的 πλὴν ἐπιστήμης［除了知识］，伯内特认为是窜入，法国布德本希腊文同样如此。

219　希腊文方括号中的 ἀποδεῖξαί σε［对你指出］，伯内特认为是窜入，法国布德本希腊文同样如此。

220　πρὸς τῷ δυνατῷ［除了可能之外］。介词 πρός 跟与格，表"在……之外""此外还有……"。

221　ἀλλ' ἐγὼ κινδυνεύω ἀεὶ ὅμοιος εἶναι .［只不过我仍可能处于这样一种危险中，即依然如〈过往的我〉一样〈感到困惑〉。］也可以简单译为：只不过我仍可能依然如〈过往的我〉一样〈感到困惑〉。

222 οὐ γὰρ αὖ μανθάνω ὡς ἔστιν τὸ αὐτό, ἃ οἶδεν εἰδέναι καὶ ἅ τις μὴ οἶδεν εἰδέναι.[因为我还是不明白，为何〈对一个人来说〉知道他知道什么和知道他不知道什么，〈这与前者〉是同一回事。]法国布德本希腊文认为 ἃ οἶδεν εἰδέναι καὶ ἅ τις μὴ οἶδεν εἰδέναι.[知道他知道什么和知道他不知道什么]是窜入，如果按布德本翻译，那么整个这句话就当译为：因为我还是不明白，为何它们是同一回事。

223 τούτων，字面意思是"这些中"，基于文义译为"两者中"。

224 Ταὐτὸν οὖν ἐστιν ἐπιστήμη τε καὶ ἀνεπιστημοσύνη ὑγιεινοῦ, καὶ ἐπιστήμη τε καὶ ἀνεπιστημοσύνη δικαίου;[那么，它同关于健康的东西的知识以及无知识，以及关于正义的东西的知识和无知识，是同一回事吗？]这句话在法国布德本希腊文中作：Ταὐτὸν οὖν ἐστιν ἐπιστήμη τε καὶ ἀνεπιστημοσύνη ὑγιεινοῦ, καὶ ἐπιστήμη τε καὶ ἀνεπιστημοσύνη δικαίου；即与格 ἐπιστήμη τε καὶ ἀνεπιστημοσύνη 作主格 ἐπιστήμη τε καὶ ἀνεπιστημοσύνη；不从。如果按布德本翻译，则当译为：那么，关于健康的东西的知识以及无知识，同关于正义的东西的知识和无知识，是同一回事吗？

225 Ὅτι δὲ γιγνώσκει，法国布德本希腊文作 Ὅ τι δὲ γιγνώσκει，从之。

226 ὡς ἀληθῶς 是固定表达，意思是"的的确确""真正地"。

227 τὸν ὡς ἀληθῶς ἰατρὸν ... καὶ τὸν μή[真正的医生和假装的医生]，这是意译，字面意思是"真正是一个医生的人和不〈真正是一个医生〉的人"。

228 ὁ ἰατρικός[精通医术的人]，当然可以简单译为"医生"。

229 πεῖραν λαβεῖν 是词组，意思是"尝试……""证明……"；《牛津希-英词典》对之的解释是：to make trial of ..., to make proof of ...。

230 Ἢ οὖν ἄνευ ἰατρικῆς δύναιτ' ἄν τις τούτων ποτέροις ἐπακολουθῆσαι;[那么，一个没有医术的人，就这〈两种行事方法〉，他能够追随其中的某一个吗？]ποτέροις 在这里是 πότερος 的中性与格复数，之所以用与格，是动词 ἐπακολουθῆσαι[追随/跟随]要求的。πότερος 常作疑问词，意思是"两者中的哪一个"，但有时也作"不定代词"，意思是"两者中的某个"。参见《泰阿泰德》(145b1-4)：Τί δ' εἰ ποτέρου τὴν ψυχὴν ἐπαινοῖ πρὸς ἀρετήν τε καὶ σοφίαν; ἆρ' οὐκ ἄξιον τῷ μὲν ἀκούσαντι προθυμεῖσθαι ἀνασκέψασθαι τὸν ἐπαινεθέντα, τῷ δὲ προθύμως ἑαυτὸν ἐπιδεικνύναι;[但是，如果他就德性和智慧而赞美我们两人中的一个的灵魂呢？下面这样岂不才是恰当的，那就是：对于听到的这位来说，要一心去仔细检查被赞美的那位，就被赞美的那位而言，则要急切地展示他自己？]

231 παντὸς μᾶλλον 是固定搭配，其字面意思是"比一切都更"，转义为"必定""务必""最确切地"。《牛津希-英词典》对之的解释是：most assuredly。
232 无论是从文法，还是从文义来看，αὑτοῦ 在这里都当理解为阳性单数属格，而不是中性单数属格，字面意思是"他的"，即"自制者"（ὁ σώφρων）的。
233 见 167a 以下。
234 τὰ μὲν ὅτι οἶδεν, τὰ δ᾽ ὅτι οὐκ οἶδεν.［也即是说，一方面，他所知道的，〈他知道〉他知道；另一方面，他所不知道的，〈他知道〉他不知道。］这是意译，字面意思是"前者，他知道；后者，他不知道"或者"一些，他知道；而另一些，他不知道"。
235 ἄλλον ταὐτὸν τοῦτο πεπονθότα［其他任何已经遭受了这同样事情的人］，也可以转译为"其他任何已经有着这同样经验的人"。
236 τὸν βίον διαζάω 是词组，意思是"度过一生"。
237 希腊文方括号中的连词 καί，伯内特认为是窜入，法国布德本希腊文直接将之删除。
238 ἐπίστασθαι ἐπιστήμην δυνατὸν εἶναι［对知识的知识是可能的］。希腊文方括号中的动词 εἰδέναι［知道］，伯内特认为是窜入，法国布德本希腊文直接删除了它。有意这么翻译，甚至可以译为"知识知识是可能的"，只不过前一个"知识"是动词，"后一个知识"是名词。
239 ἡγουμένη διοικήσεως καὶ οἰκίας καὶ πόλεως［因为它统治着对家庭以及城邦的一种管理］。ἡγουμένη 是动词 ἡγέομαι 的现在时分词阴性主格单数；ἡγέομαι 除了具有"引领""认为""相信"等意思之外，也有"统治"的意思，并要求属格作宾语，所以这里出现的是单数属格 διοικήσεως καὶ οἰκίας καὶ πόλεως［对家庭以及城邦的一种管理］。
240 ῥᾳδίως 是由形容词 ῥᾴδιος［容易的］派生而来的副词，在贬义的意义上指"轻率地""鲁莽地"。
241 这是当时的一种起誓方式；苏格拉底不止一次用埃及的"神狗"起誓，参见：
《苏格拉底的申辩》(22a1)：καὶ νὴ τὸν κύνα, ὦ ἄνδρες Ἀθηναῖοι ,［以狗起誓，诸位雅典人啊。］
《斐洞》(98e5-99a4)：ἐπεὶ νὴ τὸν κύνα, ὡς ἐγῷμαι, πάλαι ἂν ταῦτα τὰ νεῦρα καὶ τὰ ὀστᾶ ἢ περὶ Μέγαρα ἢ Βοιωτοὺς ἦν, ὑπὸ δόξης φερόμενα τοῦ βελτίστου, εἰ μὴ δικαιότερον ᾤμην καὶ κάλλιον εἶναι πρὸ τοῦ φεύγειν τε καὶ ἀποδιδράσκειν ὑπέχειν τῇ πόλει δίκην ἥντιν᾽ ἂν τάττῃ.［因为，以狗起誓，如所我认为的那样，这些筋腱和骨头或许早就到了墨伽拉或者是在玻俄提阿人那儿了——被〈他那〉关于最好的东西的意见搬运〈过去〉——，假如我不认为下面

这样才是更正当的和更美好的话，那就是：绝不躲避和出逃，而是承受城邦所给出的任何惩罚。]

《高尔吉亚》(482b5)：μὰ τὸν κύνα τὸν Αἰγυπτίων θεόν [以狗，埃及人的神发誓]。此外，按照喜剧家阿里斯托芬的说法，在古代人们经常用鸟来起誓，参见阿里斯托芬《鸟》(520)：Ὄμνυμ τ᾽ οὐδεὶς τότ᾽ ⟨ἂν⟩ ἀνθρώπων θεόν, ἀλλ᾽ ὀρνίθας ἅπαντες. [从前无人用某个神起誓，相反，所有人用各种鸟来起誓。] 一些学者认为，这可能是受到俄耳甫斯宗教的影响。

《斐德若》(228b2-5)：καὶ τοῦτο δρῶν ἐξ ἑωθινοῦ καθήμενος ἀπειπὼν εἰς περίπατον ᾔει, ὥς μὲν ἐγὼ οἶμαι, νὴ τὸν κύνα, ἐξεπιστάμενος τὸν λόγον, εἰ μὴ πάνυ τι ἦν μακρός. [并且在这样做时，他由于从清晨就坐在那里而感到疲倦，于是出去散散步，而且如我相信的那样——以狗起誓——，他也已经把该讲辞烂熟于心，除非它确实是有点太长了。]

242 κἀνταῦθα ... ἀποβλέψας [也就因为我注意到了这点]。κἀνταῦθα 即 καὶ ἐνταῦθα，ἀποβλέψας 是动词 ἀποβλέπω [看/注视/注意] 的一次性过去时分词主动态阳性主格单数；而 ἐνταῦθα ἀποβλέπω 即 πρὸς τοῦτο ἀποβλέπω，故译为"注意到这点"

243 见前面 172c6 以下。

244 据说梦从两个门出来，从犄角门出来的梦是真的，而从象牙门出来的梦是假的。参见荷马《奥德修斯》(19. 562-563)：δοιαὶ γάρ τε πύλαι ἀμενηνῶν εἰσὶν ὀνείρων· αἱ μὲν γὰρ κεράεσσι τετεύχαται, αἱ δ᾽ ἐλέφαντι. [有着两座朦胧的梦之门：一座由犄角做成，一座由象牙做成。]

245 ἐκ δὴ τούτων οὕτως ἐχόντων [而基于这些，如果它们真是这样的话]，也可以整体地译为"而基于是这个样子的这些情况"。

246 ὑγιέσιν τε τὰ σώματα εἶναι μᾶλλον ἢ νῦν [就身体来说，我们是比现在更加健康的]，ὑγιέσιν 在这里是形容词 ὑγιής [健康的] 的阳性复数与格，之所以如此，是修饰和限定前面出现的人称代词与格复数 ἡμῖν [我们]。

247 αὐτῆς ἐπιστατοῦσαν [通过看护它]。ἐπιστατοῦσαν 是动词 ἐπιστατέω [看护/监管/主管] 现在时分词主动态阴性宾格单数，修饰和限定前面的 τὴν σωφροσύνην [自制]；ἐπιστατέω 要求属格，所以后面出现的是单数属格 αὐτῆς [它]，即"预言术"。

248 ἐμμένομεν τῷ λόγῳ [坚持这个说法]，动词 ἐμμένω [坚持/遵守/继续停留] 要求与格，所以这里出现的是单数与格 τῷ λόγῳ [这个说法]。

249 καὶ μηδὲν ἀγνοοῖ [也即是说他无所不知]，基于文义，这里的 καὶ 不作并列连词，而是对前面那些话的进一步说明，故不译为"和""并且"，而译为

"也即是说""即"。
250 τὸ εὖ γε τούτων ἕκαστα γίγνεσθαι καὶ ὠφελίμως ἀπολελοιπὸς ἡμᾶς ἔσται.［这些事情中的每样都变得好和有益，就将与我们失之交臂了。］也可以译为：这些事情中的每样都变得好和有益，我们将失去这点。ἀπολελοιπὸς ... ἔσται 是一个整体，ἀπολελοιπός 动词 ἀπολείπω［留下 / 失去］的完成时分词主动态中性主格单数，而 εἰμί 的各种形式与动词的完成时分词连用，构成一种委婉或迂回的表达。
251 希腊文方括号中的 ἡ ὠφελίμη［有益的〈知识〉］，伯内特认为是窜入，而法国布德本希腊文直接将之删除。
252 见前面 172c4 以下。
253 ὁ νομοθέτης［立法者］，在这里也可以转译为"命名者"。
254 οὐδενὸς ὅτου οὐχὶ ἀλογώτερον τοῦτ' ἂν φανείη［这会显得比任何事情都要更没有道理］，也可以简单译为"这会显得比任何事情都要更为荒谬"，或转译为"没有什么会比这显得更为荒谬"。
255 ἀλλ' ὅμως οὕτως ἡμῶν εὐηθικῶν υχοῦσα ἡ ζήτησις καὶ οὐ σκληρῶν.［然而，虽然这场探究遇上了如此心地单纯且不顽固的我们。］有意按字面意思翻译，这是一种拟人表达。
256 οὐδέν τι μᾶλλον 是固定搭配，意思是"一点也不""丝毫不""根本不"。参见《斐德若》（260d6-8）：τόδε δ' οὖν μέγα λέγω, ὡς ἄνευ ἐμοῦ τῷ τὰ ὄντα εἰδότι οὐδέν τι μᾶλλον ἔσται πείθειν τέχνη.［而我这样夸下海口，那就是，如果没有我〈修辞术〉，即使一个人知道诸是者，他依然将丝毫不能凭借技艺来进行劝说。］
257 ἀλλὰ τοσοῦτον κατεγέλασεν αὐτῆς［反而如此多地嘲笑它］，动词 καταγελάω［嘲笑 / 讥讽］，一般要求属格作宾语，所以这里后面出现的是单数属格 αὐτῆς［它］。
258 τὸ ἐμόν［就我的情况来说］，也可以译为"就我这一方来说""就涉及我的事情来说"。τὸ ἐμόν 是固定表达，也使用复数 τὰ ἐμά；《牛津希-英词典》对之的解释是：my part, my affairs, as far as concerns me。参见《智者》（237b4-6）：Τὸ μὲν ἐμὸν ὅπῃ βούλει τίθεσο, τὸν δὲ λόγον ᾗ βέλτιστα διέξεισι σκοπῶν αὐτός τε ἴθι κἀμὲ κατὰ ταύτην τὴν ὁδὸν ἄγε.［就涉及我的事情来说，你愿意怎样，也就请就怎样对待；但就言说来说，它最好向着那儿行进，请你仔细看看后自己再上路，并且请你沿着该道路引领我。］
259 希腊文方括号中的小词 οὖν，伯内特认为是窜入，法国布德本希腊文直接删除了它。

260 ὅσαι ἡμέραι[天天]是短语，也可以转译为"一直不断地"。
261 μήτε μέγα μήτε σμικρόν[无论是就大事还是小事]，也可以转译为"在任何情形下"。
262 之所以这么补充翻译，因为这里省略了动词命令式 διανοοῦ[请你留意/请你看清楚]。
263 ἀλλὰ μήν 是词组，相当于拉丁文的 verum enimvero[真的]。μήν 作为小品词，起加强语气的作用，意思是"真的""无疑"，它可以同其他小词一起构成各种固定表达；例如，ἦ μήν[实实在在]，καὶ μήν[确实]，τὶ μήν[当然]。
264 ἀλλὰ βεβουλεύμεθα[而是已经考虑过了]，也可以译为"而是已经考虑完了"。βεβουλεύμεθα 在这里是动词 βουλεύω[考虑/商量/决议]的完成时被动态第一人称复数，意味着一种结束。对观《克里同》(46a4-5)：ἀλλὰ βουλεύου — μᾶλλον δὲ οὐδὲ βουλεύεσθαι ἔτι ὥρα ἀλλὰ βεβουλεῦσθαι —.[那么请你还是考虑一下吧——其实不再是考虑的时候，而是应已经考虑过了——。]
265 这句话暗含着对卡尔米德斯的俊美的赞美或恭维。

术语索引

缩略语
［拉］拉丁文　［德］德文　［英］英文
adv.—副词　comp.—比较级　sup.—最高级

ἀγαθός (comp. βελτίων, ἀμείνων; sup. βέλτιστος, ἄριστος) 善的，好的，优秀的
　［拉］bonus
　［德］gut
　［英］good
　154e4, 156b5, 156e7, 157d1, 157e4, 158e5, 158e6, 160e9, 160e11, 160e13, 161a4, 161a6, 161a8, 161a11, 161b1, 162d7, 163d2, 163d3, 163e1, 163e4, 163e5, 163e8, 163e9, 163e10, 166d5, 167e4, 168d9, 169b4, 172a4, 172b1, 172d2, 172d3, 172d7, 173a1, 174b10, 174c3, 174d5, 174e2, 175e7

ἄγαλμα 雕像，画像
　［拉］imago, simulacrum
　［德］Bildsäule
　［英］statue, image
　154c8

ἄγαν 非常，十分，太
　［拉］nimis
　［德］sehr, zu sehr
　［英］very much, too much
　165a3

ἀγανακτέω 气愤，恼怒
　［拉］doloris sensu afficior
　［德］verdrießen, ärgerlich sein
　［英］feel a violent irritation, to be angry at
　175d5, 175d6, 175e3

ἀγγέλλω 送信，传递消息，宣告
　［拉］nuncio
　［德］Botschaft sagen, berichten
　［英］bear a message, announce
　153b9

ἀγεννής (adv. ἀγεννῶς) 微不足道的，卑微的
　［拉］ignobilis
　［德］gemein, unedel
　［英］ignoble

158c7
ἀγνοέω 不知道
　　［拉］ignoro
　　［德］nicht wissen, verkennen
　　［英］to be ignorant of, fail to understand
　　162e1, 164a3, 164c6, 164d2, 170c9, 174a6
ἀγνώς 不为人知道的，默默无闻的
　　［拉］ignotus
　　［德］unbekannt
　　［英］unknown
　　153a6
ἀγχίνοια 思想敏锐，机灵
　　［拉］sagacitas
　　［德］Scharfsinn
　　［英］ready wit, sagacity, shrewdness
　　160a1
ἄγω 引领，带走
　　［拉］duco
　　［德］führen, bringen
　　［英］lead, carry, bring
　　153c6
ἀγωνιάω 渴望比赛
　　［拉］trepido, aestuo
　　［德］wetteifern
　　［英］contend eagerly
　　162c1
ἄδην 足够地，充足地
　　［拉］satis
　　［德］genug, reichlich
　　［英］enough
　　153d2
ἀδικέω 行不义，犯错误

　　［拉］injuste seu inique ago
　　［德］Unrecht tun, verletzen
　　［英］do wrong, harm, injure
　　156a6
ἀδύνατος 不可能的，无能力的
　　［拉］impotens, inops
　　［德］unmöglich, unvermögend
　　［英］impossible, unable
　　156e5, 167c6, 168e4, 168e6, 169c8, 175c4, 176a3
αἰδώς 敬畏，敬意，羞耻
　　［拉］reverentia, pudor
　　［德］Ehrfurcht, Achtung, Scham
　　［英］reverence, awe, shame
　　160e4, 161a4, 161a6, 161a11, 161b1
αἴνιγμα 谜语，隐语
　　［拉］aenigma
　　［德］Rätsel
　　［英］dark saying, riddle
　　161c9, 162b4
αἰνιγματώδης 谜语似的
　　［拉］aenigmaticus
　　［德］rätselhaft
　　［英］riddling, dark
　　164e6
αἰνίσσομαι 暗示，说谜语，说隐语
　　［拉］obscure significo
　　［德］andeuten, dunkel reden
　　［英］hint, intimate, to speak riddling
　　162a10
αἱρέω 拿，抓，捕获，判罪，选举
　　［拉］capio, convinco, eligo
　　［德］nehmen, fangen, zu Fall bringen, wählen

[英] grasp, seize, convict, elect
155d7

αἰσθάνομαι 感觉到，注意到
 [拉] sentio
 [德] mit den Sinnen wahrnehmen, merken
 [英] perceive, apprehend by the senses
 156c5, 167d9

αἴσθησις 感觉，感知
 [拉] sensus
 [德] Empfindung
 [英] sensation
 159a2, 167d7, 167d8, 167d9

αἰσχρός (comp. αἰσχίων) 丑陋的，可耻的
 [拉] turpis
 [德] häßlich, schändlich
 [英] ugly, shameful, base
 155a5, 159d2

αἰσχυντηλός 害羞的
 [拉] pudicus
 [德] verschämt
 [英] bashful, modest
 158c6, 160e4

αἰσχύνω 羞愧，感到羞耻
 [拉] pudefacio
 [德] beschämen, sich schämen
 [英] to be ashamed, feel shame
 160e3, 164d1, 169c7

αἰτιάομαι 指责，责怪，归咎
 [拉] culpo
 [德] beschuldigen
 [英] accuse, censure
 175a10

αἴτιος 有责任的
 [拉] in quo caussa rei est
 [德] verantwortlich
 [英] responsible
 156e3

ἀκοή 聆听，传闻，听觉
 [拉] auditus
 [德] das Hören, Gerücht
 [英] hearing, hearsay
 167d4, 167d5, 168d3, 168d4, 168e9

ἀκολουθέω 追随，跟着走，听某人引导，服从
 [拉] sequor
 [德] folgen
 [英] follow, go after
 176b9

ἀκόλουθος 跟随的，一致的
 [拉] pedissequus, conveniens
 [德] begleitend, entsprechend
 [英] following, conforming
 155b1

ἀκούω 听
 [拉] audio
 [德] hören
 [英] hear
 156b5, 156d1, 157c7, 161b5, 161b8, 161c4, 162b1, 162c5, 163d4, 167d4, 167d5, 168d6, 168d7, 169c3, 173a8

ἀκριβόω 弄清楚，使准确
 [拉] probe calleo
 [德] genau machen
 [英] make exact or accurate
 156a5

ἀλαζών 吹牛者，自夸的人，骗子
 [拉] ostentator, arrogans

［德］Prahler, Aufschneider, Lügner

［英］braggart, boaster

173c5

ἀλγέω 感到痛苦，感到悲伤

［拉］doleo

［德］Schmerz empfinden, leiden

［英］feel pain, grieve

156b6

ἀλήθεια 真，真相，真理

［拉］veritas

［德］Wahrheit

［英］truth

175d2

ἀληθής (adv. ἀληθῶς) 真的

［拉］verus, rectus

［德］wahr, wirklich, echt

［英］true, real

153c2, 161c6, 162c4, 162e4, 164a1, 166a3, 168c8, 170e2, 170e4, 171a2, 171b8, 172e3, 172e6, 173c6, 174d2

ἀληθινός 真实的，真正的

［拉］verus, verax

［德］wahrhaft, wirklich

［英］true, genuine

173c2

ἁλίσκομαι 被捉住，被查获，被判罪

［拉］prehendor, occupor

［德］gefangen werden, ertappt werden

［英］to be caught, seized

155e2, 169c6

ἄλλοθεν 从别处，从其他地方

［拉］aliunde

［德］anderswoher

［英］from another place

153b2

ἄλλοθι 在别处

［拉］alibi, alio loco

［德］anderswo

［英］elsewhere, in another place

160a5, 160c7

ἄλλομαι 跳，跃

［拉］salio

［德］springen, hüpfen

［英］spring, leap

159c13

ἄλλοσε 到别处，到其他地方

［拉］alio, aliorsum

［德］anderswohin

［英］to another place

154c7

ἀλλότριος 属于别人的，别人的，外方人的

［拉］extraneus

［德］fremd, ausländisch

［英］foreign, strange

162a1, 163c6

ἄλογος 没有道理的，荒谬的

［拉］a ratione alienus, absurdus

［德］unvernünftig, grundlos

［英］not according to reason, irrational

175c7

ἁμάρτημα (ἁμαρτία) 过错，错误

［拉］peccatum, erratum

［德］Fehler, Vergehen

［英］failure, fault

157b5, 171e7

ἄμαχος 无人敢打的，不可征服的，难

以匹敌的
[拉]inexpungnabilis
[德]ohne Anteil am Kampf, unwiderstehlich
[英]unconquerable, with whom no one fights
154d7

ἀμελέω 不关心，轻视
[拉]non curo, neglego
[德]vernachlässigen
[英]have no care for, be neglectful of
156e4

ἀμήχανος (adv. ἀμηχάνως) 不同寻常的，极大的；没办法的，无依靠的，无能为力的
[拉]immensus, artificio carens ad rem aliquam efficiendam
[德]unbeschreiblich, unwiderstehlich, ratlos, unfähig
[英]extraordinary, enormous, without means, helpless
155d1

ἀμπεχόνη 衣服
[拉]vestitus, pallium
[德]Kleidung
[英]clothing
173b7

ἀμφιέννυμι 穿衣服
[拉]induo, amicio
[德]anziehen, bekleiden
[英]put on oneself, dress oneself in
174c6

ἀμφισβητέω 持异议，争论
[拉]controversor, discepto
[德]nicht übereinstimmen, widersprechen
[英]disagree with, stand apart
169e6

ἀμφότερος (adv. ἀμφοτέρως) 双方的，两边的
[拉]ambo, uterque
[德]beidseitig, beide
[英]both together, both of two
153d5

ἀναγιγνώσκω 确知，阅读，重识，识别
[拉]accurate cognosco, lego, recognosco
[德]genau erkennen, verlesen, wieder erkennen
[英]know well, read, know again, recognize
159c6, 161d4, 161d7, 161e4

ἀναγκάζω (διά-ἀναγκάζω) 逼迫，迫使
[拉]cogo, compello
[德]nötigen, zwingen
[英]force, compel
157c9, 158e1, 169c6

ἀναγκαῖος (adv. ἀναγκαίως) 必然的
[拉]necessarius
[德]notwendig
[英]necessary
156b8, 164c8, 171a11, 172a2, 173a4

ἀνάγκη 必然（性），强迫
[拉]necessitas
[德]Notwendigkeit
[英]necessity
157c2, 159a1, 164b7, 168b9, 168c3, 168d8, 168d10, 169e8, 171b10

ἀνάγω 抬，领
　　[拉] tollo, educo
　　[德] hinauftragen, hinaufbringen, hochheben
　　[英] lead up, conduct
　　155d1
ἀναζωπυρέω 重新点燃
　　[拉] ignis instar suscito
　　[德] wieder auffrischen, neu beleben
　　[英] rekindle, light up again
　　156d2
ἀναθαρσέω (ἀναθαρρέω) 恢复勇气，重获信心
　　[拉] animum recipio
　　[德] wieder Mut fassen
　　[英] regain courage
　　156d1
ἀνάκειμαι 献上，树立
　　[拉] suspensus, consecratus sum
　　[德] aufgestellt, gewidmet sein
　　[英] to be set up, to be dedicated
　　164d6
ἀνάκρισις 检查，询问
　　[拉] quaestio, perscrutatio
　　[德] Befragung, Voruntersuchung
　　[英] inquiry, examination
　　176c7
ἀναμάρτητος 未失误的，未犯错的
　　[拉] peccati expers, sine peccato
　　[德] fehlerlos, schuldlos
　　[英] making no mistake, unerring
　　171d6
ἀναμιμνήσκω 记起，忆及，提醒
　　[拉] recordor

　　[德] erinnern, denken an
　　[英] remember, recall to mind
　　159e9, 161b5
ἀναπηδάω 跃起，跳起
　　[拉] exsilio, prorumpo
　　[德] emporspringen
　　[英] leap up, start up
　　153b2
ἀνατίθημι 加在……身上，归咎于；收回，改变
　　[拉] sursumpono, retraho
　　[德] aufstellen, zurücknehmen
　　[英] lay upon, impart, retract
　　164c8, 164d5, 164e4, 164e5, 165a3, 165a7
ἀνδρεῖος (adv. ἀνδρείως) 勇敢的
　　[拉] fortis
　　[德] tapfer
　　[英] manly, courageous
　　160e1
ἀνδρικός (adv. ἀνδρικῶς) 勇敢的，有男子气概的
　　[拉] virilis
　　[德] mannhaft
　　[英] masculine, manly
　　160e2
ἀνεπιστημοσύνη 欠缺知识，无知
　　[拉] inscitia
　　[德] Unkenntnis
　　[英] want of knowledge, ignorance
　　166e7, 167c2, 169b7, 170a10, 170b1, 171c5, 172b3, 173d3, 174d5, 174e6
ἀνέρομαι 询问，问
　　[拉] interrogo, quaero

[德] fragen
[英] enquire of, question
153d1

ἀνερυθριάω 脸红
[拉] erubesco
[德] anfangen zu erröten
[英] begin to blush, blush up
158c5

ἀνερωτάω (ἀνερωτητέον) 问，询问
[拉] interrogo, saepe rogo
[德] befragen, fragen
[英] question, inquire into
153d3

ἀνευρίσκω (ἀνευρετέον) 发现，找到
[拉] invenio
[德] auffinden
[英] find out, discover
160a10

ἀνέχω 忍受，容许
[拉] persevero, tolero
[德] ertragen, aushalten
[英] put up with, tolerate
162d2

ἀνεψιός 堂兄弟，表兄弟
[拉] consobrinus
[德] Vetter
[英] cousin
154b2, 155a6

ἀνήρ 男人
[拉] vir
[德] Mann
[英] man
154c5, 154d7, 158a3, 160e9, 161a4, 169a2

ἀνθρώπινος (ἀνθρωπικός) 属于人的，人的
[拉] humanus, ad homines pertinens
[德] den Menschen betreffend, menschlich
[英] belonging to man, human
173c7

ἄνθρωπος 人
[拉] homo
[德] Mensch
[英] man, mankind
156e8, 157b5, 160e4, 164a2, 164d3, 164e4, 166d5, 172d8, 176d1

ἀνίστημι 站起来，起身
[拉] exsurgo
[德] aufstehen
[英] stand up
155b5, 155c3

ἄνοια 愚蠢，缺乏理解力
[拉] ignorantia, stultitia
[德] Unverstand, Wahnsinn
[英] want of understanding, folly
156c3

ἀνωφελής 无益的，无用的
[拉] inutilis
[德] unnütz
[英] unprofitable, useless
175b1, 175d5

ἄξιος (adv. ἀξίως) 有价值的，值……的，配得上的
[拉] dignus, aestimabilis
[德] wertvoll, würdig
[英] worthy, estimables, worthy of
160a10, 165e2, 175e4

ἀπαγγέλλω 报告，宣告

［拉］nuncio
［德］verkündigen, berichten
［英］bring tidings, report
153c2

ἀπαθανατίζω 求永生，使不朽
［拉］immortalitate vel divinitate afficio
［德］unsterblich machen
［英］aim at immortality, make perpetual
156d5

ἄπειμι 离开，离去；不在场，缺席
［拉］abeo, ibo, absum
［德］weggehen, fortgehen, abwesend sein
［英］go away, depart, to be away or absent
153b5, 154b1, 174d1

ἀπεργάζομαι 完成，实现，使成为
［拉］facio, efficio
［德］machen, bilden
［英］complete, cause, produce
160d8, 160e11, 161e8, 165c11, 165d2, 165d5, 165e1, 173a1

ἀπιστέω 不相信，不听从
［拉］diffido, non pareo, non obtempero
［德］nicht glauben, ungehorsam sein
［英］disbelieve, distrust, disobey
168e4

ἀπιστία 怀疑，不相信，无信义
［拉］incredulitas, diffidentia
［德］Unglaube, Zweifel
［英］unbelief, distrust
169a1

ἀποβλέπω (ἀποβλεπτέον) 盯住，注视
［拉］respicio, intueor

［德］hinschauen, hinblicken
［英］gaze steadfastly, look at
153d5, 162b11, 172e5

ἀπογράφω 抄录
［拉］perscribo
［德］abschreiben
［英］write off, copy
156a1

ἀποδέχομαι 接受，认可，赞同
［拉］recipio, admitto, probo
［德］aufnehmen, anerkennen
［英］accept, admit
156c8, 165d3, 165d3, 169b2

ἀποδίδωμι 归还，偿还，送出，出卖
［拉］reddo
［德］zurückgeben, ausliefern
［英］give back, return, render
170e10

ἀποδύνω (ἀποδύω) 剥夺，脱光
［拉］exuo
［德］auskleiden
［英］strip off
154d4, 154e5

ἀποθνήσκω 死，死去
［拉］pereo
［德］sterben
［英］die
174c7

ἀποκρίνω 分开，选出，回答
［拉］separo, secerno, respondeo
［德］sondern, wählen, beantworten
［英］set apart, choose, give answer to, reply to
153b7, 155e3, 158c7, 158d6, 159b1,

166d8
ἀπόκρισις 回答
　　［拉］responsum
　　［德］Antwort
　　［英］answer
　　162c6, 162c7
ἀποκρύπτω 隐瞒，藏起来，使模糊不清，使黯然失色
　　［拉］celo, abscondo
　　［德］verbergen, verdecken
　　［英］hide from, conceal, overshadow
　　174b11
ἀπολαύω 得到利益，得到好处
　　［拉］capio commodum
　　［德］genießen, sich zunutze machen
　　［英］profit, have a benefit
　　172c1
ἀπολείπω 放弃，离开
　　［拉］relinquo
　　［德］aufgeben
　　［英］desert, abandon
　　174d1, 176b7, 176b9
ἀποπληρόω 填满，使满足
　　［拉］expleo, satis facio
　　［德］ausfüllen, befriedigen
　　［英］fill up, satisfy
　　169c1
ἀπορέω 困惑，不知所措
　　［拉］dubito, aestuo, consilii inops sum
　　［德］ratlos sein, ohne Mittel und Wege
　　［英］to be at a loss, be in doubt, be puzzled
　　155c5, 156b2, 167b7, 169c3, 169c5
ἀπορία 难题，缺乏，贫穷，困惑
　　［拉］difficultas, inopia
　　［德］Verlegenheit, Mangel
　　［英］difficulty, lack of, perplexity
　　169c6, 169d1
ἀποστρέφω 使转身，转弯
　　［拉］averto
　　［德］zurückdrehen, sich umkehren
　　［英］turn back
　　172d1
ἀποτρέπω 避开，回避，转身而去，阻止
　　［拉］averto, de flecto, prohibeo
　　［德］abwenden, umwenden, abweichen, vereiteln
　　［英］turn away, avert, deter
　　173c5
ἀποφαίνω (πρός-ἀποφαίνω) 显示，展示，宣称
　　［拉］ostendo
　　［德］aufzeigen, darlegen
　　［英］show forth, display, declare
　　175d5
ἀπροσδόκητος 出乎意料的，出其不意的
　　［拉］inexspectatus, inopinatus
　　［德］unerwartet, unvermutet
　　［英］unexpected, unlooked for
　　153b1
ἀπρόσωπος 无脸的
　　［拉］qui vultum non habet
　　［德］ohne Gesicht
　　［英］without a face
　　154d4
ἅπτω 拴，固定，接触
　　［拉］necto
　　［德］heften

　　　　［英］fasten
　　　162a1
ἀρετή 德性
　　　　［拉］virtus
　　　　［德］Tugend, Tüchtigkeit
　　　　［英］virtue, goodness, excellence
　　　158a1
ἁρμονικός 精通音乐的，和谐的
　　　　［拉］harmoniae musicae peritus
　　　　［德］harmonisch, musikverständig
　　　　［英］skilled in music, harmonic
　　　170c2
ἄρτιος (adv. ἀρτίως) 完全的，完美的，相合的，偶数的
　　　　［拉］perfectus, integer, aptus, par
　　　　［德］angemessen, passend, vollkommen, gerade
　　　　［英］complete, perfect, suitable, even
　　　166a6, 166a9
ἀρχή 开始，开头，统治，公职
　　　　［拉］principium, imperium, magistratus
　　　　［德］Anfang, Herrschaft, Amt
　　　　［英］beginning, sovereignty, office
　　　163d7, 167b1, 171d3, 172c8
ἄρχω 开始，从……开始，统率，统治
　　　　［拉］incipio, guberno
　　　　［德］anfangen, herrschen, befehlen
　　　　［英］begin, rule, command
　　　163d1, 171d8, 171e3, 171e7, 173a9, 174e1, 176c4
ἀσθένεια 无力，虚弱
　　　　［拉］imbecillitas, debilitas
　　　　［德］Schwäche, Kraftlosigkeit
　　　　［英］weakness, feebleness

　　　155b2, 157c8
ἀσθενέω 生病
　　　　［拉］aegroto
　　　　［德］schwach, krank sein
　　　　［英］to be weak, feeble, sickly
　　　155b3
ἀσθενής 弱小的，虚弱的，生病的
　　　　［拉］debilis, aeger
　　　　［德］schwach, krank
　　　　［英］weak, feeble, sickly
　　　172b7
ἄσκεπτος (adv. ἀσκέπτως) 未考虑到的，未考察到的
　　　　［拉］inconsideratus
　　　　［德］unüberlegt, nicht untersucht
　　　　［英］inconsiderate, unconsidered, unobserved
　　　158e2
ἄσμενος (adv. ἀσμένως) 高兴的，喜欢的
　　　　［拉］gaudens
　　　　［德］froh, gern
　　　　［英］well-pleased, glad
　　　153a2
ἀσπάζομαι 致意，尊敬
　　　　［拉］diligo
　　　　［德］liebhaben, bewillkommen
　　　　［英］greet, salute
　　　153b1, 153c8
ἀτεχνῶς 完完全全，真正地
　　　　［拉］prorsus
　　　　［德］geradezu, ganz
　　　　［英］absolutely, simply, completely
　　　154b8
ἄτη 危害，祸害

［拉］pernicies, iactura
　　［德］Unglück, Unheil
　　［英］bane, ruin
　　165a3
ἀτιμάζω (ἀτιμάω) 轻视，瞧不起，不敬重
　　［拉］contemno
　　［德］verachten, geringschätzen
　　［英］dishonour, disdain, scorn
　　173d7
ἄτοπος 荒诞不经的，荒谬的，奇特的
　　［拉］absurdus
　　［德］ungewöhnlich, widersinnig
　　［英］strange, paradoxical
　　158d2, 167c4, 168a10, 172c5, 172e3, 172e5
αὐτίκα 立即，马上，此刻；例如
　　［拉］statim, continuo, mox, exempli caussa
　　［德］sogleich, augenblicklich, zum Beispiel
　　［英］forthwith, at once, in a moment; for example
　　154a3, 154b6
αὐτόθι 在那里
　　［拉］ibi
　　［德］dort
　　［英］there
　　153a5
ἀφίημι 放弃，赦免，宣告无罪
　　［拉］dimitto, absolve
　　［德］loslassen, freisprechen
　　［英］give up, acquit
　　165b1
ἀφικνέομαι 到达，返回
　　［拉］advenio, redeo
　　［德］ankommen, zurückkehren
　　［英］arrive at, return
　　153a2, 158a5
ἀφορίζω 分离，分开，规定
　　［拉］separo, segrego, distinguo
　　［德］abgrenzen, trennen, bestimmen
　　［英］separate, distinguish, determine
　　173e9
ἄχροος (ἄχρως) 无色的
　　［拉］coloris expers
　　［德］farblos
　　［英］colourless
　　168d10
βαδίζω 漫游，踱步，前进
　　［拉］vagor
　　［德］wandeln, marschieren
　　［英］go about, walk, march
　　159b4
βάδισις (βαδισμός) 行走
　　［拉］ingressus
　　［德］Gang
　　［英］walking, going
　　160c6
βαρύνω 使负重，使苦恼，受压迫
　　［拉］gravo
　　［德］beschweren, niederdrücken
　　［英］weigh down, oppress
　　155b4
βαρύς 重的
　　［拉］gravis
　　［德］schwer
　　［英］heavy in weight, weighty
　　166b1, 166b2, 168c9

βασιλεύς 国王，国王执政官
　　［拉］rex
　　［德］König
　　［英］king
　　156d8, 158a4
βιάζω (βιάω) 强迫，迫使，使用暴力
　　［拉］urgeo, opprimo
　　［德］bedrängen, erzwingen
　　［英］constrain, act with violence, use force
　　176c7, 176c8, 176d2
βίος 生命，一生，生活
　　［拉］vita
　　［德］Leben, Lebenszeit
　　［英］life, lifetime
　　160b8, 160c1, 160c7, 171d7, 175e2
βλαβερός (adv. βλαβερῶς) 有害的
　　［拉］noxius, perniciosus
　　［德］schädlich
　　［英］harmful
　　163c6, 164b11
βλέπω 看，瞧
　　［拉］intuor
　　［德］blicken, ansehen
　　［英］see, look
　　154c7, 172c2
βουλεύω (βουλευτέον) 任议事员，提意见，建议，决定
　　［拉］consulto
　　［德］beraten, Mitglied des Rats sein
　　［英］give counsel, act as member of council
　　160a9, 160a10, 176c5, 176c6
βουλή 决定，建议
　　［拉］decretum, consilium
　　［德］Beschluß, Rat
　　［英］determination, advice
　　176d1
βούλημα (βούλησις) 意愿，意图
　　［拉］voluntas, consilium
　　［德］Absicht, Plan
　　［英］purpose, intent, intention
　　167e4, 167e5, 173c3
βούλομαι 愿意，想
　　［拉］volo
　　［德］wollen, wünschen
　　［英］will
　　155b2, 157c3, 158e2, 162c6, 163d6, 163e1, 165b6, 167e5, 171a11, 172c7
βραδύς 慢的，迟钝的
　　［拉］tardus
　　［德］langsam
　　［英］slow, sluggish
　　159c6, 159c9, 159e4, 159e7, 159e10
βραδυτής 迟钝，缓慢
　　［拉］tarditas
　　［德］Trägheit, Schwerfälligkeit
　　［英］slowness, sluggishness
　　160b5
γελάω 嘲笑，笑
　　［拉］rideo
　　［德］lachen
　　［英］laugh at
　　156a4
γέλως 笑料，笑柄
　　［拉］ridiculus
　　［德］Gelächter
　　［英］laughter

155b9

γεννάδας 出身高贵的，高尚的
　　［拉］generosus, ingenuus
　　［德］adlig, edel
　　［英］noble, generous
　　155d3

γενναῖος (adv. γενναίως) 高贵的，优良的
　　［拉］generosus, nobilis
　　［德］von vornehmer Abstammung, edel
　　［英］high-born, noble
　　157b8

γεννάω 生，产生
　　［拉］gigno
　　［德］zeugen
　　［英］beget, bring forth
　　157e4

γένος (γέννα) 种族，种类，属，民族，家族
　　［拉］genus
　　［德］Geschlecht, Abstammung
　　［英］race, family
　　173c7

γεωμετρικός 几何学的，精通几何学的
　　［拉］geometricus, geometriae peritus
　　［德］geometrisch, der Geometrie kundig
　　［英］geometrical, skilled in geometry
　　165e6

γίγνομαι 发生，产生，生成，成为，变得，出现
　　［拉］accido, evenio
　　［德］werden, geschehen, sich ereignen
　　［英］happen, come to be
　　153b5, 153c1, 154b6, 155b9, 157c8, 157d1, 157e4, 158a6, 159d1, 162c4,

163c1, 163c2, 164c7, 166d5, 169a8, 169d3, 174a5, 174b2, 174c9, 175c2

γιγνώσκω 认识
　　［拉］nosco, percipio
　　［德］erkennen, kennen
　　［英］know, recognize
　　162b4, 164b7, 164c1, 164d4, 164e7, 165a4, 165b4, 165c4, 167a1, 167a6, 169d7, 169e1, 169e3, 169e7, 170b7, 170b9, 170b12, 170c1, 170c7, 170d7, 170d9, 171a3, 175b8

γνώριμος 熟知的，熟悉的
　　［拉］notus, familiaris
　　［德］bekannt, kenntlich
　　［英］well-known, familiar
　　153a6, 153c1

γνῶσις 认识，认清
　　［拉］cognitio
　　［德］Erkenntnis
　　［英］cognition
　　169e4

γράμμα 文字，学问
　　［拉］littera
　　［德］Schrift, Wissenschaft
　　［英］letters, learning
　　159c3, 164d5, 164d6, 165a1, 165a3

γραμματιστής 文书，书记，语法教师
　　［拉］grammatista
　　［德］Schreiber, Elementarlehrer
　　［英］clerk, elementary schoolmaster
　　159c3, 160a4, 161d3, 161d6

γράφω 公诉，起诉，书写，画
　　［拉］accuso, scribo
　　［德］eine schriftliche Klage einbringen,

schreiben

[英] indict, write, paint

159c4, 161d3, 161d6, 161d8, 161e4, 165a7

δείδω 恐惧，害怕

[拉] timeo, vereor

[德] fürchten, scheuen

[英] fear, dread

175a9

δείκνυμι 指出，显示

[拉] ostendo

[德] zeigen, nachweisen

[英] show, point out

165e8, 166a4

δεινός 聪明的，强有力的，可怕的

[拉] fortis, potens, peritus, terribilis, dirus

[德] tüchtig, geschickt, gewaltig, furchtbar

[英] clever, powerful, terrible

176b9

δέω (δεῖ, δέομαι) 捆绑；缺乏，需要，恳求，必须，应当

[拉] vincio, indigeo

[德] binden, fesseln, bedürfen, brauchen

[英] bind, lack, want

156e1, 156e5, 157a1, 158b6, 164b3, 164b5, 164e2, 166c3, 169a2, 171a4, 176a1, 176b2

δῆλος 清楚的，显而易见的

[拉] manifestus

[德] klar, offenbar

[英] clear

158e7, 162c1, 165c5, 173a1

δηλόω 指出，显示，表明，阐明

[拉] manifesto, declaro, ostendo

[德] zeigen, offenbaren

[英] show, exhibit, reveal

163d6

δημιουργός 匠人，工匠

[拉] qui opera populo utilia facit, auctor operis

[德] Handwerker

[英] one who works for the people, skilled workman, handicraftsman

162e8, 164a6, 164b8, 171c9, 173c2, 174e9, 175a7

διαγιγνώσκω 分辨，区别

[拉] discerno

[德] unterscheiden

[英] know one from the other, distinguish

170e5

διαζάω 度过，过活

[拉] vitam traduce, vivo

[德] durchleben, sein Leben hinbringen

[英] live through, pass

171d7

διαιρέω (διαιρετέον) 分开，分解

[拉] divido

[德] teilen, auseinandernehmen

[英] take apart, divide

163d4, 169a3, 169a8, 169c8, 170a7

δίαιτα 生活方式，生活习惯，生活

[拉] vitae ratio, vitae institutum

[德] Lebensweise

[英] way of living, mode of life

156c4

διάκειμαι 被置于某种境况
[拉]dispositus sum
[德]in eine Lage versetzt sein
[英]to be in a certain state
172a2

διακρίνω 区分，做出决定，解决争端
[拉]discerno, dijudico
[德]entscheiden
[英]distinguish, decide
170e2, 171c5

διαλέγω 谈论，交谈
[拉]colloquor
[德]reden, diskutieren
[英]hold converse with, discuss
154e7, 155a5, 155c7, 159b4, 170e6

διαμαρτύρομαι 庄严地宣称，严重抗议，呼吁神和人做证
[拉]testificor, valde obtestor
[德]Gott und Menschen zu Zeugen anrufen, versichern
[英]call gods and men to witness, protest solemnly
174e5

διανοέομαι (διανοέω, διανοητέον) 思考，打算
[拉]cogito
[德]denken
[英]think
164e4

διάνοια 意图，打算，思想
[拉]consilium, mentis agitatio
[德]Gesinnung, Absicht, Gedanke
[英]thought, intention, purpose

157c9

διασκοπέω (διασκέπτομαι) 仔细考察，观察，环顾
[拉]diligenter contemplor, examino
[德]genau betrachten, sich umsehen
[英]examine or consider well, look round
160e2

διατίθημι 安排，处置
[拉]dispono, ordino
[德]anordnen, versetzen
[英]arrange, manage
162d3

διατριβή 消磨时间，消遣，研讨
[拉]contritio, conversatio
[德]Zeitverlust, Aufenthalt, Unterhaltung
[英]wearing away, haunt
153a3

διαφέρω 不同，不一致，有分歧，胜过
[拉]differo, vinco, supero
[德]verschieden sein, sich auszeichnen
[英]differ, excel
153d4, 157d2, 157d9, 157e7, 161c3, 164e4, 166b8

διαφεύγω 逃走，逃脱
[拉]effugio, evito
[德]entfliehen, vermeiden
[英]get away from, escape
156e3

διδάσκω 教，传授
[拉]doceo
[德]lehren
[英]teach, instruct

157b1, 159e6, 161d7

δίδωμι (δοτέον) 给，交出，赠送，赠与，认可
 [拉] do, dono, concedo, permitto
 [德] geben, schenken, zugeben, gestatten
 [英] give, offer, grant
 158b8, 163d5, 165b3, 172d1, 176c7

διερευνάω 仔细探查，仔细调查
 [拉] perscrutor, indago
 [德] durchsuchen, durchforschen
 [英] track down, search, examine
 166d1

διέρχομαι 经过，细说，叙述
 [拉] transeo, narro
 [德] durchgehen, erzählen
 [英] pass through, recount
 168e3

διηγέομαι 详细叙述，描述
 [拉] narro
 [德] erzählen, beschreiben
 [英] set out in detail, describe
 153c5, 153c9

διισχυρίζομαι 完全信赖，极力坚持，坚决主张
 [拉] confirm, adfirmo
 [德] sich stützen, fürgewiß behaupten, fest behaupten
 [英] lean upon, rely on, affirm confidently
 168a10, 169b1

δίκαιος (adv. δικαίως) 正当的，公正的，正义的
 [拉] justus
 [德] gerecht, richtig

[英] just, right
157d9, 170b1, 170b7, 175a10

διοίκησις 管理，治理
 [拉] administratio, gubernatio
 [德] Verwaltung
 [英] administration
 172d4

διορίζω 界定，下定义，规定
 [拉] distermino, definio
 [德] bestimmen, definieren
 [英] determine, define
 163e11

διπλάσιος 两倍的，加倍的
 [拉] duplus
 [德] doppelt
 [英] twofold, double
 168c4, 168c6

δοκέω 设想，看来，认为
 [拉] puto, opinor, videor
 [德] glauben, scheinen
 [英] imagine, seem
 154a3, 154a5, 154c2, 154d4, 155a1, 155e1, 156c8, 157d2, 158a3, 158b1, 158c1, 158d4, 158d8, 158e6, 159b2, 159b5, 160a10, 160d4, 160e3, 161a1, 161a10, 161b3, 161b4, 161b7, 161d6, 161e10, 162a3, 162b3, 162b4, 162c4, 162d2, 163a1, 163e5, 163e6, 164a9, 164d6, 164e5, 165a2, 166e3, 167c5, 167c8, 167d2, 167d8, 167e1, 169c5, 169d2, 172d5, 172e2, 172e4, 173a1, 173e9

δόξα 名声，意见，期望，荣誉，判断
 [拉] opinio, exspectatio, fama, gloria

［德］Meinung, Erwartung, Ruhm, Vorstellung
［英］opinion, expectation, repute, judgement
159a2, 159a10, 168a3

δοξάζω 认为，相信，猜想，判断
［拉］opinor, suspicor
［德］meinen, glauben, vermuten
［英］think, imagine, suppose
159a1, 168a3, 168a4

δόσις 给予，赠送，赐予，馈赠
［拉］donatio
［德］Schenkung
［英］giving
158c2

δράω (δραστέος) 做
［拉］facio, ago
［德］tun
［英］do
160b1, 161e1, 172b8, 176b5

δύναμαι 能够，有能力
［拉］possum, valeo
［德］können, imstande sein
［英］to be able
171b11, 173d5, 175b3, 175d2

δύναμις 能力，力量
［拉］potentia
［德］Macht, Vermögen
［英］power, might
156b2, 156b3, 168b3, 168d1, 168d2, 168e5, 169a3

δυνατός 有可能的，能办到的，有能力的
［拉］potens, possibilis
［德］imstande, fähig
［英］possible, powerful
167a3, 167b1, 167b3, 169a8, 169b7, 169b8, 169d3, 169d5, 172c7

δυσμαθία 学习迟钝，不敏于学
［拉］tarditas in discendo
［德］ungelehrigkeit
［英］slowness at learning
159e1, 159e4

ἐάω (ἐατέος) 允许，同意，不理会，放弃
［拉］dimitto, omitto
［德］zulassen, unterlassen
［英］concede, permit, let alone, let be
158e3, 163e6, 166c5, 166d9, 173d2, 175b7, 175c1

ἐγγίγνομαι 出生在……，发生在……，产生于
［拉］insum, innascor
［德］darin geboren werden, darin entstehen
［英］to be born in, take place
153d5, 157a6

ἐγγύη 担保，担保品
［拉］sponsio
［德］Bürgschaft
［英］surety, security
165a3

ἐγγύς (comp. ἐγγύτερος; sup. ἐγγύτατος) 近，附近
［拉］prope
［德］nahe
［英］near, nigh, at hand
154a6

ἐγκωμιάζω 颂扬，称赞
［拉］laudo

［德］preisen, loben
［英］praise, laud, extol
157e7

ἐθέλω 愿意，乐于
［拉］volo
［德］wollen, wünschen
［英］to be willing, wish
154d4, 154e7, 158e3, 159b1, 165b3, 165c1, 169c8, 174c3

εἶδος 形式，样式，形状，外貌，形相
［拉］forma, species, modus
［德］Form, Aussehen, Gestalt
［英］form, appearance, shape
154d5, 154e6

εἴδω (οἶδα, ἀπό-εἶδον) 看，知道，熟悉
［拉］video, scio, peritus sum
［德］sehen, wissen, verstehen
［英］see, know, be acquainted with
153b1, 154a1, 154a4, 154a8, 154b3, 154b6, 155d3, 159b8, 162b9, 162b10, 162d5, 162d6, 162e1, 165b6, 165c1, 166d2, 167a2, 167a3, 167a4, 167a6, 167a7, 167b2, 167b3, 167b4, 167c4, 168e1, 169d6, 169e8, 170a3, 170a4, 170b12, 170c7, 170c9, 170d1, 170d2, 170d3, 170e9, 170e12, 171d3, 171d4, 172a5, 172c6, 172c8, 172d8, 173a2, 173b3, 173b4, 174a1, 174a5, 174b1, 175c2, 175c3, 175c5, 176a7, 176a8

εἰκῇ 没有准备地，没有计划地，即兴地，随意地
［拉］sine consilio, frustra, temere
［德］planlos, unüberlegt, aufs Geratewohl

［英］without plan or purpose, at random
173a4

εἰκός (adv. εἰκότως) 很可能的，合理的，当然的
［拉］probabilis, decens
［德］wahrscheinlich, folgerichtig, natürlich
［英］probable, reasonable
157e3, 158a7, 158d7, 162e1, 170b9, 175a9

εἶμι (ἰτέον) 去，来
［拉］ibo
［德］gehen, kommen
［英］go, come
153a2, 165e2, 167b6, 169d5

εἶπον 说
［拉］dico
［德］sagen
［英］say, speak
155b1, 155d5, 155e5, 156d3, 157c7, 158c3, 158c7, 158d7, 159a7, 159a9, 159b2, 159c1, 160d8, 161c6, 162b8, 162d4, 163b1, 165c1, 165d1, 165d5, 165d8, 165e2, 169d2, 174a7

εἴσειμι 走入，进入，出场
［拉］intro, ingredior
［德］hineingehen, auftreten
［英］enter, go into
153b1, 154a1, 154a4, 154c4, 164d7, 164e3, 164e5, 165a5

εἰσέρχομαι 进来，进入，进场
［拉］ingredior, accedo ad, pervenio in
［德］hineingehen, auftreten
［英］enter, go into

154b7

ἕκαστος 每，每一个，各自
 ［拉］singulus, quisque
 ［德］jeder
 ［英］each, every one
 155c1, 161e11, 162a1, 163d6, 164b8, 166a4, 166d6, 171a5, 172b5, 172d8, 174c9, 174e5

ἑκάστοτε 每回，每次，任何时候
 ［拉］semper
 ［德］jedesmal, jemals
 ［英］each time, on each occasion
 169c7

ἑκάτερος 两者中的每一个
 ［拉］alteruter
 ［德］jeder von beiden
 ［英］each of two
 157b6

ἐκβαίνω 离开，外出
 ［拉］egredior
 ［德］ausgehen, verlassen
 ［英］leave, go out of
 166e2

ἐκεῖθεν 从那里，从那时起，因此
 ［拉］illinc, inde
 ［德］von dort, von damals, daraus
 ［英］from that place, thenceforward, thence
 156e8

ἐκκόπτω 消灭，除掉
 ［拉］excutio
 ［德］ausrotten
 ［英］cut off, make an end of
 155c6

ἐκπλήσσω 使惊慌失措，吓呆
 ［拉］stupefacio, obstupesco
 ［德］erstaunen, erschrecken
 ［英］amaze, astound
 154c3

ἐλαχύς (comp. ἐλάσσων; sup. ἐλάχιστος) 少的，小的
 ［拉］parvus
 ［德］klein, gering
 ［英］small, little
 160c3, 168b8, 168c2, 168c9

ἐλέγχω 质问，反驳，谴责
 ［拉］redarguo
 ［德］ausfragen, beschimpfen
 ［英］cross-examine, question, accuse
 166c5, 166c8, 166e1, 166e2

ἐλέφας 大象，象牙
 ［拉］elephantus, ebur
 ［德］Elefant, Elfenbei
 ［英］elephant, ivory
 173a9

ἑλληνίζω 说希腊语
 ［拉］graece loquor
 ［德］griechisch sprechen
 ［英］speak Greek
 159a6

ἐμβλέπω 注视，凝视
 ［拉］intueor, adspicio
 ［德］hinsehen, anblicken
 ［英］look at
 155c8, 160d6, 162d4

ἐμμένω 继续下去，保持，遵守
 ［拉］permaneo, persevero
 ［德］anhalten, fortbestehen

[英] abide by, stand by, remain fixed
173e6

ἔμπροσθεν (ἔμπροσθε) 从前，以前，在前面
[拉] olim, antehac
[德] zuvor, vorher, früher, vorn
[英] before, of old, in front
164c8, 165b1

ἔναγχος 刚刚，刚才，不久前
[拉] nuper
[德] neulich
[英] just now, lately
155b4

ἐναντιόομαι 反对，拒绝
[拉] repugno
[德] sich widersetzen, entgegentreten
[英] set oneself against, oppose
176d3, 176d4, 176d5

ἐναντίος 相反的，对立的
[拉] contra
[德] gegenüberstehend, widrig
[英] opposite
155a6

ἐναργής (adv. ἐναργῶς) 可见的，清楚明白的
[拉] manifestus
[德] deutlich, sichtbar
[英] visible, palpable, clear
172b4

ἐνδεής (adv. ἐνδεῶς) 不足的，缺乏的
[拉] indigus, defectus
[德] Mangel leidend, bedürftig, ermangelnd
[英] lacking, deficient, in need of

158c4

ἐνδείκνυμι 证明，指出，检举
[拉] demonstro, ostendo
[德] beweisen, erweisen, aufzeigen
[英] prove, demonstrate, exhibit, point out
156b2, 162d1, 169b7

ἔνειμι 在里面，在其中
[拉] intus sum
[德] darin sein, innewohnen
[英] to be inside
159a1, 159a2, 159a9

ἕνεκα 为了，由于
[拉] gratia, propter
[德] um ... willen, angesichts
[英] on account of, for the sake of, as far as regards
158e5, 162e2, 165a8, 166c8, 166d4

ἐνθάδε 这儿，在这儿，那儿
[拉] hic, huc, illuc
[德] hier, hierher, dort, dorthin
[英] here, hither, there
157e2

ἐνίοτε 有时
[拉] interdum, aliquando
[德] manchmal
[英] at times, sometimes
163c1, 164b11

ἐννοέω 想起，思考，注意到，理解，明白
[拉] recordor, animadverto, intelligo
[德] entsinnen, besinnen, merken, verstehen
[英] think of, reflect upon, notice,

understand

160d6, 167c8

ἐνταῦθα (ἐνθαῦτα) 在这儿

[拉] huc

[德] hierin

[英] here

155c5, 172e4

ἐντέλλω 命令，吩咐

[拉] iubeo, moneo

[德] befehlen, auftragen

[英] enjoin, command

157b7

ἐντολή 命令，吩咐

[拉] mandatum, monitum

[德] Befehl, Auftrag

[英] injunction, order, command

157c3

ἐξαιρέω 取出，取走，消灭

[拉] eximo

[德] herausnehmen, befreien

[英] take out, remove, get rid of

172a1, 174c3

ἐξαπατάω 欺骗，引诱

[拉] decipio

[德] täuschen, gänzlich betrügen

[英] deceive thoroughly, beguile

173b2

ἔξαρνος 否认的

[拉] qui negat

[德] ableugnend

[英] denying

158c8

ἐξελέγχω 驳斥，反驳，揭发

[拉] redarguo, convinco

[德] widerlegen, als falsch darstellen

[英] confute, refute

162d1

ἐξετάζω 盘问，调查

[拉] examino, inquiro

[德] nachforschen, prüfen

[英] examine well or closely

167a2, 170d5, 172b6, 172b7

ἐξευρίσκω 找出，发现

[拉] invenio

[德] ausfinden, herausfinden

[英] find out, discover

171e2, 176a8

ἔοικα 看来，似乎

[拉] ut videtur

[德] es scheint

[英] seem, look like

161a6, 161c2, 161c9, 162a11, 164c5, 168a6, 170c11, 170d2, 170d7, 171b6, 171c1, 174d3, 175a8

ἐπαείδω (ἐπᾳστέον) 唱歌，念咒语

[拉] accino, incanto

[德] vorsingen, bezaubern

[英] sing, use charms or incantations

155e6, 157c4, 158c2, 176b3, 176b6

ἐπαινέω (ἐπαινετέον) 赞许，赞美

[拉] laudo

[德] loben

[英] approval, praise

156d1, 158d5

ἔπαινος 赞许，赞美

[拉] laus

[德] Lob

[英] approval, praise

160a10
ἐπαίω 精通，懂得
　　[拉] intelligo, percipio
　　[德] verstehen
　　[英] understand, to be an expert in
　　170e6
ἐπακολουθέω 追随，听从
　　[拉] sequor, obedio
　　[德] folgen
　　[英] follow after, obey
　　171b12
ἐπαχθής 沉重的，难以忍受的
　　[拉] gravis, molestus
　　[德] beschwerlich, lästig
　　[英] heavy, ponderous
　　158d5
ἐπέχω (ἐπίσχω, ἐπισχετέον) 阻止，堵住，放到
　　[拉] impedio, retineo, inhibeo, admoveo
　　[德] abhalten, zurückhalten, ansetzen
　　[英] hinder, restrain, present, offer
　　160e2, 165c2
ἐπιδεής 缺乏的，不足的
　　[拉] indigens, inops, carens
　　[德] bedürftig, ermangelnd, geringer
　　[英] in need of, inferior to
　　158c1
ἐπιδείκνυμι 指出，显示
　　[拉] ostendo, declare
　　[德] aufzeigen, vorstellen
　　[英] exhibit as a specimen, display, exhibit
　　155a4, 157e2, 158d3
ἐπιεικής (adv. ἐπιεικῶς) 能干的，合适的，正直的
　　[拉] praestans, decens, aequus
　　[德] tüchtig, angemessen, rechtlich
　　[英] capable, fitting, fair
　　153c2
ἐπιθυμία 渴望，意愿，欲望
　　[拉] cupiditas
　　[德] Begehren, Wünsch
　　[英] desire, yearning
　　167e1, 167e2
ἐπικαλύπτω 掩盖，掩饰
　　[拉] tego
　　[德] verbergen, verhüllen
　　[英] cover over, cover up
　　169d1
ἐπιμέλεια 关心
　　[拉] cura
　　[德] Sorge
　　[英] care, attention
　　156e5, 162e2
ἐπιρρέω 流，流向
　　[拉] influo, confluo
　　[德] zufliessen, zuströmen
　　[英] flow
　　156e8
ἐπισκοπέω (ἐπισκέπτομαι) 检查，考虑
　　[拉] considero, inspicio, observo
　　[德] prüfen, betrachten
　　[英] inspect, observe, examine, consider
　　167a3, 167b1, 169b3, 169d4, 171b4, 171d5, 175c4
ἐπίσταμαι 知道
　　[拉] scio
　　[德] wissen

［英］know
155b6, 155c8, 155e2, 155e3, 159a7, 170b8, 170d6, 170d7, 171c6, 171c7, 171e1, 171e2, 172b2, 172c7, 172d9, 172d10

ἐπιστατέω 主管，监管，主持，帮助
［拉］impero, ducis munere fungor
［德］Vorsteher sein, vorstehen
［英］to be in charge of, stand by, aid
173c5, 174d9

ἐπιστήμη 知识
［拉］scientia
［德］Wissen, Wissenschaft
［英］knowledge
165c5, 165c8, 165c10, 165d4, 165d7, 165e1, 165e4, 166a4, 166a5, 166b5, 166b8, 166c1, 166c2, 166c3, 166e5, 166e6, 166e7, 166e8, 167b11, 167c1, 168a6, 168a7, 168a8, 168b2, 169a6, 169b1, 169b6, 169d4, 169e1, 170a6, 170a8, 170a10, 170b1, 170b4, 170b7, 170b8, 170b12, 170c6, 170d8, 170e9, 171a1, 171a3, 171a5, 171a6, 171a8, 171a9, 171c4, 171e5, 172a7, 172b2, 172b5, 172c7, 173b1, 173c4, 174c2, 174c4, 174d5, 174d9, 174e1, 174e2, 174e6, 174e7, 175b6, 175b8

ἐπιστήμων (adv. ἐπιστημόνως) 精通……的，对……有学识的，对……有知识的
［拉］scientia praeditus, sciens, peritus
［德］sich auf etw. verstehend, kundig, geschickt
［英］knowing, wise, prudent
170e3, 173d1, 173d3, 173d7, 173d9, 173d7, 173d9, 173e7, 173e9, 174a7, 174a10, 174a11, 174b12, 175c2

ἐπιτάσσω 命令
［拉］mando
［德］anordnen
［英］order, command
176c8

ἐπιτήδειος 合适的，有用的，忠实的，怀好意的
［拉］idoneus, commodus, amicus
［德］passend, erforderlich, befreundet
［英］suitable, useful, friendly
166d4

ἐπιτρέπω 放过，容许，交付，交托
［拉］permitto, concedo, trado
［德］gestatten, überlassen
［英］give up, yield, permit, turn over to
171e3

ἐπίτροπος 监护人
［拉］tutor
［德］Vormund
［英］trustee
155a6, 176c1

ἐπιχειρέω (ἐνχειρέω, ἐπιχειρητέον) 尝试，企图，着手
［拉］manum admoveo, conor
［德］versuchen, unternehmen
［英］put one's hand to, attempt
156b7, 156c5, 156e1, 157b7, 166c5, 167c4, 171e1, 176d2

ἕπομαι 跟随，听从
［拉］sequor, assequor
［德］folgen, mitgehen

[英] follow

154a2, 154c5, 173d1

ἐπῳδή 唱出的歌词，咒语

[拉] cantio, carmen

[德] Zauberspruch

[英] song sung to or over, enchantment, spell

155e5, 155e8, 156a2, 156b1, 156d4, 157a4, 157b2, 157b4, 157c4, 157d3, 158b8, 175e3, 176a2, 176b2

ἐραστής 热爱者，爱慕者

[拉] amator, amans

[德] Liebhaber, Verehrer

[英] lover, admirer

154a5, 154c4

ἐράω (ἔραμαι) 爱恋，渴望

[拉] amo, cupio

[德] lieben, begehren

[英] love, desire

154c2

ἐργάζομαι 工作，做，制造

[拉] laboro, infero

[德] arbeiten, tun

[英] work at, labour, make

162a2, 163b3, 163b6, 173c1

ἐργασία 做工，工作

[拉] opus, labor, opera

[德] Werke, Tätigkeit

[英] work, labour

163b9, 163c4, 173e2

ἔργον 事情，行动，行为，结果，任务

[拉] res, opus

[德] Sache, Ding, Tat, Werk

[英] thing, matter, deed, action

159c13, 161e6, 163b4, 163b5, 163c2, 163c3, 164b9, 165d2, 165d5, 165e1, 165e7, 165e8, 166a1, 174d4, 174e5, 175a4, 175b8

ἐρευνάω 追查，探索

[拉] investigo, quaero

[德] nachforschen, aufspüren, erforschen

[英] search, explore

166b8

ἔριον 羊毛

[拉] lana

[德] Wolle

[英] wool

173e4

ἕρμαιον 意外之财，意外之喜

[拉] lucrum insperatum

[德] Glücksfund

[英] unexpected piece of luck, godsend

157c7

ἔρομαι 问，询问，请教

[拉] interrogo, inquiro, quaero

[德] fragen, befragen

[英] ask, question, inquire

165c10, 165d4

ἔρχομαι 动身，去

[拉] venio, progredior

[德] schreiten, gehen

[英] go, start

155b7, 155c4, 155d7, 173a9

ἐρῶ 将要说，将要宣布

[拉] dicam, dico, loquor, nuncio

[德] reden, sagen

[英] will tell, proclaim

160d4, 164d2
ἔρως 爱，爱欲
　　［拉］amor
　　［德］Liebe
　　［英］love
　　167e7, 167e8
ἐρωτάω 问，询问
　　［拉］interrogo, rogo
　　［德］fragen, erfragen, befragen
　　［英］ask, question
　　153d1, 155d1, 155e2, 158d1, 159b6, 162e8, 165b6, 165d8, 166d9
ἐρωτικός 有关爱情的，有关爱欲的
　　［拉］amatorius
　　［德］zur Liebe gehörig
　　［英］of or caused by love
　　155d5
ἑσπέρα 黄昏，傍晚
　　［拉］vesper
　　［德］Abend
　　［英］evening
　　153a1
ἔσχατος 最严重的，极度的
　　［拉］ultimus, summus
　　［德］äußerst, letzt
　　［英］ultimate, utmost
　　155c3
ἑταῖρος (ἑταίρα) 朋友，同伴
　　［拉］amicus, socius
　　［德］Kamerad, Freund
　　［英］comrade, companion
　　154b8, 161e6, 167c4, 175a3
ἕτερος (ἅτερος, adv. ἑτέρως) 另一个，两者中的一个，不相同的

　　［拉］alter, alius
　　［德］ein andrer, der eine von zweien, verschieden
　　［英］one or the other of two, another, different
　　158a6, 160b9, 166a9, 166b2, 166b6, 171a8
εὐδαιμονέω 走运，昌盛
　　［拉］felix vel beatus sum
　　［德］glücklich sein, Glück haben
　　［英］to be prosperous, well off
　　173d4, 174c1
εὐδαιμονία 幸运，幸福
　　［拉］felicitas
　　［德］Glück, Glückseligkeit
　　［英］prosperity, good fortune
　　158a1
εὐδαίμων 幸福的，好运的
　　［拉］felix
　　［德］glücklich
　　［英］happy, fortunate
　　172a3, 173e6, 173e8, 173e10, 174a11, 176a5
εὐδοκιμέω 有名声，受到重视
　　［拉］opinione hominum probor
　　［德］in gutem Rufe stehen, geachtet sein
　　［英］be of good repute, highly esteemed
　　169c6
εὐήθης (εὐηθικός) 心地单纯的，头脑简单的，愚蠢的
　　［拉］simplex, stultus
　　［德］einfältig, albern
　　［英］simple-minded, simple, silly

162b1, 175c8

εὐθύς (adv. εὐθέως) 直的，立即
　　[拉] rectus, statim
　　[德] gerade, gleich
　　[英] straight, right away
　　153b1, 163d1

εὐλαβέομαι 提防，当心，注意，谨防
　　[拉] caveo, vereor, metuo
　　[德] sich hüten
　　[英] to be discreet, cautious, beware
　　155d6

εὐμάθεια (εὐμαθία) 学得快，悟性高
　　[拉] docilitas
　　[德] Leichtigkeit im Lernen
　　[英] readiness in learning
　　159e1, 159e2, 159e3

εὔπορος 有办法的，容易通过的
　　[拉] expeditus, aptus
　　[德] gut zu gehen, gangbar
　　[英] easy to pass done, easily
　　167b7

εὐπρόσωπος 面貌好看的
　　[拉] vultu pulchro praeditus, formosus
　　[德] mit schönem Gesicht, wohlgestaltet
　　[英] fair of face, fair in outward show, specious
　　154d2

εὑρίσκω 发现，找到
　　[拉] invenio, exquiro
　　[德] finden, entdecken
　　[英] find, discovery
　　161c8, 168b10, 172b1, 173d6, 175b3, 175d1

ἐχθρός (sup. ἔχθιστος) 仇恨的，敌对的
　　[拉] inimicus
　　[德] verhaßt, feindselig
　　[英] hated, hateful, hostile
　　161d8

ἔχω (ἴσχω, ἀμφί-ἴσχω, adv. ἐχόντως) 有，拥有
　　[拉] habeo
　　[德] haben, besitzen
　　[英] have, possess
　　153d2, 153d3, 155c6, 156c1, 156c6, 156e5, 156e6, 157a3, 157c5, 157d3, 157e2, 158b5, 158d5, 159a1, 161a10, 161c9, 162b8, 162c3, 165b7, 165d8, 165e8, 166a1, 166a3, 166a7, 166d6, 168b3, 168b5, 168b7, 168d2, 168d6, 168d10, 168e5, 169a4, 169a6, 169b1, 169d5, 169e1, 169e2, 169e3, 169e4, 169e7, 170b8, 170b9, 170d8, 171a3, 171d8, 171e5, 172b1, 172b3, 172c3, 173b4, 175e6, 175e7, 176a1, 176a7, 176b4

ἕωθεν 从清晨起，在清晨
　　[拉] mane
　　[德] vom Morgen an, bei Tagesanbruch
　　[英] from morn, at earliest dawn
　　155b4

ζάω 活，活着
　　[拉] vivo
　　[德] leben
　　[英] live
　　173d1, 173e7, 173e8, 173e9, 174a8, 174b12

ζητέω (ζητητέος) 想要，追寻
    [拉] requiro, studeo, volo
    [德] forschen, wünschen
    [英] require, demand
    165b8, 165e3, 166b9, 172c2, 172c5, 175b2, 176a4

ζήτησις (ζήτημα) 探寻，探究
    [拉] investigatio
    [德] Untersuchung
    [英] inquiry, investigation
    160a8, 165e5, 175d1

ζητητής 探究者，研究者
    [拉] investigator
    [德] Forscher
    [英] seeker, inquirer
    175e2

ἡγέομαι (ἡγητέον) 带领，引领，认为，相信
    [拉] duco, puto, existimo, opinor
    [德] anführen, meinen, glauben
    [英] go before, lead the way, believe, hold
    161d3, 161d5, 163c5, 164a3, 164a4, 166c7, 172a1, 172d4, 176a3

ἡδονή 快乐，愉悦
    [拉] laetitia
    [德] Lust, Vergnügen
    [英] enjoyment, pleasure

ἡδύς (adv. ἡδέως) 满意的，喜悦的
    [拉] dulcis, laetus
    [德] angenehm, lieb
    [英] pleasant, well-pleased, glad
    162e4

ἥκω 已来到
    [拉] veni
    [德] ich bin gekommen, angelangt
    [英] to have come
    153a1, 155b8, 155b9, 157d7, 166b7

ἠλίθιος 傻的，蠢的，愚笨的
    [拉] stultus
    [德] töricht
    [英] foolish, silly
    162b1

ἡλικία 年纪，年龄
    [拉] aetas
    [德] Lebensalter
    [英] time of life, age
    154a8, 154b10, 157d7, 158c6, 162e2

ἡλικιώτης 同年龄的人，同伴
    [拉] aequalis
    [德] Altergenosse
    [英] equal in age, comrade
    156a7, 157d2

ἡλίκος 多大，多大年纪
    [拉] quantus
    [德] wie alt, wie groß
    [英] how old, how big
    154b6

ἡμέρα 一天，一日
    [拉] dies
    [德] Tag
    [英] day
    176b3, 176c4

ἥμισυς 一半的
    [拉] dimidius
    [德] halb
    [英] half
    168c5, 168c7

ἡνίκα 在……时，当
　　［拉］quum, quando
　　［德］als, wenn
　　［英］at the time when, when
　　154c3
ἤπειρος 大陆，陆地
　　［拉］terra continens
　　［德］Festland
　　［英］terra firma, land
　　158a3, 158a5
ἡσσάομαι (ἡττάομαι) 被打败，屈服
　　［拉］superor, vincor
　　［德］unterliegen, überwältigt werden
　　［英］to be defeated, yield
　　175b3
ἥσσων (ἥττων, super. ἥκιστος) 较弱的，较差的
　　［拉］minor, inferior
　　［德］schwächer, geringer
　　［英］inferior, weaker
　　154c5, 160d2, 161d8, 161d10, 162b3, 165a6, 174c4, 174c8, 175d5
ἡσυχία (ἡσυχιότης) 安静，宁静
　　［拉］quies, silentium, tranquillitas
　　［德］Ruhe, Stille
　　［英］rest, quiet, silence
　　159b5, 159d10, 160a2, 160b5, 160b7
ἡσύχιος (ἡσυχαῖος, ἥσυχος, adv. ἡσυχίως, ἡσυχῇ) 安静的
　　［拉］quietus
　　［德］ruhig
　　［英］still, quiet
　　159b3, 159b8, 159c4, 159c9, 159d2, 159d5, 159e4, 159e7, 159e9, 160a5,

160a9, 160c1, 160c3, 160c5, 160c7, 160d3
θάλασσα (θάλαττα) 海洋
　　［拉］mare
　　［德］Meer
　　［英］sea
　　173b6, 174c7
θαρσέω 有勇气，有信心
　　［拉］confido, bonum animum habeo
　　［德］mutig sein, getrost sein
　　［英］to be of good courage, have confidence in
　　166d8
θαυμάζω (θαυμαστέος) 惊异，钦佩
　　［拉］miror, admiror
　　［德］wundern, hochschätzen
　　［英］wonder, admire
　　161c9, 164a2
θαυμαστός (adv. θαυμαστῶς) 奇怪的，离奇的，好奇的
　　［拉］mirus
　　［德］wunderbar, erstaunlich
　　［英］wonderful, marvellous
　　154c1, 154c5, 162e1
θεάομαι (θεατέον) 看，注视
　　［拉］specto, contemplor
　　［德］schauen, sehen
　　［英］see clearly, contemplate
　　154c8, 154e6
θεῖος 叔叔，舅舅
　　［拉］patruus et avunculus
　　［德］Oheim
　　［英］uncle
　　154b1, 158a2

θεός 神
　　［拉］Deus
　　［德］Gott
　　［英］God
　　156d8, 164d7, 164e3, 165a5
θεραπεύω 侍奉，照料
　　［拉］famulor, servio, colo
　　［德］bedienen
　　［英］do service, take care of
　　156b8, 156c2, 156c5, 157a1, 157a3,
　　157b3, 157b4
θερμότης 热（性）
　　［拉］calor
　　［德］Wärme
　　［英］heat
　　168e10
θέω 跑
　　［拉］curro
　　［德］laufen
　　［英］run
　　153b3, 159c13
θνήσκω 死，死亡
　　［拉］perimo
　　［德］sterben
　　［英］die, perish
　　153c1
θορυβέω 喧哗，起哄
　　［拉］tumultuor, turbo
　　［德］lärmen
　　［英］make a noise, uproar or disturbance
　　154c3
θρασύτης 鲁莽，放肆
　　［拉］audacia, temeritas
　　［德］Dreistigkeit, Kühnheit

　　［英］over-boldness, audacity
　　155c6, 156d2
θρέμμα 动物，生物，牲畜
　　［拉］animal
　　［德］Tier, Kreatur
　　［英］animals, creature, nursling
　　155e1
θύρα 门
　　［拉］ianua
　　［德］Tür
　　［英］door
　　154a1
ἰάομαι 救治，医好
　　［拉］medeor, curo
　　［德］heilen
　　［英］heal, cure
　　156b7, 156c5, 156e1, 161e6, 164b1,
　　164b8
ἰατρικός 有关医疗的
　　［拉］medicinus
　　［德］den Arzt betreffend, ärztlich
　　［英］medical
　　158e2, 165c8, 165c10, 170b3, 170c1,
　　170e6, 170e12, 171a1, 171a8, 171b1,
　　174c5, 174e4
ἰατρός 医生
　　［拉］medicus
　　［德］Arzt
　　［英］physician
　　155b2, 156b5, 156d5, 156e4, 157b6,
　　164a9, 164b7, 164c1, 170e1, 170e4,
　　170e7, 171a4, 171b5, 171c1, 171c5,
　　173b2
ἰδέα 理念，形状，形相，形式

[拉] idea, forma
[德] Idee, Form, Urbild
[英] idea, form
157d2, 158b1, 175d7

ἱερόν 庙宇，神殿
[拉] templum
[德] Tempel
[英] temple
164e4

ἱκανός (adv. ἱκανῶς) 充分的，足够的
[拉] sufficiens, satis
[德] zureichend, genügend, hinlänglich
[英] sufficient, adequate
158b3, 158b6, 158c3, 169a2, 169a7, 176b4

ἱμάτιον 外衣，衣服
[拉] vestis
[德] Kleider
[英] an outer garment, cloth
155d3, 161e11, 165e7

ἰσχυρός (adv. ἰσχυρῶς) 强有力的，严厉的
[拉] potens, robustus, severus
[德] kräftig, gewaltig, gewalttätig
[英] strong, powerful, severe
153b9, 160c2

καθέζομαι (κατά-καθέζομαι) 坐下
[拉] sedeo
[德] sitzen, sich niedersetzen
[英] sit down, take one's seat
153c5, 155c5

κάθημαι 坐下，就座
[拉] sedeo, desideo
[德] sitzen, dasitzen
[英] sit, sit down

155c1, 155c3, 163b8

καθίζω (καθιζάνω) 设立，设置；就座，坐下
[拉] constituo, sedeo
[德] ansetzen, veranstalten, sich setzen
[英] set, place, sit down
153c6

καθίστημι 带往，置于，制定
[拉] traho, depono
[德] bringen, stellen, einsetzen
[英] bring down, place
173c6

καίω 燃烧
[拉] flagro
[德] brennen
[英] burn
168e10

κακός (adv. κακῶς) 坏的，有害的
[拉] malus, vitiosus
[德] schlecht, böse
[英] bad, evil
156e7, 161a9, 161b2, 162d3, 163e4, 163e8, 163e9, 174b10, 174c3, 174d6

καλέω (κλητέος) 呼唤，叫名字，称作
[拉] voco, nomino
[德] rufen, nennen
[英] call, name
154d1, 155a4, 155a8, 155b1, 163b1, 163b5, 163c3, 163c8, 163d3

κάλλος 美，美丽
[拉] pulchritudo
[德] Schönheit
[英] beauty
153d4, 154c2, 157e7, 169e3

καλός (adv. καλῶς; comp.καλλίων; sup. κάλλιστα) 美的，好的
　　[拉] pulcher
　　[德] schön
　　[英] beautiful
　　154a3, 154a5, 154b9, 154b10, 154e4, 155a3, 155a8, 155d5, 156a9, 156c8, 156d7, 156e5, 157a3, 157a5, 157b8, 157e4, 158a3, 158c5, 159c1, 159c3, 159c9, 159d1, 159d5, 159d11, 159e6, 159e11, 160a6, 160b5, 160b8, 160c2, 160c4, 160d1, 160d2, 160e6, 161a2, 162e7, 163c2, 163c3, 165d1, 165e1, 167e8, 169e3, 171e6, 172a1, 172b6, 172d5, 172e1, 173a6, 175a11, 175b2

καταβάλλω 扔，投
　　[拉] conjicio
　　[德] hinabwerfen
　　[英] throw down, overthrow
　　155c4

καταγελάω 嘲笑，讥讽
　　[拉] rideo
　　[德] verlachen
　　[英] laugh scornfully, deride
　　175d2

καταλαμβάνω 抓住，控制，发现
　　[拉] deprehendo
　　[德] ergreifen, einnehmen
　　[英] seize, lay hold of
　　153a5

κατανοέω (κατανοητέον) 理解，注意
　　[拉] specto, contemplor, intelligo
　　[德] verstehen, bemerken
　　[英] understand, observe well, apprehend

167e10, 168a2

καταντικρύ 在对面，面对着
　　[拉] ex adverso, ex opposito
　　[德] gerade gegenüber
　　[英] right opposite, over against
　　153a4, 169c4

κατασκευάζω 修建，建筑，准备
　　[拉] instruo, exstruo, praeparo
　　[德] zubereiten, anschaffen, ausstatten
　　[英] construct, build, prepare, arrange
　　173c7

καταφαίνω 使清楚，使明显，显得
　　[拉] ostendo, appareo
　　[德] vorzeigen, sich zeigen, erscheinen
　　[英] declare, make known, appear
　　172c5

καταφανής 清楚的，明显的
　　[拉] perspicuus
　　[德] deutlich
　　[英] manifest, evident
　　166d6

κατέναντα 在……对面
　　[拉] contra, adversus
　　[德] gegenüber, entgegen
　　[英] over against, opposite
　　155d6

κατέχω 拦住，阻止，占据，掌控
　　[拉] detineo, compesco, possideo, habeo
　　[德] zurückhalten, hemmen, innehaben
　　[英] hold back, withhold, detain, possess, occupy
　　162c3

κελεύω 命令，敦促，要求
　　[拉] jubeo

　　　　　［德］befehlen
　　　　　［英］order, request
　　　　161e11, 176c2, 176c3
κέρας 犄角，角
　　　　　［拉］cornu
　　　　　［德］Horn
　　　　　［英］horn
　　　　173a8
κεφαλή 头
　　　　　［拉］caput
　　　　　［德］Kopf
　　　　　［英］head
　　　　155b4, 155b6, 155e3, 156b4, 156b8,
　　　　156c1, 156e1, 156e2, 156e8, 157a2,
　　　　157a7, 157b3, 157c5, 157c8, 157d1,
　　　　158c1
κήδω 忧心，关心，烦恼
　　　　　［拉］curam injicio, ango
　　　　　［德］besorgt machen, betrüben
　　　　　［英］distress, to be concerned, care for
　　　　173a5
κιθαρίζω 弹琴
　　　　　［拉］cithara cano
　　　　　［德］die Zither spielen
　　　　　［英］play the cithara
　　　　159c8
κιθαριστής 竖琴手，竖琴师
　　　　　［拉］citharista
　　　　　［德］Lautenspieler, Zitherspieler
　　　　　［英］player on the cithara
　　　　160a5
κινδυνεύω 有可能，似乎是，也许是，
　　　　冒险
　　　　　［拉］videor, periclitor

　　　　　［德］scheinen, wagen
　　　　　［英］seems likely to be, it may be,
　　　　possibly, venture
　　　　160b6, 170a2, 170d4, 173b6
κινέω 移动，推动
　　　　　［拉］moveo
　　　　　［德］bewegen
　　　　　［英］move, remove
　　　　168e10
κίνησις 运动
　　　　　［拉］motus
　　　　　［德］Bewegung
　　　　　［英］motion
　　　　168e9
κοινός 公共的，共同的
　　　　　［拉］communis, publicus
　　　　　［德］gemeinsam, gemeinschaftlich
　　　　　［英］common, public
　　　　158d8, 166d4
κομιδῇ 的确，全然
　　　　　［拉］accurate, valde, nimis
　　　　　［德］gar sehr, gewiß, allerdings
　　　　　［英］entirely, altogether, quite
　　　　155d3
κόσμιος (adv. κοσμίως) 守秩序的，规规
　　　　矩矩的
　　　　　［拉］moderatus
　　　　　［德］ordentlich, gehorsam
　　　　　［英］orderly, well-behaved
　　　　159b3
κοῦφος 轻的
　　　　　［拉］levis
　　　　　［德］leicht
　　　　　［英］light

术语索引 | 141

166b2, 166b3, 168c10

κρέας 肉，肉食
- [拉] caro
- [德] Fleisch
- [英] flesh, meat

155e1

κτάομαι (κτέομαι) 取得，占有，拥有
- [拉] possideo
- [德] erwerben, haben, besitzen
- [英] get, acquire, possess

158d8

κυβερνήτης 舵手
- [拉] gubernator
- [德] Steuermann
- [英] steersman

173b1

κυβερνητικός 善于掌舵的
- [拉] artis gubernandi peritus
- [德] zum Steuern gehörig od. geschickt
- [英] good at steering

174c6

κύκλος 圆圈
- [拉] circulus
- [德] Kreis
- [英] circle

155d2, 174b11

κύων 狗
- [拉] canis
- [德] Hund
- [英] dog

172e4

κωλύω 阻止，妨碍
- [拉] prohibeo, impedio
- [德] hindern, abhalten, zurückhalten
- [英] hinder, prevent

155b5, 162b9, 163a5, 163a6, 163a8, 164a1, 164a6, 174c6, 176b3

λαμβάνω (ληπτέον) 获得，拥有，抓住
- [拉] accipio
- [德] bekommen, empfangen, fassen
- [英] take, possess, seize

153b3, 171a4

λανθάνω 不被注意到，没觉察到
- [拉] lateo, delitesco
- [德] verborgen, unbekannt sein
- [英] escape notice, unawares, without being observed

166c4, 166d1, 173b4

λέγω (λεκτέος) 说
- [拉] dico
- [德] sagen
- [英] say, speak

154b7, 154d7, 155a8, 155b3, 155d6, 156b6, 156c6, 156c8, 156d5, 156d6, 156d7, 156d8, 157d1, 158a1, 158a3, 158b5, 158d2, 158d7, 158e1, 159b7, 159b8, 160a4, 161a2, 161a3, 161a10, 161b4, 161b5, 161b7, 161c6, 161c7, 161d2, 162a10, 162b1, 162b10, 162b11, 162e3, 162e5, 162e7, 163b6, 163d7, 163e2, 163e7, 164a1, 164a5, 164a8, 164a9, 164e5, 164e7, 165a8, 165b1, 165b3, 165e5, 166a3, 166b5, 166d1, 166e3, 166e4, 166e5, 167a7, 167b11, 167c4, 168b1, 168d3, 169b8, 169c1, 169d1, 170a5, 171b7, 171b8, 172a4, 172d3, 172e3, 173a2, 173a6, 173d9, 173e10, 174a2, 174b9, 174d2

λείπω 留下，放弃，背离
　　[拉] relinquo, desero
　　[德] verlassen
　　[英] leave, quit
　　176d1
λέξις 说话方式，说话风格
　　[拉] dictio, stilus
　　[德] Redeweise, Stil
　　[英] diction, style
　　160c6
λευκός 白的，白色的
　　[拉] candidus
　　[德] weiß
　　[英] white
　　154b9
λέων 狮子
　　[拉] leo
　　[德] Löwe
　　[英] lion
　　155d7
λήκυθος 油瓶
　　[拉] ampulla olearia
　　[德] Ölflasche
　　[英] oil-flask
　　161e12
ληρέω 胡说，说傻话，做傻事
　　[拉] nugor
　　[德] dumm schwatzen
　　[英] speak or act foolishly
　　173a3
λῆρος 蠢话，胡说
　　[拉] nuga, vaniloquus
　　[德] dummes Gerede
　　[英] trifle, trash

　　176a3
λογιστικός 精通计算的
　　[拉] artis numeros tractandi peritus
　　[德] im Rechnen erfahren
　　[英] skilled in calculating
　　165e6, 166a5, 166a10, 174b5
λόγος 话，说法，言辞，理由，道理，讨论
　　[拉] verbum, dictum, oratio
　　[德] Wort, Rede
　　[英] words, arguments
　　156a6, 156c3, 156c8, 157a4, 157a5,
　　158b3, 158d4, 160b8, 160d1, 161e13,
　　162c7, 162e3, 163d2, 164c2, 165b3,
　　166c5, 166d3, 166e2, 169d2, 173e6,
　　175b5, 175b7, 175c1, 176a3
λοιδορέω 指责，辱骂，亵渎
　　[拉] vitupero
　　[德] schelten, beschimpfen
　　[英] abuse, revile
　　154a1
μάθημα 学问，课业
　　[拉] doctrina, disciplina
　　[德] Lehre, Unterricht
　　[英] that which is learnt, lesson
　　168a7
μακάριος 有福的，幸福的，幸运的
　　[拉] beatus, felix
　　[德] glückselig, glücklich
　　[英] blessed, happy
　　157a4, 158b4, 166d8, 176a1
μάλα (comp. μᾶλλον; sup. μάλιστα) 很，非常
　　[拉] valde, vehementer

［德］sehr, recht, ganz
［英］very, exceedingly
154b4, 156a9, 156c9, 157a1, 158e4,
159e7, 160c3, 160c5, 160d5, 161b1,
162b4, 162c4, 164d1, 164d2, 166c7,
166d3, 166d7, 167b3, 169b2, 169d5,
169d6, 171c4, 172e7, 173a9, 173b5,
174b1, 174b8, 174b9, 174d8, 175d1,
175e2, 176a2

μανθάνω 学习，理解，弄明白，懂
［拉］disco, intelligo
［德］lernen, verstehen
［英］learn, understand
156d4, 163b4, 163d2, 170a3, 172b3,
172b4, 172b5, 172b7, 173d5, 175e3,
175e5

μανικός (adv. μανικῶς) 疯狂的，狂热的
［拉］insanus, furiosus
［德］wahnsinnig
［英］mad
153b2

μαντεύομαι (μαντεύω, μαντευτέον) 求神谕，预示
［拉］oraculum peto, vaticinor
［德］das Orakel befragen, weissagen
［英］seek divinations, presage, forebode
169b4

μαντικός (μαντικῶς) 预言的，神示的
［拉］vatem efficiens
［德］prophetisch, weissagerisch
［英］prophetic, oracular
173c3

μάντις 预言家
［拉］vates

［德］Seher, Wahrsager
［英］seer, prophet
164e7, 173c6, 174a1

μάχη 战斗，交战，斗争，争吵，竞争
［拉］pugna, conflictus, dimicatio
［德］Kampf, Schlacht, Streit, Zank
［英］battle, combat, strife
153b4, 153b5, 153b9, 153c3

μεγαλοπρεπής (adv. μεγαλοπρεπῶς) 宏大的，显赫的，崇高的
［拉］magnificus
［德］großartig, erhaben
［英］magnificent
175c4

μέγας (comp. μείζων; sup. Μέγιστος; adv. μεγαλωστί) 强有力的，大的
［拉］validus, magnus
［德］gewaltig, groß
［英］mighty, great, big
158a3, 158a4, 168b5, 168b6, 168b8,
168b10, 168b11, 168c1, 169a1,
172c1, 172c2, 172d3, 172d7, 176b7

μέγεθος 大，巨大，高大
［拉］magnitudo
［德］Größe
［英］greatness, magnitude
154c1, 168e5

μειράκιον (μειρακίσκος) 年青人，青少年
［拉］adolescens, juvenculus
［德］Knabe, Jüngling
［英］lad, stripling
154b5

μέλλω 打算，注定要，必定，应当
［拉］futurus sum, debeo, fatali nece-

ssiate cogor
［德］wollen, gedenken, sollen, bestimmt sein
［英］to be about to, to be destined
156b8, 157a2, 164b8, 170e4, 171e4, 171e6, 173c4, 173c6, 174a1, 174a5, 174b2

μέρος (μερίς) 部分
［拉］pars
［德］Teil
［英］portion, part
156c5, 156e6

μέσος (adv. μέσως) 中间的
［拉］medius
［德］in der Mitte
［英］middle
153b3

μεταξύ 中间，之间
［拉］inter, in medio
［德］in der Mitte, dazwischen
［英］in the midst, in the middle of, between
155c4

μετέχω (μετίσχω) 分担，分享，分有
［拉］particeps sum, partem habeo
［德］Anteil haben
［英］partake of, share in
158c4

μέτριος (adv.μετρίως) 合理的，适中的，合尺度的
［拉］moderatus
［德］angemessen
［英］moderate
166e3

μήτηρ 母亲
［拉］mater
［德］Mutter
［英］mother
158a2, 158b4

μιαρός 邪恶的，可恶的
［拉］scelestus, dirus
［德］ruchlos, verrucht
［英］abominable, foul
161b8, 174b11

μικρός (σμικρός) 小的
［拉］parvus
［德］klein
［英］small, little
154c7, 154d8, 156d2, 165d1, 173a5, 173d8, 176b8

μιμνήσκω (μιμνήσκομαι) 想起，记起
［拉］recordor, memini
［德］erinnern
［英］remember, remind oneself of
156a7, 159e9

μόγις 艰难地，吃力地
［拉］vix, aegre
［德］mit Mühe, schwer
［英］with toil and pain
155e3, 159d2, 160a9, 162c3

μοῖρα 应得的份额，定命，命运
［拉］sors
［德］Los, Schicksal
［英］portion in life, lot, destiny
155d7

μόνος 唯一的，仅仅的
［拉］solus, singularis, unus
［德］allein, alleinig, bloß

［英］alone, solitary, only
　　154d8, 155b7, 156b4, 156b7, 157d2,
　　161d6, 163a1, 163a4, 163c5, 163d6,
　　166c2, 166e5, 167a1, 170b7, 170c6,
　　170c10, 170d3, 170e10, 171a6,
　　171c5, 174c2, 174e6
μουσικός 文艺的，音乐的
　　［拉］musicus
　　［德］musisch
　　［英］musical
　　170c2
μυρίος (adv. μυριάκις) 巨大的，无限的，成千上万的
　　［拉］infinitus, extremus, maximus
　　［德］unendlich, unzählig
　　［英］infinite, immense
　　163d4
νεανίας (νεανίης) 年轻人，青年
　　［拉］adolescens, juvenis
　　［德］Jüngling, junger Mann
　　［英］a young man, youth
　　155a4
νεάνισκος 年轻人
　　［拉］adolescens, juvenis
　　［德］Jüngling, junger mann
　　［英］youth, young man
　　154a1, 154d1, 157c9
νεβρός 小鹿
　　［拉］hinnuleus
　　［德］Hirschkalb
　　［英］young of the deer, fawn
　　155d7
νέος (comp. νεώτερος) 新奇的，年轻的
　　［拉］novus, juvenis

　　［德］neu, jung
　　［英］new, young
　　153d4, 155a5, 168c10
νοέω 想，理解
　　［拉］intelligo, cogito
　　［德］denken, einsehen
　　［英］perceive by the mind, think, consider
　　161d2, 162b10, 162d5
νομίζω (νομιστέος) 承认，信奉
　　［拉］existimo, reor
　　［德］anerkennen, glauben
　　［英］acknowledge, believe in
　　155d4, 163b9
νομοθέτης 立法者
　　［拉］legis lator
　　［德］Gesetzgeber
　　［英］lawgiver
　　175b4
νόμος 法律，习俗
　　［拉］jus, lex, mos
　　［德］Gesetz, Gewohnheit, Sitte
　　［英］law, custom
　　161e11
νόος (νοῦς) 理智，努斯
　　［拉］mens, intellectus
　　［德］Verstand, Vernunft
　　［英］mind, intellect
　　154c6, 160d6, 166e2
νόσημα 病，疾病
　　［拉］morbus
　　［德］Krankheit
　　［英］disease
　　156e4

νοσώδης 病态的，有病容的，不健康的，有害身体的
　　［拉］insalubris
　　［德］ungesund, krank
　　［英］sickly, unwholesome
　　170e7, 171a9, 171b4
ξένος (adv. ξένως) 陌生的，不熟悉的，异乡的
　　［拉］alienus, peregrinus
　　［德］fremd
　　［英］unacquainted with, ignorant of
　　157c3
ξύλον 木头
　　［拉］lignum
　　［德］Holz
　　［英］wood, log
　　173e4
ὁδός 道路，路
　　［拉］via
　　［德］Weg, Pfad
　　［英］way, road
　　159b3
οἰκεῖος 家中的，有亲戚关系的，自己的
　　［拉］domesticus, privatus
　　［德］häuslich, verwandt, eigen
　　［英］of the same household, kin, one's own
　　163c5, 163d2
οἰκέω 居住，生活，管理，治理
　　［拉］habito, vivo, guberno, administro
　　［德］wohnen, leben, verwalten
　　［英］inhabit, dwell, live, manage, direct
　　161e10, 162a4, 162a5, 171e6
οἴκημα 房间，房屋
　　［拉］cubiculum
　　［德］Raum
　　［英］room
　　163b8
οἴκησις 住处，房屋
　　［拉］habitatio, domus
　　［德］Behausung, Wohnung
　　［英］house, dwelling
　　165d6
οἰκία 房子，家
　　［拉］domus
　　［德］Haus
　　［英］building, house, dwelling
　　154e3, 157e2, 157e5, 158a6, 165e7, 171e5, 172d4
οἰκοδομέω 建房
　　［拉］aedifico
　　［德］Häuser bauen
　　［英］build a house
　　161e6, 165d5
οἰκοδομικός 精通建筑的
　　［拉］ad aedificatorem pertinens
　　［德］zum Bauen gehörig
　　［英］skilled in building
　　165d4, 165e7, 170c3, 170c7
οἴομαι 料想，猜，认为，相信
　　［拉］puto
　　［德］vermuten, denken
　　［英］guess, think, believe
　　154b4, 156c2, 157e1, 158e5, 159a4, 159a5, 159a6, 160a9, 162d4, 163b5, 163b8, 163b9, 163c6, 164c8, 165a2, 165a4, 166c4, 166d2, 166d5, 167a4, 167c6, 167e4, 170b3, 171c7, 173a3,

术语索引 | 147

　　174a7, 175c7, 175e5, 176b2
ὀκνέω 迟疑，怕
　　［拉］vereor, dubito, timeo
　　［德］zögern, fürchten
　　［英］hesitate, fear
　　159b1
ὀλιγαχοῦ 在少数地方
　　［拉］paucis in locis
　　［德］an wenigen Orten
　　［英］in a few places
　　160c1
ὀλίγος (sup. ὀλίγιστος) 小的，少的
　　［拉］paucus, parvus
　　［德］gering, klein
　　［英］little, small
　　153b5, 156a6, 164a5
ὅλος (adv. ὅλως) 整个的，全部的
　　［拉］totus
　　［德］ganz, völlig
　　［英］whole, entire
　　156c2, 156c4, 156e4
ὄμμα 眼睛
　　［拉］oculus
　　［德］Auge
　　［英］eye
　　156c1, 157a1
ὄμνυμι 发誓
　　［拉］jurejurando affirmo
　　［德］schwören
　　［英］swear
　　157c1
ὅμοιος (adv. ὁμοίως) 一致的，相似的，相像的
　　［拉］par, aequalis, similis

　　［德］einig, gleich
　　［英］same, like, resembling
　　159c3, 165e3, 165e5, 170a2, 174a11,
　　174a12
ὁμοιότης 相似（性）
　　［拉］similitudo
　　［德］Ähnlichkeit
　　［英］likeness, similarity
　　166b9
ὁμολογέω (ὁμολογητέον) 同意，赞同，认可，达成一致
　　［拉］consentio, assentior
　　［德］zugestehen, bestimmen
　　［英］agree with, concede
　　158c3, 158c8, 160e6, 163a10, 163a12,
　　164c8, 165b4, 165b7, 165c1, 172d5,
　　172e1, 173e8, 175b1
ὁμολογία 同意，承认，条约
　　［拉］consensio, consensus
　　［德］Übereinstimmung, Zugeständnis
　　［英］agreement, admission, concession
　　175c7
ὁμότεχνος 从事同样技艺的，干同样活的
　　［拉］eandem Artem factitans
　　［德］dasselbe Gewerbe treibend
　　［英］practising the same art
　　171c8
ὄναρ 梦，梦中的景象
　　［拉］somnium
　　［德］Traum, Traumbild
　　［英］dream, vision in sleep
　　173a8
ὄνειδος 责骂，辱骂
　　［拉］opprobrium

[德]Vorwurf
[英]reproach, rebuke
163b5, 163b7, 163c1, 163c2

ὀνίνημι 帮助，使满意
[拉]juvo
[德]nützen, helfen
[英]profit, benefit, help, gratify
164b9, 172d2, 175e1

ὄνομα 语词，名字，名声
[拉]nomen
[德]Name, Nomen
[英]name, word, fame
156a5, 161d6, 161d9, 163d4, 163d5, 163d6, 165e2, 175b4

ὀνομάζω 命名，称呼
[拉]nomino, appello
[德]nennen
[英]name, call or address by name
163e2

ὀξύς (adv. ὀξέως) 敏锐的，尖锐的，迅速的
[拉]acutus, acer
[德]scharf, spitz, schnell
[英]sharp, keen, quick
159c9, 159d1, 159d5

ὀξύτης 尖锐，高音，快速，敏捷
[拉]acumen, acerbitas
[德]Schärfe, Schnelligkeit
[英]sharpness, quickness
160a1, 160b4

ὄπισθεν 后面，以后
[拉]pone, post
[德]hinter, nachher
[英]behind, after

154a2, 154c4

ὁράω 看，注意
[拉]video, animadverto, intelligo
[德]schauen, einsehen, merken
[英]see, look, pay heed to
153b8, 158a7, 163a6, 167d1, 168d9, 168e3, 169c4, 172a7, 172a9, 175a9, 176a1

ὀργίζω 发怒，生气
[拉]irascor
[德]zornig machen, erzürnen
[英]make angry, irritate
162d2

ὀρθός (adv. ὀρθῶς) 正确的，直的
[拉]rectus
[德]recht, gerade
[英]right, straight
160d4, 161b3, 161b7, 161c7, 164d2, 164e1, 165b2, 166e3, 168b1, 169c1, 171b5, 171b9, 171e4

ὀρθότης 正确，笔直
[拉]rectitudo
[德]die gerade Stellung, Richtigkeit
[英]straightness, rightness, correctness
172a1

ὁρίζω (διά-ὁρίζω) 定义，规定，分开
[拉]termino, finio
[德]definieren, bestimmen, trennen
[英]define, determine, divide
163d7, 171a5, 171a9, 173a10

ὁρμάω 急于要做，打算做，开始，动身
[拉]incito, prorumpo, initium facio
[德]erregen, sich anschicken, beginnen
[英]hasten, be eager, start

156e7

ὁσάκις 多次，经常
　　［拉］quoties
　　［德］wie oft
　　［英］as many times as, as often as
158a4

ὄφελος 用处，益处，帮助
　　［拉］utilitas, usus
　　［德］Nutzen, Vorteil
　　［英］advantage, help
155e8, 175b2

ὀφθαλμός 眼睛
　　［拉］oculus
　　［德］Auge
　　［英］eye
155d1, 156b6, 156b7, 156e1

ὄχλος 人群，群氓；混乱，骚乱
　　［拉］turba, molestia, perturbatio
　　［德］bewegte Menge, Belästigung
　　［英］crowd, throng, annoyance, trouble
154a2

ὄψις 形象，外貌，视力，视觉
　　［拉］visus, facies, oculus
　　［德］das Aussehen, Sehkraft
　　［英］aspect, appearance, sight
167c8, 167c9, 167c10, 167d2, 168d9, 168d10, 168e9

πάγκαλος (adv. παγκάλως) 极美的，极好的
　　［拉］rectissimus, pulcerrimus
　　［德］wunderschön
　　［英］very beautiful, good, or right
154d5

παγκρατιάζω 格斗
　　［拉］pancratium exerceo
　　［德］sich in Pankration üben
　　［英］perform the exercises of the Pancratium
159c11

παῖς (παιδίον) 孩童，孩子，小孩
　　［拉］pueritia
　　［德］Kind
　　［英］child, childhood
154b4, 154c6, 155b1, 155d6, 156a7

πάλαι 很久以前，过去
　　［拉］olim, pridem
　　［德］vor alters, ehedem, schon lange
　　［英］long ago
162c1, 174b11, 174e5, 175a9, 175d3

παλαίστρα 摔跤学校
　　［拉］palaestra
　　［德］Ringschule
　　［英］wrestling-school
153a4, 155d2

παλαίω 摔跤，角力
　　［拉］luctor
　　［德］ringen
　　［英］wrestle
159c8

παντάπασι 完全，绝对
　　［拉］omnino
　　［德］ganz, völlig
　　［英］altogether
155e7, 168e4, 168e6, 175c3

πανταχῇ 到处，各方面
　　［拉］undique
　　［德］überall, auf alle Fälle
　　［英］everywhere, on every side

175b2

παντᾰχοῦ 一切地方，全然
　[拉] ubique
　[德] überall
　[英] everywhere, altogether, absolutely
160a5

παραγίγνομαι 在旁，在附近，在场
　[拉] advenio, intersum
　[德] zum jem. stehen, dabeisein
　[英] to be beside, stand by
153c, 153c4

παραδέχομαι 同意，接受
　[拉] admitto
　[德] annehmen, billigen
　[英] receive, accept, admit
162e3, 162e6

παραδίδωμι 交出去，交给，出卖，背叛
　[拉] trado, dedo
　[德] hingeben, verraten
　[英] give, hand over to another, betray
157e7, 171e2, 172d9

παρακαθίζω 坐在旁边
　[拉] adsideo
　[德] dabeisitzen
　[英] sit down beside
153c8

παρακελεύομαι 鼓励，劝告
　[拉] exhorto
　[德] ermahnen, ermuntern
　[英] recommend, exhort, encourage
164e2

πάρειμι 在场，在旁边；走上前来
　[拉] adsum, procedo
　[德] dabei od. anwesend sein, gegenwärtig sein, herbeikommen
　[英] to be present in or at, to be by or near, go by, come forward
157a6, 158b5, 158c8, 158e7, 160d7, 161a4, 161a9, 162c2, 169c7, 175e2

παρεμπίπτω 偷偷地侵入，闯入
　[拉] obrepo
　[德] daneben eindringen
　[英] creep in, intrude
173d2

παρέχω 提请，提供，让
　[拉] adduco, praebeo
　[德] darbieten, aufbieten, veranlassen
　[英] hand over, yield, allow, grant
157b4, 157c4, 159a2, 169a1, 176b7

παρίημι 请求，容许，让
　[拉] deprecor, admitto
　[德] sich ausbitten, einlassen
　[英] ask, admit
173a4

παρρησιάζομαι 直言不讳地说，开诚布公地说
　[拉] libere loquor
　[德] freimütig sagen, sich frei aussprechen
　[英] speak freely, openly
156a9

πάσχω 遭遇，发生，经历
　[拉] accido
　[德] empfangen, erfahren, erleiden
　[英] suffer, happen to one
165a2, 171d5

πατρῷος 从父亲一方来的，父系的
　[拉] a patre acceptus vel relictus, patrius

［德］vom Vater ererbt, väterlich
［英］of or from one's father
157e5

πείθω (πειστέον) 劝，听从
　　［拉］persuadeo, obedio
　　［德］überreden, gehorchen
　　［英］persuade, obey
　　156a3, 156a4, 157b3, 157c1, 157c2, 176b1, 176c1

πεῖρα 尝试，经验
　　［拉］conatus, periculum, exploratio
　　［德］Versuch, Erfahrung
　　［英］trial, attempt, experience
　　171a4

περιέλκω 拖来拖去，到处拉
　　［拉］huc illuc traho
　　［德］herumziehen
　　［英］drag round, divert, distract
　　174b11

περιρρέω 绕行，绕着流出
　　［拉］circumfluo
　　［德］umfließen
　　［英］flowround
　　155d2

περισσός 超过一般的，不寻常的，奇数的
　　［拉］eximius, excellens, impar
　　［德］ungewöhnlich, außergewöhnlich, ungerade
　　［英］out of the common, extraordinary, strange, odd
　　166a6, 166a9

πεσσευτικός 精通下跳棋的
　　［拉］calculis ludendi peritus
　　［德］zum Brettspiel gehörig, darin geschickt
　　［英］skilled in draught-playing
　　174b2, 174b4

πιστεύω 相信
　　［拉］credo, confido
　　［德］glauben
　　［英］trust, believe
　　161a2, 169a7

πλάγιος 斜着的，歪的
　　［拉］obliquus
　　［德］schief
　　［英］oblique
　　155c3

πλῆθος 大众，大群，数量
　　［拉］multitudo, copia
　　［德］Menge, Masse
　　［英］great number, multitude, the majority
　　166a6, 168e6

πλησίος 近的，邻近的
　　［拉］propinquus
　　［德］nahe
　　［英］near
　　155c2

πλούσιος 富足的，丰富的
　　［拉］dives, opulentus
　　［德］reich
　　［英］wealthy, rich
　　157b8

πλύνω 洗涤
　　［拉］lavo
　　［德］waschen, reinigen
　　［英］wash, clean

161e12
ποιέω 做，当作
　［拉］facio, efficio
　［德］machen, tun, annehmen
　［英］make, do
　155b9, 155e7, 156a9, 156b4, 156e5,
　157c1, 157c5, 159b5, 160d7, 161a8,
　162e7, 162e9, 163a1, 163a4, 163a11,
　163b1, 163b3, 163c3, 163e9, 164a6,
　164b1, 165e4, 166c4, 166c5, 166c7,
　166d3, 166e3, 170d8, 170e6, 174a10,
　174c1, 174c5, 174e3, 174e4, 176c1,
　176c2, 176c4, 176c5, 176c9
ποίημα 做成的东西，诗作，作品，行动
　［拉］quod aliquis fecit, poema, opus
　［德］das Gemachte, Gedicht, Arbeit
　［英］anything made or done, poem, work
　162d3, 163c1
ποίησις 诗，作品，制作，创作
　［拉］poesis, poema
　［德］Machen, Schöpfung, Dichtung
　［英］creation, production, poem
　163b9, 163c4, 163d3, 163e1
ποιητής 创造者，制造者，诗人
　［拉］confictor, factor, auctor
　［德］Schöpfer, Verfertiger, Dichter
　［英］maker, poet
　157e6, 162d3
ποιητικός 能创造的，有创造力的
　［拉］faciendi vim habens, poeticus
　［德］schaffend
　［英］capable of making, creative, productive

155a1
πόλεμος 战争，战斗
　［拉］bellum, pugna
　［德］Krieg, Kampf
　［英］battle, fight, war
　173b6, 174c7
πόλις 城邦，城市
　［拉］civitas
　［德］Staat
　［英］city
　161e10, 171e6, 172d4
πολιτεύω 成为公民，生活在城邦中
　［拉］in civitate vivo
　［德］Bürger sein
　［英］to be a citizen
　171e6
πολιτικός 城邦的，公共的，属于公民的
　［拉］politicus
　［德］politisch, öffentlich
　［英］civil, public
　170b3
πολυπραγμονέω 非常忙碌，爱管闲事
　［拉］ardelionem ago
　［德］vielerlei Ding treiben, vorwitzig sein
　［英］to be busy about many things, meddle
　161d11
πολύς (comp. πλείων; sup. πλεῖστος; adv. πλειστάκις) 多，许多
　［拉］multus
　［德］viel
　［英］many, much
　153a5, 153a6, 153c1, 154c4, 155c1,

156c3, 156e4, 157d6, 157e6, 158d3, 159c9, 162e4, 165e8, 166c3, 168c3, 168c9, 168d8, 170a7, 173c2, 175b5, 175e4

πορίζω 带来，提供，弄到
　　［拉］suppedito, praebeo, procreo
　　［德］bringen, darbieten, sich verschaffen
　　［英］bring about, furnish, provide, procure
　　157b1

πρᾶγμα 事情，重大的事情，麻烦事
　　［拉］res
　　［德］Sache
　　［英］thing
　　175e4

πρᾶξις 行事，行为，实践，情况，事情的结局
　　［拉］actio, successus rerum
　　［德］Handlung, Lage, Ende der Geschichte
　　［英］doing, action, practice, result
　　160c1, 160c4, 163b9, 163c4, 163d3, 163e1, 163e10, 172a1

πράσσω (πράττω) 做
　　［拉］ago
　　［德］tun, handeln, machen
　　［英］do, act
　　159b3, 160c5, 161b6, 161d2, 161d3, 161e3, 161e4, 161e8, 162a2, 162a8, 162a11, 162b5, 162b8, 162d6, 163a7, 163a8, 163a11, 163b2, 163b6, 163c7, 163e4, 164b3, 164b5, 164b9, 164b11, 164c1, 164c2, 164c5, 171b7, 171b8, 171b9, 171e1, 171e3, 171e4, 172a2, 172d8, 173b1, 173d1, 173d4, 173d7, 173d7, 174b12, 176d2

πρέπω 相适合，相配，合适
　　［拉］decet, convenio
　　［德］passen, ziemen
　　［英］fit, suit
　　154e1, 158c6

πρεσβεύω 敬重，做使节
　　［拉］veneror, legatus sum
　　［德］schätzen, achten, Gesandter sein
　　［英］respect, to be an ambassador or serve as one
　　158a5

πρέσβυς (πρεσβύτης) 老人
　　［拉］senex
　　［德］Alter
　　［英］old man
　　168c10

προβάλλω 扔向前面，抛给
　　［拉］projicio, propono
　　［德］vorwerfen, vorschieben
　　［英］throw or lay before, put forward
　　162b5

πρόδρομος 先驱，先导
　　［拉］praecursor
　　［德］Vorläufer
　　［英］precursor
　　154a4

πρόειμι 向前走，前进，开始
　　［拉］anteeo, procedo
　　［德］vorgehen, fortschreiten
　　［英］go forward, advance, begin
　　169d2

προκαλέω 挑战，提交
　　[拉] provoco
　　[德] herausfordern
　　[英] challenge, offer
　　169c8

προσαγορεύω 称呼，打招呼
　　[拉] voco, saluto
　　[德] anreden, nennen, begrüßen
　　[英] address, greet
　　164e3

προσδιδάσκω 另外教
　　[拉] praeterea doceo
　　[德] dazu lehren
　　[英] teach besides
　　173d8

πρόσειμι 走向，走近；加上……，属于
　　[拉] adeo, adsum
　　[德] hinzugehen, dabei sein
　　[英] come or go to, approach, to be added to
　　154a6, 154d8

προσεπίσταμαι 此外还知道
　　[拉] praeterea scio
　　[德] noch dazu wissen
　　[英] understand or know besides
　　170b6

προσέρχομαι 来，去，结交，拜访
　　[拉] adeo, incido
　　[德] hinzugehen, sich anschließen
　　[英] come or go to, visit
　　156b5

προσέχω 带给，献上
　　[拉] applico
　　[德] herführen
　　[英] apply, bring
　　154c6, 160d5, 166e1

πρόσθεν 在……前，以前，从前
　　[拉] ante, olim, prius
　　[德] vorn, früher
　　[英] before, in front of
　　155c6, 162c3

προσκαθοράω 另外看到，此外还看到
　　[拉] conspicio
　　[德] noch dazu sehen
　　[英] behold besides
　　172b5

προσποθέω 此外还希望知道
　　[拉] praeterea desidero vel scire cupio
　　[德] dazuwünschen
　　[英] desire to know besides
　　174a10

προσποιέω 假装，佯装
　　[拉] affecto, simulo
　　[德] vorgeben
　　[英] pretend
　　155b5, 170e1, 171c7, 173b3

πρόσρησις (πρόσρημα) 名称，称呼
　　[拉] appellatio
　　[德] Benennung
　　[英] addressing, naming
　　164d7, 164e1, 165a6

προσφέρω (προσοιστέος) 送上，献上，走向，接近
　　[拉] affero, offero, admoveo
　　[德] hintragen, vorbringen, herankommen
　　[英] bring to, present, approach
　　165b6

πρόσωθεν (πόρρωθεν) 从远处，遥远地，从很久以前
　　[拉] e longinquo
　　[德] von fern her, fern
　　[英] from afar, distantly, from long ago
　　153b1, 155a2

πρότερος (προτεραῖος) 更早的，在先的
　　[拉] prior
　　[德] früher, vorhergehend
　　[英] before, former, earlier
　　153a1, 154e6, 164a5

προτίθημι 提出，提供，设置
　　[拉] propono, objicio
　　[德] vorsetzen, voranstellen
　　[英] set before, set out, propose
　　165b8

προφαίνω 使显现，使出现
　　[拉] appareo, prodeo
　　[德] vorzeigen, zum Vorschein bringen
　　[英] bring to light, show forth, manifest
　　172e5, 173a3

προφέρω 带给，宣称，举出
　　[拉] profero, exhibeo, enuncio
　　[德] vorbringen, vorführen, verkündigen
　　[英] bring to, present, utter
　　157c4

προφήτης (προφῆτις) 代言人，解释者，预言者
　　[拉] interpres, vates
　　[德] Wortführer, Wahrsager
　　[英] spokesman, interpreter, expounder, prophet
　　173c6

πυκτεύω 拳击，打拳
　　[拉] pugnis certo
　　[德] den Faustkampf betreiben
　　[英] box
　　159c11

πυνθάνομαι 询问，打听，听到，了解到
　　[拉] interrogo, quaero, audio
　　[德] fragen, sich erkundigen
　　[英] inquire about, hear, learn
　　153b6, 153c6, 158e1

ῥᾴδιος (adv. ῥᾳδίως) 容易的，漫不经心的
　　[拉] facilis, expeditus
　　[德] leicht, mühelos
　　[英] easy, ready
　　155c7, 157a7, 157e2, 158c7, 160b1, 172b4, 172d7, 173d6

ῥῆμα 言辞，说出的话语，动词
　　[拉] verbum, dictum
　　[德] Wort, Ausspruch
　　[英] that which is said or spoken, word, saying, phrase
　　161d1

σαφής (adv. σαφῶς) 清楚的，明白的
　　[拉] manifestus, clarus, planus
　　[德] deutlich, klar, sichtbar
　　[英] clear, plain, distinct
　　153c6, 163d7, 163e11, 165b2, 169d1

σκεπτέον 必须考虑，必须考察
　　[拉] considerandum est
　　[德] man muss betachten, überlegen
　　[英] one must reflect or consider
　　158d8, 161c5

σκέπτομαι 考虑，思考

[拉]considero
[德]nachdenken
[英]consider
158e5, 161b4, 165c1, 165c2, 167b6, 170e3, 171a4, 172d2

σκεῦος 器具，器皿
[拉]apparatus, instrumentum
[德]Zeug, Gerät
[英]vessel, implement
173b7

σκέψις 考虑，思索，观察
[拉]consideatio, speculatio
[德]Überlegung, Prüfung
[英]consideration, speculation
158e6

σκληρός 顽固的，硬的
[拉]durus
[德]hart, verstockt
[英]hard, stiff, unyielding
175d1

σκοπέω 考虑，注视，查明
[拉]speculor, considero
[德]überlegen, prüfen, sich umshen
[英]behold, contemplate
158e3, 158e5, 161b6, 162e5, 163e6, 165c3, 165c4, 166d3, 166e2, 167b5, 167c5, 167d7, 168a11, 171a11, 171b1, 171b5, 171b8, 172e6, 173a4, 175a11

σκυτικός 制鞋的，制革的
[拉]corio factus, coriarius
[德]zur Schustereigehörig
[英]skilled in shoemaking
174c5

σκῦτος 皮，皮革
[拉]corium
[德]Haut, Leder
[英]skin, hide
173d9

σκυτοτομέω 做鞋，做鞋匠
[拉]sutrinam facio
[德]Schuhmacher sein
[英]cut leather for shoes, to be a shoemaker
161e12, 163b7

σοφία 智慧
[拉]sapientia
[德]Weisheit
[英]wisdom
153d4

σοφός 智慧的
[拉]sapiens
[德]weise, klug
[英]wise
155d4, 161c1, 162b3

σπουδή 急忙，热切，认真
[拉]festinatio, studium
[德]Eile, Eifer, Ernst
[英]haste, zeal, earnestness
155c2, 175e5

στάθμη 墨线
[拉]linea
[德]Richtschnur
[英]carpenter's line
154b9

σταθμητός 待测量的
[拉]ad amussim exactus, pondere demensus
[德]zu bemessen nach etw.

[英] to be measured
154b8

σταθμός 重量
[拉] pondus
[德] Gewicht
[英] weight
166b2

στατικός 精通称重的
[拉] ponderandi peritus
[德] wägend
[英] skilled in weighing
166b1, 166b2, 166b3

στλεγγίς 刮刀
[拉] strigilis
[德] strigilis
[英] scraper
161e13

στρατηγικός 关于将军的，有将才的
[拉] imperatorius
[德] den Feldherrn betreffend
[英] of or for a general
174c7

στρατηγός 将军，统帅
[拉] dux
[德] Heerführer, Feldherr
[英] leader or commander of an army, general
173b3

στρατία 军队
[拉] exercitus
[德] Heer
[英] army
156d4

στρατόπεδον 营地，军营
[拉] castra
[德] Lager
[英] camp, encampment
153a2, 153c9

συγγένεια 亲戚关系，家族关系
[拉] cognatio
[德] Verwandtschaft
[英] kinship, relationship
155a3

συγχωρέω (συγχωρητέον) 让步，同意
[拉] concedo, indulgeo
[德] nachgeben, zulassen
[英] concede, give up
155c1, 162e2, 162e6, 162e8, 164d2, 166b3, 169c7, 169d3, 172c7, 173c3, 175b5, 175b6, 175c1, 175c4

συλλήβδην 简而言之，总之
[拉] summatim
[德] zusammenfassend, mit einem Wort
[英] in sum, in short
159b5, 167d7

συλλογίζομαι 计算，推论
[拉] computo, rationem subduco
[德] berechnen, schließen
[英] compute, conclude, infer
160d8

συμβαίνω 有结果，发生
[拉] succedo
[德] sich ereignen, geschehen
[英] result, follow, happen
164c8, 169d8, 173b5, 175b5

συμβουλεύω 劝说，劝告，建议
[拉] consilium do, consulo
[德] raten, sich beraten

[英] advise, counsel
176a2

συμβουλή (συμβουλία) 建议，劝说，忠告
    [拉] consultatio, consilium
    [德] Rat, Ratschlag
    [英] advice, counsel
    165a4, 165a6

σύμπας (συνάπας) 全部，总共，整个
    [拉] omnis, totus, cunctus
    [德] all, insgesamt
    [英] all together, the whole, sum
    158a5, 174c1

συμπάσχω 有同样的感受
    [拉] eodem nodo afficior
    [德] mitleiden, Gleiches leiden
    [英] have the same thing happen to one
    169c5

συμπλάσσω 一起塑造，编造
    [拉] confingo
    [德] zusammenformen
    [英] moula or fashion together
    175d3

συμφέρω (συμφορέω) 收集，聚集
    [拉] confero, congero
    [德] zusammentragen, sammeln
    [英] bring together, gather, collect
    164d3

σύμφημι 同意，赞成
    [拉] concedo, approbo
    [德] beistimmen, bejahen
    [英] assent, approve
    154d6

συναγείρω 聚集，集合
    [拉] congrego, colligo

    [德] sammeln, zusammenbringen
    [英] gather together, assemble
    156d2

σύνειμι 在一起，共处，结交
    [拉] una sum, consuetudinem habeo
    [德] mit leben
    [英] to be with, live with
    156a8

συνεργός 联合工作的，通力合作的
    [拉] adiuvans
    [德] mitwirkend, behilflich
    [英] working together, joining or helping in work
    173d3

συνέρχομαι 来到一起，相会
    [拉] convernio, concurro
    [德] zusammengehen, zusammenkommen
    [英] come together, go together
    157e3

συνήθης 熟识的，同住的
    [拉] familiaris
    [德] gut bekannt, zusammengewöhnt
    [英] well-acquainted, dwelling or living together
    153a7

συνίημι 理解，明白
    [拉] intelligo, sentio
    [德] verstehen, einshen
    [英] understand, perceive
    160a4

συνίστημι 组成，联合；介绍
    [拉] constituo, commendo
    [德] bestehen, zusammensetzen,

vorstellen
[英] put together, constitute, introduce
155b2

συνομολογέω 和某人一同表示同意，承认
[拉] fateor, confiteor
[德] übereinstimmen
[英] say the same thing with, agree with
175d3

σφοδρός (adv. σφοδρῶς, σφόδρα) 激烈的，急躁的，热烈的，猛烈地
[拉] vehemens
[德] heftig, ungestüm
[英] violent, impetuous
157b7, 159e6, 159e10, 159e11, 160c3, 160c6, 168e4

σχεδόν 几乎，将近，大致
[拉] paene, prope
[德] nahe, fast, ungefähr
[英] near, approximately, more or less
154b9, 163d1, 164d3, 166d5

σώζω 保全，拯救
[拉] conservo
[德] retten, schützen, behalten
[英] save, keep
153b4, 173b7

σῶμα 身体，肉体
[拉] corpus
[德] Leib, Körper
[英] body, corpse
156c3, 156c4, 156e2, 156e7, 157a3, 157b1, 159c13, 159d4, 159d10, 160b4, 173b5

σωτήρ 救星，救主
[拉] servator

[德] Retter
[英] savior
167a9

σωφρονέω 清醒过来，明白过来，节制
[拉] prudens sum
[德] vernünftig, klug, besonnen sein
[英] come to one's senses, learn moderation, to be temperate
161d11, 163a4, 163a9, 163a11, 163e4, 163e9, 163e10, 164a2, 164a3, 164a7, 164b5, 164c6, 164d3, 164e2, 164e6, 164e7, 167a5, 169d8, 170d1, 176b6

σωφροσύνη 自制，节制，清醒
[拉] temperantia, modestia
[德] Besonnenheit, Selbstbeherrschung
[英] selfcontrol, temperance
157a6, 157b6, 157d3, 158b2, 158b6, 158c3, 158e7, 159a3, 159a10, 159b2, 159c1, 159d8, 159d11, 160b7, 160c5, 160d2, 160d7, 160e3, 160e5, 160e6, 161a11, 161b4, 161b6, 161d2, 162c6, 162d5, 162e3, 163a7, 163e2, 163e10, 164d4, 165b4, 166c5, 165d7, 165d8, 166b5, 166b6, 166b8, 166e4, 167a6, 169a6, 169b2, 169b4, 169b6, 169c2, 170c1, 170c2, 170c3, 170c6, 170d1, 170d8, 170e10, 171d2, 171d7, 171e5, 171e7, 172a4, 172b2, 172c1, 172c6, 172c8, 172d3, 173a10, 173c4, 173d2, 174d3, 174d6, 174d9, 175a6, 175a10, 175b4, 175d4, 175e1, 175e7

σώφρων (σωφρονικός, adv. σωφρόνως) 自制的，节制的，清醒的
[拉] temperans, moderatus

[德] besonnent
[英] temperate, self-controlled
157d6, 158b6, 158d1, 158d4, 159b8,
159d11, 160b8, 160b9, 160d1, 160e9,
161a8, 162a4, 163c8, 164c2, 164c6,
167a1, 170e4, 171a3, 171d3, 171d6,
175c2, 175e1, 176a5

ταριχοπωλέω 卖咸鱼
[拉] salsamenta vendo
[德] eingesalzene Fisch verkaufen
[英] sell salt fish
163b7

ταὐτός 同一的
[拉] idem
[德] identisch, gleich
[英] identical
154d6, 157e3, 163b1, 165a1, 169c4,
170a1, 170a10, 171d4

τάχος 快速，迅速，速度
[拉] celeritas, velocitas
[德] Schnelligkeit, Eile
[英] swiftness, speed, quickness
160b4, 169e2

ταχύς (adv. τάχα, ταχέως; comp. θάσσων) 快的，迅速的
[拉] citus, celer, velox
[德] schnell, bald
[英] quick, hasty
159c4, 159c5, 159c6, 159c7, 159c8,
159d1, 159d5, 159e3, 159e6, 159e10,
159e11, 160a6, 160b1, 160c2, 160c4,
160c6, 160d2, 165a1, 169c1, 169e3,
172c3

ταχυτής 快速，迅速

[拉] celeritas
[德] Schnelligkeit, Geschwindigkeit
[英] quickness, swiftness
159d11

τεκμαίρομαι 推断，推测，断定
[拉] argumentor, conjecto
[德] festsetzen, vermuten
[英] judge, conjecture
172c5

τεκμήριον 证明，证据
[拉] argumentum
[德] Beweis
[英] proof
176b6

τέλος 完成，实现，终点
[拉] finis, terminus
[德] Vollendung, Ende
[英] achievement, end
173d6

τέχνη 技艺
[拉] ars
[德] Kunst, Kunstfertigkeit
[英] art, skill
161e7, 165d6, 165e6, 165e8, 171c6,
174e4, 175a1, 175a4

τεχνικός 有技艺的，合适的
[拉] artificialis
[德] kunstvoll, vernünftig
[英] skilful, artful, cunning
173c1

τηλικοῦτος (τηλικόσδε) 如此年纪的，如此重大的
[拉] tantus, tantae aetatis
[德] in solchem Alter, so groß

术语索引 | 161

　　[英] of such an age, so great, so large 154e6, 162e1

τίθημι (θετέος) 提出，设定
　　[拉] pono, duco
　　[德] setzen, stellen
　　[英] give, put, set up
　　163d5, 169b5, 172c8, 174a6, 175b4, 175d4

τίκτω 生育
　　[拉] pario
　　[德] gebären
　　[英] bring forth
　　158b4

τομή 切，砍
　　[拉] sectio
　　[德] Einschnitt, Schnitt
　　[英] cutting, cleaving
　　173d9

τοπάζω 猜想，揣测
　　[拉] suspicor
　　[德] vermuten
　　[英] guess
　　159a9

τοσοῦτος 这样大的，这样多的
　　[拉] tantus
　　[德] so groß
　　[英] so great, so large
　　170a9, 170d7, 175d2

τρέπω 转向，走向
　　[拉] converto, verso
　　[德] sich wenden, sich drehen
　　[英] turn one's steps, turn in a certain direction
　　156c4, 158e2

τρόπος 方式，生活方式，性情，风格
　　[拉] modus
　　[德] Weise
　　[英] way, manner
　　156b2

τυγχάνω 恰好，碰巧
　　[拉] invenio, incido
　　[德] sich treffen, sich zufällig ereignen
　　[英] happen to be
　　154d8, 154e1, 155a5, 156b1, 160c4, 161b1, 166a5, 166b6, 167a2, 167e7, 171a1, 175d1

ὑβριστικός 侮慢的，放纵的
　　[拉] insolens, lascivus
　　[德] übermütig
　　[英] insolent, outrageous
　　175d4

ὑγιαίνω 健康
　　[拉] valeo
　　[德] gesund sein
　　[英] to be sound, healthy
　　174c5, 174e3

ὑγίεια 健康
　　[拉] sanitas
　　[德] Gesundheit
　　[英] health, soundness
　　157a7, 157b6, 165d1, 174e9, 175a1

ὑγιεινός 健康的
　　[拉] saluber
　　[德] gesund
　　[英] healthy, sound
　　165c8, 165c10, 170a10, 170b6, 170c1, 170c7, 170e7, 171a9, 171b4, 174b7

ὑγιής (adv. ὑγιῶς) 健康的，强健的

[拉] saluber, sanus
[德] gesund
[英] healthy, sound
155e7, 156b4, 164a9, 173b5

υἱός 儿子
[拉] filius
[德] Sohn
[英] son
154b2

ὑπάρχω 开始，属于，存在
[拉] initium do, adsum
[德] anfangen, beginnen, zuteil werden, vorhanden sein
[英] begin, belong to, exist
155a3, 168c1

ὑπερφυής (adv.ὑπερφυῶς) 非常的，奇异的
[拉] vehemens, admirandus
[德] übermäßig, außerordentlich
[英] monstrous, extraordinary
154d3

ὑπέχω 放在下面，忍受，遭受
[拉] suppono, sustineo, subeo
[德] unterlegen, erleiden, ertragen
[英] hold under, undergo, suffer
162c7

ὑποβαίνω 走下去
[拉] decresco
[德] heruntergehen
[英] go under or down
158b2

ὑπογελάω 微笑
[拉] subrideo
[德] ein wenig lachen, lächeln
[英] laugh a little, smile
162e11

ὑποδεής 有些欠缺的，有些不足的，比别人差的
[拉] inferior, egentior
[德] geringer, schwächer
[英] somewhat deficient, inferior
158a6

ὑποδέω 穿鞋
[拉] calceo
[德] beschuhen
[英] put on shoes
174c5

ὑπόδημα (ὑπόδεσις) 鞋
[拉] calceus
[德] Schuh
[英] shoe
161e12, 173b7

ὑποκινέω 轻轻移动，温和地催促
[拉] moveo, excito
[德] sanft, leise bewegen, anregen, reizen
[英] move softly or lightly
162d1

ὑποκριτής 解释者，演员
[拉] actor, histrio
[德] Schauspieler, Ausleger
[英] interpreter or expounder, actor
162d3

ὑπολαμβάνω 反驳，打断；接受，认为
[拉] respondeo, puto
[德] erwidern, einwerfen, annehmen
[英] retort, interrupt, accept
162c5

ὑποτίθημι 假定，假设，置于……之下

[拉] suppono, propono
[德] voraussetzen, annehmen
[英] assume, suppose
155d6, 160d2, 163a7, 171d3

ὕστερος 较晚的，后来的
[拉] posterior, sequens
[德] später, nächst
[英] latter, next
165a2

ὑφαίνω 织
[拉] texo
[德] weben
[英] weave
161e7, 161e12

ὑφαντικός 善于织布的，精通织布的
[拉] texendi peritus
[德] zum Weben geschickt
[英] skilled in weaving
165e7, 174c6

φαίνω 显示，显得，表明，看起来
[拉] in lucem protraho, ostendo, appareo
[德] ans Licht bringen, scheinen
[英] bring to light, appear
154a6, 154b10, 154c1, 154d1, 158c6, 158d5, 158d7, 159a7, 159d3, 159d4, 160b5, 160c2, 160d3, 160e1, 161a7, 162a9, 166d9, 167b7, 168e4, 170c5, 170d10, 171c10, 172a8, 172b4, 174e8, 175b1, 175c8

φάρμακον (φαρμάκιον) 药，药物，毒药；颜料，染料
[拉] venenum, color vel pigmentum
[德] Gift, Färbemittel
[英] poison, drug, dye, paint, colour

155b6, 155c8, 155e3, 155e6, 155e7, 157b1, 157b2, 157c5, 158c1, 158c2

φάσκω 说，声称
[拉] ajo, affirmo
[德] sagen, behaupten
[英] say, assert
165b5, 170d5, 173b2, 175b7

φαῦλος (φλαῦρος;adv. φαύλως, φλαύρως) 容易的，微小的，低劣的，坏的
[拉] pravus, levis, malus
[德] gering, leicht, schlimm
[英] easy, slight, mean, bad
154b3, 172b8, 175e6

φέρω 携带，带到，引向，搬运，忍受
[拉] fero, traho, perfero
[德] tragen, bringen, dulden, ertragen
[英] carry, lead, endure, bear
163d6, 168b2

φημί (φατέον) 说
[拉] dico
[德] sagen
[英] say, speak
153b7, 153b9, 153c5, 154a3, 154a8, 154b6, 154d1, 154d4, 154d7, 154d9, 154e4, 154e5, 154e8, 155a8, 155b4, 155b8, 156a1, 156a4, 156a6, 156c7, 156c9, 156d8, 156e6, 157a3, 157b5, 157c8, 157d3, 157d6, 158c3, 158d1, 158d4, 158e4, 158e6, 159a5, 159a6, 159a8, 159a10, 159b5, 159b7, 159c2, 159d4, 159d12, 159e3, 159e11, 160b2, 160b6, 160d4, 160e3, 160e8, 161a5, 161b3, 161b8, 161c2, 161c10, 161d5, 162a4, 162a6, 162b3, 162b7,

162d5, 162d7, 162e6, 163a5, 163a8,
163b3, 163b4, 163b7, 163c4, 163e3,
163e8, 163e9, 164a4, 164a8, 164c7,
164d2, 164d4, 164e6, 165a1, 165c8,
165c10, 165d5, 165d7, 165e3, 165e6,
166a8, 166c4, 166d3, 166e3, 166e9,
167a8, 167b5, 167b6, 167b9, 167e7,
167e9, 168a2, 168a6, 168a9, 168c3,
168d3, 169a7, 169d7, 170a2, 170a5,
170d6, 170e7, 171c10, 171d6, 172a6,
172a9, 172c3, 172e1, 172e3, 172e4,
172e5, 173a6, 174a3, 174a12, 174b8,
174b10, 174b11, 174c8, 175c6,
176b1, 176b4, 176b5, 176b9, 176c3,
176c4, 176c6, 176c8, 176d1

φθέγγομαι 发出声音
　　［拉］sono
　　［德］ertönen
　　［英］utter a sound
　　161d1

φίλος (sup. φίλτατος) 亲爱的，令人喜爱的
　　［拉］carus, amicus
　　［德］lieb, geliebt
　　［英］beloved, dear
　　155a2, 155c5, 157c6, 158b1, 158b4,
　　158e3, 158e4, 158e3, 158e4, 160c3,
　　161d9, 169a2, 172b8, 173d5, 174c9

φιλοσοφία 热爱智慧，哲学
　　［拉］philosophia
　　［德］Philosophie
　　［英］philosophy
　　153d3

φιλόσοφος 热爱智慧者，哲学家
　　［拉］philosophus
　　［德］Philosoph
　　［英］philosopher
　　154e8

φιλότιμος 爱荣誉的，爱面子的
　　［拉］ambitiosus
　　［德］ehrgeizig, strebsam
　　［英］loving honour, ambitious
　　162c2

φλέγω 燃烧，着火
　　［拉］exardesco, flagro
　　［德］brennen, flammen
　　［英］burn, burn up
　　155d4

φοβέω 担心，害怕
　　［拉］vereor
　　［德］fürchten, sich scheuen
　　［英］fear, be afraid of
　　166d1, 168a1, 172e6

φόβος 恐惧，害怕
　　［拉］timor
　　［德］Furcht, Angst
　　［英］fear, terror
　　167e10, 168a1

φράζω 说明，解释，揭示
　　［拉］expono, explano, interpretor
　　［德］anzeigen, erklären
　　［英］point out, show, explain
　　155c7, 167b8

φρόνιμος 明智的，审慎的
　　［拉］prudens
　　［德］besonnen
　　［英］prudent
　　163c7

φυλάσσω (φυλάττω) 警惕，遵守，坚持，注意
  ［拉］custodio, tueor, observo
  ［德］bewahren, beobachten
  ［英］watch, guard
  173d2
φύλλον 叶子
  ［拉］folium
  ［德］Blatt
  ［英］leaf
  155e5, 155e8
φύω 生，生长，产生
  ［拉］nascor
  ［德］erzeugen, wachsen, schaffen
  ［英］beget, bring forth, produce
  154e1, 158b3, 165e4, 169a4
φωνή 方言，声音
  ［拉］vox, dictum
  ［德］Mundart, Laut
  ［英］dialect, sound
  167d4, 168d4, 168d6
χαίρω 高兴，满意，喜欢
  ［拉］gaudeo, laetor, delector
  ［德］sich freuen
  ［英］rejoice, be glad
  164d7, 164e1, 166d9
χαλεπός (adv. χαλεπῶς) 困难的，艰难的，难对付的，痛苦的
  ［拉］difficilis, molestus
  ［德］schwer, schlimm
  ［英］difficult, painful, grievous
  162b5
χαλκός 铜
  ［拉］aes
  ［德］Kupfer
  ［英］copper
  173e2
χασμάομαι 打哈欠
  ［拉］oscito
  ［德］gähnen
  ［英］yawn, gape
  169c4
χείρ 手
  ［拉］manus
  ［德］Hand
  ［英］hand
  153b4
χείρων 更坏的，更差的
  ［拉］deterior
  ［德］schlechter
  ［英］worse, inferior
  157d8
χράω (χράομαι) 利用，使用，运用
  ［拉］utor
  ［德］benutzen, gebrauchen
  ［英］use, make use of
  155e6, 161a4, 173c2
χρῆ (χρεών) 必须……，应该……
  ［拉］opus est, oportet, licet
  ［德］es ist nötig, man muß
  ［英］it is necessary, one must or ought to do
  163b8, 163c5, 163c6, 165d6, 167b5
χρῆμα 钱财，财物，必需之物
  ［拉］divitia, pecunia
  ［德］Reichtum, Geld
  ［英］money, treasures
  173c1

χρήσιμος 有用的，有益的
　　[拉]utilis, commodus
　　[德]brauchbar, nützlich
　　[英]useful, serviceable
　　165a7, 165c11
χρηστός 有益的，有利的，好的
　　[拉]utilis, bonus
　　[德]nützlich, gut
　　[英]useful, good
　　172c4, 175a10
χρόνος 时间
　　[拉]tempus
　　[德]Zeit
　　[英]time
　　153a2
χρῶμα 颜色，肤色
　　[拉]color
　　[德]Farbe, Teint
　　[英]colour
　　167d1, 168d10
χωρίς 除了……，离开，分离
　　[拉]praeter, separatim
　　[德]abgesehen, abgesondert
　　[英]apart from, separately
　　157b6
ψευδής 虚假的，说谎的
　　[拉]falsus, mendax
　　[德]falsch, lügenhaft
　　[英]false, untrue
　　158d3
ψυχή 灵魂，性命
　　[拉]anima, animus
　　[德]Seele

[英]soul
154e1, 156e2, 156e6, 157a3, 157a5, 157b3, 157c3, 160a1, 160a8, 160b4, 175d7
ὠθέω 推，推开
　　[拉]pello, trudo
　　[德]drängen, zurückstoßen
　　[英]thrust, push
　　155c2
ὡσαύτως 同样地
　　[拉]similiter, eodem modo
　　[德]ebenso, auf dieselbe Art
　　[英]in like manner, just so
　　158a2, 159b4, 159c11, 165d6, 167a3, 167c10, 168d1
ὠφέλεια 益处，好处，帮助
　　[拉]utilitas
　　[德]Hilfe, Nutzen
　　[英]help, profit, advantage, utility
　　165d1, 167b3, 171d1, 175a3, 175a6
ὠφελέω 帮助，有益
　　[拉]juvo, utilitatem capio
　　[德]helfen, nützen
　　[英]help, benefit
　　169b3, 174d4, 174d8, 174e2
ὠφέλιμος (adv. ὠφελίμως) 有好处的，有益的，有帮助的
　　[拉]utilis
　　[德]nützlich
　　[英]useful, beneficial
　　163c3, 164b1, 164b7, 164b11, 164c1, 169c1, 169c1, 171d6, 174d1, 174d6, 175a6, 175e2

专名索引

神话与传说

Ἄβαρις 阿巴里斯，158b7
Ζεύς 宙斯，154b3, 161c8, 162b9, 167d3, 173e1, 176a6
Ἡρακλῆς 赫拉克勒斯，154d7

人名

Ἀνακρέων 阿那克瑞翁，157e6
Γλαύκων 格劳孔，154b1, 158b1
Δρωπίδης 德洛庇得斯，157e5
Ζάλμοξις 匝耳摩克西斯，156d5, 156d8, 158b7
Ἡσίοδος 赫西俄德，163b4, 163c6
Κάλλαισχρος 卡莱斯科洛斯，153c7, 169b5
Κριτίας 克里提阿斯，153c7, 153c8, 153d5, 154d9, 154e2, 154e8, 155a2, 155b3, 155c4, 155c7, 156a8, 157c7, 157e5, 158b6, 158d3, 161b8, 161c2, 162b11, 162c1, 162c5, 162d7, 163d1, 165b5, 165d8, 166d9, 167b6, 168e3, 169c3, 169d3, 171d1, 172a4, 172d5, 173d5, 174c3, 174c9, 175a9, 176b5
Κυδίας 库狄阿斯，155d5
Ὅμηρος 荷马，161a2
Πρόδικος 普洛狄科斯，163d4
Πυριλάμπης 皮里兰珀斯，158a2
Σόλων 梭伦，155a3, 157e6
Σωκράτης 苏格拉底，153b4, 154a3, 154d2, 156a4, 157c8, 160d4, 161b3, 161c3, 163b8, 164c7, 165a8, 165e3, 166b7, 166d7, 168c3, 169d9, 170a1, 172e3, 175a8, 176a6, 176b2
Ταυρέας 陶瑞阿斯，153a3
Χαιρεφῶν 凯瑞丰，153b2, 154d1, 154d6
Χαρμίδης 卡尔米德斯，154b1, 154b7, 155b1, 156b3, 156d3, 157c6, 157d1, 157d9, 158b4, 158c5, 158d7, 159b7, 160b3, 160d5, 161c3, 162b2, 162c2, 162c5, 162c6, 162d4, 175d6, 176a6, 176b5, 176b8, 176b5, 176c6

地名

Δελφοί 德尔斐，164d5
Ποτείδαια (Ποτίδαια) 波底代亚，153a1, 153b5

其他

Ἀθήνησιν 在雅典，157e3
Ἕλληνες (Ἕλλην) 希腊人，156d7, 156e4
Θρᾴκιος 色雷斯的，色雷斯人的，156d5, 156d6, 157c4, 175e3
Ὑπερβορέα 宇珀耳玻瑞阿人的，158b8

参 考 文 献

（仅限于文本、翻译与评注）

1. *Platon: Platonis Philosophi Quae Extant, Graece ad Editionem Henrici Stephani Accurate Expressa, cum Marsilii Ficini Interpretatione*, 12Voll. Biponti (1781-1787).
2. L. F. Heindorf, *Platonis Dialogi Quatuor Lysis, Charmides, Hippias maior, Phaedrus*. Berlin (1802).
3. F. Ast, *Platonis quae exstant opera, Graece et Laine*, 11 Bände. Lipsiae (1819-1832).
4. I. Bekker, *Platonis Scripta Graece Opera*, 11Voll. Londini (1826).
5. H. Cary, G. Burges, *The Works of Plato, a new and literal version, chiefly from the text of Stallbaum*, 6 vols. London (1848-1854).
6. *Platons Laches und Charmides, Griechsich und Deutsch, mit kritischen und erklärenden Anmerkungen*. Leipzig (1854).
7. F. Schleiermacher, *Platons Werke*, Ersten Theiles Zweiter Band, Dritte Auflage. Berlin (1855).
8. H. Müller, *Platons Sämmtliche Werke*, 8 Bände. Leipzig (1850-1866).
9. G. Stallbaum, *Platonis opera omnia, Recensuit, Prolegomenis et Commentariis, Vol. V. Sect. 1. Continens Lachetem, Charmidem, Alcibiadem Utrumque*. Gothae (1857).
10. W. William, *Platonic Dialogues for English Readers*, 3 Vols. Cambridge (1859-1861).
11. R. B. Hirschigius, *Platonis Opera, ex recensione R. B. Hirschigii, Graece et Laine*, Volumen Primum. Parisiis, Editore Ambrosio Firmin Didot (1865).
12. M. Schanz, *Platonis Charmides, Laches, Lysis*. Lipsiae (1883).
13. C. Schmelzer, *Platos Ausgewählte Dialoge, Achter Band, Charmides, Lysis*. Berlin (1884).
14. J. Wright, *Plato's Dialogues*. A. L. Burt Company, Publisher, New York (1890).
15. E. F. Mason, *Talks With Athenian Youths: Translations From the Charmides, Lysis, Laches, Euthydemus, and Theaetetus of Plato*. New York (1891).

16. B. Jowett, *The Dialogues of Plato*, in Five Volumes, Third Edition. Oxford (1892).
17. B. Newhall, *The Charmides, Laches, and Lysis of Plato*. New York, American Book Company (1900).
18. J. Burnet, *Platonis Opera*, Tomus III. Oxford (1903).
19. R. Kassner, *Platons Ion / Lysis / Charmides*. Jena (1905).
20. G. Budé / M. Croiset, *Platon: Œuvres complètes*, Tome 2. Texte établi et traduit par Alfred Croiset. Paris (1921).
21. O. Apelt, *Platon: Sämtliche Dialoge*, 7 Bände. Leipzig (1922–1923).
22. W. R. M. Lamb, *Plato: Charmides, Alcibiades I and II, Hipparchus, The Lover, Theages, Minos, Epinomis*. Loeb Classical Library. London (1927).
23. *Platon: Sämtliche Werke*, in 3 Bänden. Verlag Lambert Schneider, Berlin (1940).
24. T. G. Tuckey, *Plato's Charmides*. Cambridge at the University Press (1951).
25. Hamilton and Huntington Cairns, *The Collected Dialogues of Plato*. Princeton (1961).
26. R. Rufener, *Platon: Jubiläumsausgabe Sämtlicher Werke zum 2400. Geburtsage, in Achte Bänden*. Artemis Verlage Zürich und München (1974).
27. E. Martens, *Platon: Charmides*. Reclam, Stuttgart (1977).
28. A. Hyland, *The Virtue of Philosophy: Interpretation of Plato's Charmides*. Ohio University Press (1981).
29. N. Van Der Ben, *The Charmides of Plato, Problems and Interpretations*. Amsterdam (1985).
30. Th. G. West and G. S. West, *Plato: Charmides*. Hackett Publishing Company (1986).
31. J. M. Cooper, *Plato Complete Works, Edited, with Introduction and Notes, by John M. Cooper*. Indianapolis / Cambridge (1997).
32. R. Waterfield, *Plato: Meno and other dialogues*. Oxford University Press (2005).
33. G. Eigler, *Platon: Werke in acht Bänden, Griechisch und deutsch, Der griechische Text stammt aus der Sammlung Budé, Übersetzungen von Friedrich Schleiermacher und Hieronymus Müller*. Darmstadt: Wissenschaftliche Buchgesellschaft (7. Auflage 2016).
34. Ch. Moore and Ch. C. Raymond, *Plato: Charmides, Translated, with Introduction, Notes, and Analysis*. Hackett Publishing Company, Inc. Indianapolis / Cambridge (2019).
35.《柏拉图对话集》，王太庆 译，北京：商务印书馆，2004 年。
36. 彭磊：《苏格拉底的明智：〈卡尔米德〉绎读》，北京：华夏出版社，2015 年。

图书在版编目(CIP)数据

卡尔米德斯/(古希腊)柏拉图著;溥林译.—北京:商务印书馆,2023
(希汉对照柏拉图全集)
ISBN 978-7-100-22243-3

Ⅰ.①卡… Ⅱ.①柏…②溥… Ⅲ.①柏拉图(Platon 前427—前347)—哲学思想—希、汉 Ⅳ.①B502.232

中国国家版本馆 CIP 数据核字(2023)第 057111 号

权利保留,侵权必究。

希汉对照
柏拉图全集
V.2
卡尔米德斯
溥林 译

商 务 印 书 馆 出 版
(北京王府井大街36号 邮政编码100710)
商 务 印 书 馆 发 行
北京通州皇家印刷厂印刷
ISBN 978-7-100-22243-3

2023年9月第1版　　开本 710×1000 1/16
2023年9月北京第1次印刷　印张 11¼
定价:88.00元